U0008070

左起：曾淑賢、林佳龍、張俊雄、唐飛、黃煌雄、詹春柏、張俊宏、游盈隆、劉義周、江東亮

左起：黃煌雄、邱義仁、詹春柏、林佳龍

左起：張俊雄、黃煌雄、唐飛、曾永權

左起：劉義周、黃煌雄、柯文哲、游盈隆

左起：蘇起、黃煌雄、張善政、陳忠信

左起：吳玉山、黃煌雄、錢復、江宜樺、許信良

左起：朱雲漢、黃煌雄、江東亮

左起： 陳忠信、游盈隆、朱雲漢、黃煌雄、曾淑賢、詹春柏、江東亮

2000年5月20日，第一次政權移轉。
（圖片由國史館提供）

2008年4月21日，馬英九（第十二任總統當選人）與陳水扁（時任第十一任總統）就政權移轉交換意見。（圖片由國史館提供）

2016年5月20日，第三次政權移轉。
（圖片由國史館提供）

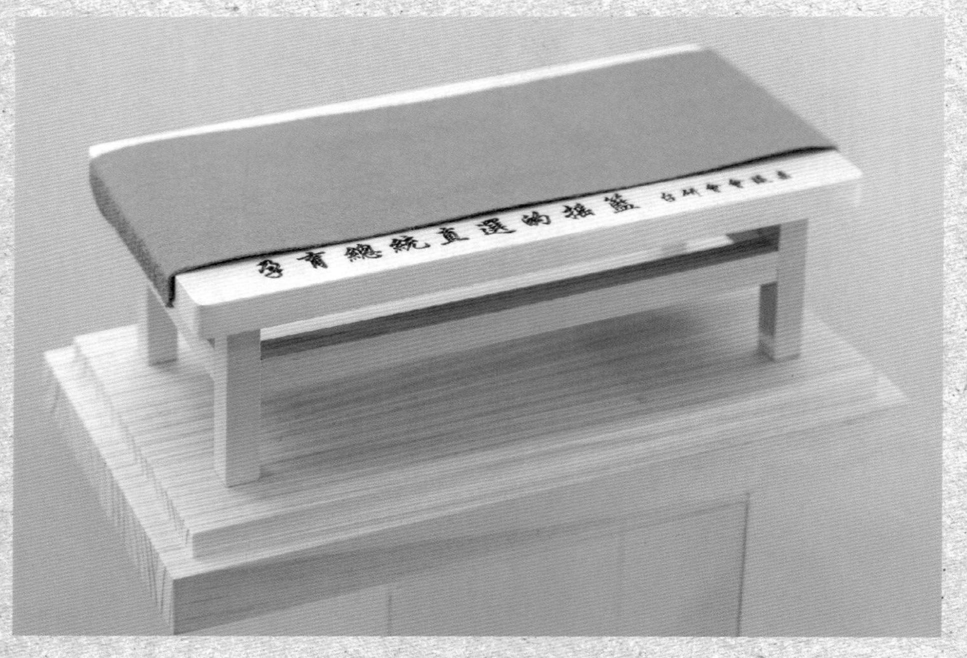

孕育總統直選的搖籃——台灣研究基金會會議桌（攝影：曾懷慧）

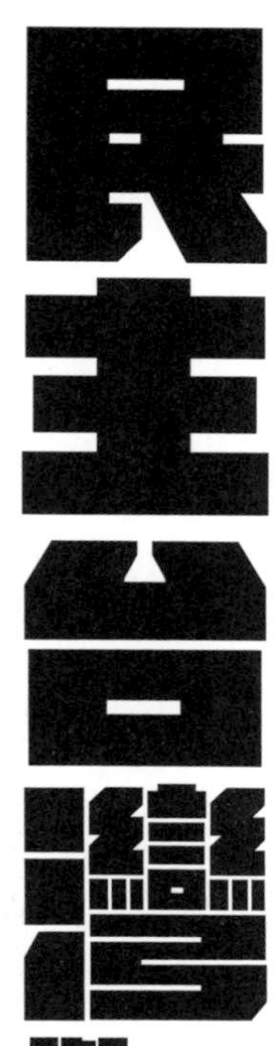

民主台灣與總統直選

張江游朱許蘇邱林柯陳李
善宜盈雲信　義佳文水登
政樺隆漢良起仁龍哲扁輝
等人 著

財團法人
台灣研究
基金會
策劃

謹以本書紀念台灣研究基金會成立三十週年

第三篇

第四篇

第五篇

第六篇

第七篇

附錄

二〇二二年新版序

黃煌雄

二〇一八年出版的「總統直選與民主台灣」一書（以下簡稱《原版書》），源自二〇一七年被網路媒體形容為「史上最狂研討會」會中的論文集結而成。這本書，「不論從學術理論或實際政治觀點，都是二十多年來有關台灣總統直選最重要的一本參考書籍，也是匯集有關台灣總統直選制下最多第一線工作者與推動者見證的一本著作。」

四年多來，經過歲月的檢驗，《原版書》仍享有前述的評價與地位，不過卻逐漸感受到其不完整之處，其中，最有待填補的，便是有關總統直選推動的全過程，包括總統直選的倡議、朝野有關修憲與制憲的爭議、制憲與修憲的相互激盪，以及最終找到總統直選成為朝野最大公約數等。

二〇二二年出版的《民主台灣與總統直選》一書（以下簡稱《二〇二二新版書》）代表一個填補之作。《二〇二二新版書》既維持《原版書》原本的架構，也增添一些新的內容，其中最值得一提的，便是〈制憲與修憲：一九九〇年代台灣憲改的兩條路線之爭〉（以下簡稱〈制憲與修憲〉）一文，該文對總統直選推動過程的來龍去脈與相互影響，有著第一線最主要工作者之一真誠而客觀的回顧；該文所附的〈制憲與修憲年表〉，代表一個創新，頗有參考價值，此一年表由曾建元教授協助編制而成，謹致謝忱。

除〈制憲與修憲〉一文外，《二〇二二新版書》也增加：二〇一七年「史上最狂研討會」——「《總統直選與民主台灣研討會》」議程；立法委員提案：本院委員黃煌雄等三十八人，為貫徹主權在民之理念，切實推動民主憲政，並有效辦理總統、副總統選舉事宜，特提出總統選舉法草案，敬請公決。

另外，附有我寫的六篇文章，分別是：〈總統直選與台灣的民主發展〉、〈二〇〇八總統大選啟示錄〉、〈綜觀五次總統大選〉、〈執政失靈與思想準備：蔡英文將完全執政四年或八年〉、〈從大敗到大勝的轉折：二〇二〇總統大選的歷史觀察〉、〈黃信介最後的政治遺產〉。

時報出版公司在COVID—19疫情持續期間，仍不懈出版事業，並願意以新版出版本書，實在難得，謹向趙政岷董事長及其團隊表達致意與謝意。

——黃煌雄，二〇二二年一月於台北

序文一

制憲與修憲——一九九〇年代台灣憲改的兩條路線之爭

黃煌雄

內容大綱：

一、引言
二、國是會議
三、兩條路線之爭
四、制憲的遺產
五、回顧與展望
六、制憲與修憲年表

一、引言

一九八七年七月十五日，台灣地區正式解除戒嚴狀態。

一九八八年一月十三日，蔣經國總統病逝；同日晚上八點八分，李登輝副總統宣誓繼任總統。一月二十七日，國民黨中常會通過李登輝接任國民黨代理主席；同年七月八日，國民黨十三全大會選舉李登輝為國民黨主席。

一九八八年十一月十二日，黃信介接任民進黨主席。

一九九〇年代台灣憲政改革的兩大主張—修憲與制憲，便是在這兩位黨主席——李登輝與黃信介——任內推展出來，並一直相激相盪，最後，很奇妙的，修憲與制憲這兩大訴求，看似兩條平行線，沒有交集，竟然在「總統直接民選」，這一出口點上，找到雙方的最大公約數，並共同完成中華民國政府遷台以後有關中央憲政體制影響最深遠的一次變革。

從歷史觀點言，民進黨是制憲運動的倡議者、鼓吹者，更是推動「總統直接民選」的火車頭，帶動「總統直接民選」變成勢不可擋的主要政治力量。李登輝則是在關鍵時刻，凜於民意與形勢，將「總統直接民選」主張落實為政策的關鍵主導者。

二、國是會議

（一）「沒有蔣經國的蔣經國政策」

一九九〇年代是台灣憲政改革的關鍵年代。

大致地說，一九九〇年代以前，國內幾乎沒有聽到任何有關制憲的聲音；所聽到的，至多只是有關修憲的聲音，其中比較突顯的，包括拆除搭建在現行憲法之上的違章建築——臨時條款，以及

「回歸憲法」的理念。

一九八八年末及一九八九年間，兩位長期旅居海外、關心台灣前途的民主人士——許世楷和張燦鍙，以及一位美麗島事件受刑人、代表二二八苦主的林義雄，先後公布新憲草案。依當時的政治氛圍，這種舉動代表一種突破，既勇敢，也冒有風險，許世楷的新憲草案，後來更導致鄭南榕在《自由時代》週刊刊登其新憲草案全文，因拒捕而自焚的悲壯場面。他們開啟了台灣一九九〇年代制憲運動的先河。

一九九〇年二月，國民黨臨中全會爆發黨內的「二月政爭」；同年三月，第一屆國民大會第八次會議，以選舉李登輝為第八屆中華民國總統充當政治籌碼，自行通過「延長任期為九年」、「行使創制、複決兩權」、「國大每年集會一次」等擴權提案。陽明山上演的「山中傳奇」，不但引發國人共憤，更激起三月十六日「野百合學運」，李登輝為平息學運，應允召開國是會議，並於五月二十日就職演說中承諾：「一年內終止動員戡亂時期，二年內完成憲政改革」。

一九八八年繼任總統之初，李登輝曾說「就任總統初期，不會有李登輝政策」，亦即將會遵行「沒有蔣經國的蔣經國政策」，他甚至說：「就任最初兩年，我完全沒有做什麼事」。這樣一位總統在歷經「二月政爭」、「山中傳奇」的洗鍊後，經由宣布召開國是會議，走進政治舞台的中央，並將憲政改革問題引導成全國輿論關注的焦點。

（二）國是會議

一九八九年雖然點燃制憲運動的火炬，但直到一九九〇年，制憲運動在國內才算是真正有力地展開，而其關鍵則是國是會議。

一九九〇年三月，為因應國是會議的召開，民進黨責成政策中心研擬有關憲政改革方案，期限三個月。時為政策中心主任的我，經與黃信介主席、張俊宏祕書長磋商後，決定成立憲政研究小組，成員包括呂秀蓮、傅正、張俊宏、蘇貞昌、謝長廷、江鵬堅、尤清、張俊雄、康寧祥、陳水扁、黃煌雄。小組召集人為黃煌雄，榮譽召集人黃信介；彭明敏、許信良則為小組顧問。憲政研究小組經過三個月的全力以赴，六月提出《民主大憲章》，民進黨中常會於一個小時之內，通過「《民主大憲章草案》為本黨於國是會議之現階段憲政主張」，並決定「國是會議後本黨繼續推動制憲運動」。

《民主大憲章》採兩階段制憲，因此不更動中華民國憲法本文的總綱，另增加台海兩岸關係專章，且有前言，明白揭示：「鑑於現行中華民國憲法因時空演變，已不適用於此時此際之台澎金馬地區；鑑於動員戡亂時期臨時條款，破壞憲政體制，造成憲政危機；為解除憲政危機，建立民主法治，落實國民主權，確保台澎金馬地區安全及人民福祉，茲制訂《民主大憲章》並廢除動員戡亂時期臨時條款凍結現行中華民國憲法。」

《民主大憲章》共十章一〇四條，其中影響最深的，便是正式主張「總統、副總統由轄區國民直接選舉產生」。這是當時最大在野黨首先公開提出並帶動其後總統直選風潮不可逆的憲政主張。

身為憲政研究小組召集人，我當時腦海中主要有三個投影：一為「戴高樂的投影」；二為「美國制憲祖先的投影」；三為「立法院的投影」；《民主大憲章》有關中央憲政體制採用雙首長制，實是這三種投影下的產物。

國是會議從一九九〇年六月二十八日開始至七月四日，會期六天。會議前，民進黨和無黨籍、海外代表及自由派學者，組成在野改革聯盟，提出改革決議，七月一日改革聯盟更表示不惜以總統直選作為退出國是會議的底線。其後朝野政黨代表與主席團協商，同意就總統選舉問題做出應由全體公民選舉產生，但其細節程序不做具體規定的結論，其用意在降低雙方爭論，並取得改革聯盟承諾不退出國是會議。七月三日，三位大會主席之一的吳豐山，所宣布主席團對於總統民選問題的決議文：「現行總統選舉方式必須改變，總統應由全體公民選舉，其選舉方式及實施程序，則經由各界協商，循法定程序制訂」，即是事前經由代表朝野政黨的施啟揚、馬英九與我共同討論後提出的。

國是會議主席團曾做成決議，「謹建議總統於國是會議後，成立有關憲政改革之諮詢小組，以求落實國是會議之興革意見」。但李登輝在國是會議閉幕致詞時並未回應此一「建議」，且在國是會議結束後一個禮拜，便在國民黨內部成立憲政改革策劃小組，由李元簇擔任召集人，其下則分設法制、工作兩個分組，分別由林洋港及邱創煥出任召集人。

就在國民黨成立憲改小組的同一天，民進黨也成立制憲運動委員會，由黃信介擔任召集人，我出任執行長。

從此，國民黨走上「關門修憲」之路，民進黨走上「開門制憲」之路，這兩條路線之爭，實是一九九〇年代台灣憲政改革的主軸。

三、兩條路線之爭

（一）制憲與修憲

從一九九〇年以來，有關憲政改革的主張，朝野之間，早已出現制憲與修憲之爭。一年多來，從海內到海外，在野的民間力量，所提出的新憲草案至少已有八種版本。這些不同的憲法草案，儘管發表的時間有其先後，內容的觀點未盡相同，但制憲的主張卻極為一致。這是台灣民主運動史上新憲版本出現最多的階段。

民進黨自提出《民主大憲章》的制憲主張以後，一面鑒於國民黨對於憲政改革缺乏誠意，一面更鑒於在野制憲主張過於分散，實有整合的必要，乃決定援引國是會議改革派合作的模式，首先經由保台會召開民間憲政會議，再經由人民制憲會議籌備委員會召開人民制憲會議，以努力尋求制憲運動史上最具突破性的整合工程。

一九九一年五月下旬，保台會舉辦民間憲政會議，參加的成員包括民進黨、無黨籍、學術界以及海外鄉親。這項會議的主要目的，是以更寬廣的基礎，經由理論體系確認制憲的必要性，會中並達成六點共識，其中包括台灣之主權屬於台灣全體人民；新憲適用在台灣及其二千萬人民；總統直接民選；以及成立全民制憲聯盟，召開國民制憲會議等。民間憲政會議所達成的共識，為在野制憲運動的整合跨出了一大步。

人民制憲會議主要是由兩種人組成：一為具有代表性者；二為具有功能性者。具有代表性者，包括民進黨內各種政治力量、無黨籍、學術界、文化界、宗教界、原住民、主要社運團體，以及海外鄉親；具有功能性者，則邀請到當代海內外第一流的憲政學者專家。人民制憲會議便是在這兩大類成員組成下，為現在及未來的台灣，提出一部最具代表性、整合性、前瞻性，而又能反映時代脈搏的憲法草案。

由於工作小組的辛勞，人民制憲會議籌備委員會的努力，以及海內外在野力量一種愈來愈增長的共識，希望在年底國代選舉前，能整合提出一部為在野人士所共同接受的憲法草案，人民制憲會議代表才會不辭長時間開會的勞累（八月二十四、二十五兩天總共開會約三十小時），以一種人世間最寶貴的工作精神，在八月二十六日凌晨一點三十分，以起立鼓掌的方式，三讀通過《台灣憲法草案》（以下簡稱《台灣憲草》）。《台灣憲草》終得以完整的憲法條文通過，實交織著民主運動者的血淚，學術研究者的智慧，以及所有參與者的奉獻；特別是在認真、坦誠、嚴肅、熱烈，甚至激烈的討論過程上，更常併發出火花、衝激、喜悅與憂慮，這是台灣制憲運動史上動人而難忘的一頁。

《台灣憲草》誕生以後，立刻引發國內各界熱烈討論，更引起國民黨強力批判，面對這種情勢，民進黨在八月二十八日召開的中常會，作成以下決議：「一，確認人民制憲會議所通過之《台灣憲法草案》，並作為本黨第二屆國代選舉候選人之共同政見。……三，至盼認同《台灣憲法草案》之其他所有在野人士，亦能以《台灣憲法草案》作為第二屆國代選舉之共同政見。」

民進黨中常會這項決議，確認了《台灣憲草》的地位，也揭開了年底國代選舉朝野修憲與制憲大辯論的序幕。

《台灣憲草》共十一章，一〇八條，正如人民制憲會議大會宣言所宣示的，「《台灣憲草》是一部屬於台灣人民的憲草，更是一部屬於台灣土地的憲草。」在台灣歷史上，這是第一部「由台灣人民的代表，以台灣這塊土地和土地上的人民為主體，而草擬制訂的憲草」，「這是台灣歷史上前所未有的創舉」。

「《台灣憲草》確認台灣之主權屬於台灣全體人民，並確認新憲適用在台灣及其二千萬人民」。「為了打破國民黨四十多年少數統治的本質，人民制憲會議主張總統直接民選，總統應從國民主權的最大多數獲得授權，成為推動政治改革的中心，以帶動國家意識的形成，並貫徹二千萬人民的意志」。

從《民主大憲章》到民間憲政會議到《台灣憲草》，都一貫地堅持制憲的主張，更一貫地堅持總統直接民選的主張，所以一九九一年可說是台灣制憲運動史上最多采多姿而又最具有意義的一年。

國是會議之後，李登輝走回體制之內，一方面在黨內成立憲政改革策劃小組（以下簡稱憲改小組），一方面則在總統府成立國家統一委員會，並於一九九〇年十二月二十五日宣示將採取「一機關兩階段」的修憲路徑。所謂「一機關兩階段」，就是指在修憲的程序上，先由第一屆不具民意基礎的法統國代於一九九一年四月間完成「程序修憲」，廢除《臨時條款》，增訂《憲法增修條文》，為中央民意機關的全面改選訂立法源，再由新選出具有民意基礎的第二屆國民大會進行「實質修憲」。一九九一年四月第一屆國民大會廢除《臨時條款》，增訂《憲法增修條文》，完成「程序修憲」，國民黨乃進入第二階段修憲，並於八月成立「第二階段修憲改革策劃小組」，召集人仍為李元簇，開始進入深水區的「實質修憲」。

一九九一年十二月的第二屆國民大會代表選舉結果，民進黨總席位（包括當選與原有的）共七十五席，國民黨總席位共三二〇席，超過國大總席次四分之三以上，擁有修憲之絕對主導權，民進黨因未達四分之一席位，喪失了修憲的否決權。因此「實質修憲」的走向將取決於國民黨內部能否團結，以及針對憲改實質內容的看法是否完全一致。

國民黨的修憲路線，先天上就有其框框與限制，一九九一年一月二十日，宋楚瑜祕書長對外表示，國民黨修憲的五項原則是：一，堅持中華民國法統；二，修憲條文須著眼於中國統一；三，維持五權體制；四，修憲而不制憲；五，憲法本文不動；這五項原則即代表「框框」與限制。而憲改小組的修憲策略也有其內在矛盾。憲改小組首先將盤根錯結的整體憲政問題切割成若干議題，再由憲改小組依照各項議題成立研究小組；各研究小組又各自獨立運作，規劃出各種改革方案，「數案併呈」，各小組在最後關頭之前都不會有「定案」。

這個流程的最大問題在於沒有「定案」或不敢有「定案」，一旦「數案併呈」之間有矛盾，或各研究小組看法不同，到了緊要關頭，便會爆發出緊張，甚至公開對立的情況。有關總統民選方式到底是直接民選抑或委任民選，到一九九二年三月間，在國民黨十三屆三中全會，所以會引發連李登輝本人都預想不到的激烈攻防，最根本原因即在「數案併呈」之間互有矛盾，無法相容。

從一九九〇年七月初到一九九二年二月初，二十個月之間，有關總統民選方式到底是直接民選還是委任民選，國民黨的憲改小組迄無定論，而此一問題是國是會議期間就已出現過的議題，但歷經六百多個日子，身為黨主席的李登輝一直不以為意，似乎一直在試探，憲改小組因而也無意或不敢嚴肅面對，憲改小組原本是委選案與直選案併案討論，後來直選案逐漸不見，只剩下委選案繼續討論，李登輝也沒有叫停或阻止，在這樣的背景下，一九九二年二月，國民黨公布的第二階段修憲方案，其中最核心的一個內容，便是委任民選。

當委任民選主張公布後，民調顯示民眾普遍不支持，國民黨各縣市徵詢的民意，也一面倒支持直接民選，李登輝凜於民意與形勢，於二月下旬急轉彎，表明支持總統直接民選；林洋港與吳伯雄於三月上旬，也表明支持直接民選。儘管如此，三月中旬的三中全會，直選派與委選派仍然激烈對立，邱創煥更對總統直選嚴詞批判，李登輝為避免黨內分裂，決定暫時擱置此一議題，冷卻處理：「總統、副總統由中華民國自由地區全體選民選舉之，其方式應依民意趨向審慎研究。自中華民國八十五年第九任總統副總統選舉施行」。

（二）最大公約數

就在國民大會第二次修憲會議舉行期間，民進黨於一九九二年四月十九日發動支持總統直接民選的大遊行，數萬民眾占據台北火車站附近的街頭，日以繼夜，活動持續達五夜六天之久，民進黨領導者都在大雨滂沱中夜宿街頭，場面感人，這個活動所召喚起來的人民支持總統直選的氣勢與力道，更銳不可擋。李登輝應該點滴在心頭。這次修憲是在民進黨退席，國民黨一黨修憲的背景下，依照國民黨版的修憲提案通過，其中關於總統選舉制度，規定「於中華民國八十四年五月二十日前召集國民大會臨時會，以憲法增修條文定之」。

一九九二年十二月第二屆立法委員選舉，國民黨獲得九十五席，贏得多數；一九九三年八月李登輝連任國民黨主席，同年十二月，國民黨成立第三階段修憲策劃小組，召集人仍為李元簇；一九九四年二月，修憲小組通過總統直選的決議。

一九九四年五月到七月第二屆國民大會第四次臨時會開會期間，由海內外在野人士及團體共同舉辦的第二次台灣人民制憲會議，也於一九九四年六月二十四、二十五日召開，並通過《台灣共和國憲法草案》，延續民進黨一貫的制憲及總統應由全體人民直接選舉產生的主張。這是朝野制憲與修憲第三度的相激相盪，國民大會也於同年七月正式通過總統直接民選的條文：「總統、副總統由中華民國自由地區全體人民直接選舉之，自中華民國八十五年第九任總統、副總統選舉實施。總統、副總統候選人應聯名登記，在選票上同列一組圈選，以得票最多之一組為當選。在國外之中華民國自由地區人民返國行使選舉權，以法律定之。」

當李登輝在一九九四年四月二十九日與日本作家司馬遼太郎對談，論及生為台灣人的悲哀與《出埃及記》時，他對總統直選已胸有成竹，事實上，這次對談，從某種角度言，似乎更像是李登輝有意傳達競選總統的訊息，且不尋常透露出他競選總統的大戰略訴求之一——生為台灣人的悲哀。

一九九六年三月，台灣有史以來第一次總統由人民直接選舉，李登輝以獲得過半數選票（五四％）當選，從繼位總統、間接選出的總統到由人民直接選出的總統，李登輝開創出一個新的時代。經過五年多的憲改體驗，李登輝決定援引一九九〇年舉辦國是會議的先例，在一九九六年十二月召開為期一週的國家發展會議，並如國是會議一樣，善用反對黨成為憲改的關鍵力量，他說：「新的制度通常要有人起頭才比較好做，需要民進黨先扮黑臉的推動。」而在這一點上，時任民進黨主席許信良卻相當光明磊落，他說：「一九九六年，我第二次擔任民進黨主席，忽然接到國民黨李登輝主席希望再度合作修憲的提議，真是大喜過望。因為國民黨開出的修憲項目清單，清一色是民進黨長期的政治訴求。這個清單包括：取消行政院長任命的立法院同意權、凍省、廢除國民大會、廢除鄉鎮市；以及停止與此相關的五項選舉。由於國民黨中央和民進黨中央的充分合作，這些重大的進步改革訴求，除了廢除國民大會外，都成為當年十二月舉行的國家發展會議通過的結論。」

也正是因為這種堅持，民進黨才在一九九七年一月，帶著《台灣憲法草案》總統制與《國發會說帖》雙首長制的兩版修憲案，參加國民大會第二次會議的第四次修憲，並第一次以「修憲」，而非「制憲」，加入國民大會憲改的行列，這也是自國是會議以來，制憲與修憲的兩條路線之爭，第一次找到雙方都能接受的切入點——總統直選及其配套方案，而成為雙方的最大公約數。制憲與修憲之爭，也因為這個最大公約數的落實，而劃下休止符。

二〇〇〇年的總統大選，台灣第一次政黨輪替執政，由於陳水扁總統不斷地強調「制新憲」，在其主政八年期間，「制憲」的氣勢已壓倒「修憲」，流風所及，提出新憲版本幾乎變成一種「流行」或「時尚」，但迄今為止，二十年來，並沒有任何一本「新憲」，能夠像《民主大憲章》或《台灣憲草》那樣，通過時局的考驗、學理的檢驗以及人民需求的檢驗，而將總統直選及配套方案落實在憲政體制之內，落實在人民日常生活之中。這是一九九〇年代台灣制憲運動的獨特遺產，這項遺產不僅包括已落實的，也應包括那些具有前瞻性，而在未來可能也會落實的。

四、制憲的遺產

總結地說，一九九〇年民進黨所提出的《民主大憲章》，和一九九一年民進黨所主導的《台灣憲草》，可說是一九九〇年代制憲的經典代表。《民主大憲章》和《台灣憲草》都堅定而一貫地主張總統直接民選，主導者更全力而持續地走入民間，喚醒民眾，推動總統直接民選。經由民進黨多年努力所帶動的氣勢，匯成一股不可逆的潮流，終於促使主張修憲的國民黨，在總統直接民選與委任民選之間，經過將近四年的猶疑與徘徊，而在一九九四年七月，經由國民黨主導的國民大會，修憲通過總統直接民選的條文。中華民國自由地區——即台澎金馬—的總統，便在一九九六年三月，第一次由人民直接選舉產生。這是歷史性的憲政時刻。

除了總統直選與相應的憲政配套以外，一九九〇年代的制憲運動，以《民主大憲章》和《台灣憲草》為代表，還留下不少珍貴的遺產。其中有些已為一九九〇年代的幾次修憲所吸收，有些仍綻放出生命力及永恆的價值，可能也會為未來的修憲、或未來的子孫所吸收或擁抱。其中特別值得提出的至少有六項：

（一）國民之權利義務

現行憲法第二章人民之權利義務，共有十八條條文（第七至第二十四）。

《民主大憲章》係採兩階段制憲，不動第一章總綱，因此國民之權利義務列為第一章，共有二十三條條文（第一至第二十三）。

《台灣憲草》採一階段制憲，因此第一章仍為總綱，第二章改為國民之權利與義務，共有三十一條條文（第六至第三十六）。

大致而言，現行憲法第二章人民之權利義務，代表一個進步的規定；《民主大憲章》第一章國民之權利義務，代表較人民之權利義務更進步的規定；《台灣憲草》第二章國民之權利與義務；相較於前兩者的規定，代表更進步、更周延、更前瞻。

《台灣憲草》的制憲代表包括兩大類，一為具代表性者，如政治犯；一為具功能性者，如憲政專家。因此《台灣憲草》第二章特別彰顯出這是一部交織著政治犯的血淚，與專家智慧的結晶。茲將現行憲法第二章與《台灣憲草》第二章規定條文列表對照如下：

現行《憲法》	《台灣憲草》
第二章　人民之權利義務 第七條 中華民國人民，無分男女、宗教、種族、階級、黨派，在法律上一律平等。 第八條 人民身體之自由應予保障。除現行犯之逮捕由法律另定外，非經司法或警察機關依法定程序，不得逮捕拘禁。非由法院依法定程序，不得審問處罰。非依法定程序之逮捕、	**第二章　國民之權利與義務** 第六條 本章列舉之基本權利拘束立法、司法與行政而為直接有效之國民權利，非經法律正當程序，不得侵犯之。如受非法侵犯時，國民有抵抗權。 個人尊嚴絕對不可侵犯，尊重及維護個人尊嚴為所有國家機關之義務。 第七條 國民在法律上一律平等，不得因性別、種族、血統、語言、宗教、政治、階級、職業、黨派、家庭、地域、教育等，而受歧視或享有特權。

現行《憲法》

拘禁、審問、處罰，得拒絕之。

人民因犯罪嫌疑被逮捕拘禁時，其逮捕拘禁機關應將逮捕拘禁原因，以書面告知本人及其本人指定之親友，並至遲於二十四小時內移送該管法院審問。本人或他人亦得聲請該管法院，於二十四小時內向逮捕之機關提審。

法院對於前項聲請，不得拒絕，並不得先令逮捕拘禁之機關查覆。逮捕拘禁之機關，對於法院之提審，不得拒絕或遲延。

人民遭受任何機關非法逮捕拘禁時，其本人或他人得向法院聲請追究，法院不得拒絕，並應於二十四小時內向逮捕拘禁之機關追究，依法處理。

《台灣憲草》

第八條

人身自由應予保障，除現行犯之逮捕由法律另定外，非經司法或警察機關依法定程序取得搜索票或拘票，不得搜索、逮捕、拘禁；非由法院依法定程序，不得審問處罰；非依法定程序之搜索、逮捕、拘禁、審問、處罰，得拒絕之。

逮捕、拘禁機關在調查或審問犯罪嫌疑者之前，應立即告知保持緘默及請託律師或公設義務辯護律師之權利；否則嫌疑者之自白無效，該項自白不得為定罪之證據。被逮捕拘禁者要求律師協助時，逮捕拘禁機關應立即停止偵訊或審問。

國民因犯罪嫌疑被逮捕拘禁，其逮捕拘禁機關應立即將逮捕拘禁原因，以書面告知本人或本人指定之親友；並至遲於二十四小時內移送該管法院審問。

本人或他人亦得聲請該管法院，或法院依職權於二十四小時內向逮捕之機關提審。

法院對於前項聲請不得拒絕，並不得先令逮捕拘禁之機關查覆。逮捕拘禁之機關對於法院之提審不得拒絕或遲延。

國民遭受任何機關非法逮捕拘禁時，其本人或他人得向法院聲請

現行《憲法》	《台灣憲草》
第九條 人民除現役軍人外，不受軍事審判。 第十條 人民有居住及遷徙之自由。 第十一條 人民有言論、講學、著作及出版之自由。 第十二條 人民有祕密通訊之自由。 第十三條 人民有信仰宗教之自由。 第十四條 人民有集會及結社之自由。 第十五條 人民之生存權、工作權及財產權，應予保障。	追究，法院不得拒絕，並應於二十四時內向逮捕拘禁之機關追究，依法處理。 第九條 刑事案件之被告，在未被判決有罪之前，應推定其無罪。 刑事案件之被告或代理人有要求公開、公平審判，並有委託律師或公設義務律師辯護之權利。 國民不得被加以任何刑求，亦不得於刑事案件中被迫為不利於己之陳述，或因受拷打、暴力、威脅、不法延長逮捕或欺詐方法而被迫自白；其自白為不利於己之唯一證據時，該項自白不得採為定罪之證據，亦不得據該項自白而處罰。 刑事案件之被告，得拒絕為不利於己之陳述；得拒絕提供不利於己之證人或證據；得要求與不利於己之證人對質。 任何人，如其行為發生時為合法，或已宣告無罪，不負刑事上之責任。同一犯罪亦不得使其再負刑事上之責任。 處罰不得重於行為時法律之規定。 第十條 國民有請願、訴願及訴訟之權。

現行《憲法》	《台灣憲草》
第十六條 人民有請願、訴願及訴訟之權。 第十七條 人民有選舉、罷免、創制及複決之權。 第十八條 人民有應考試服公職之權。 第十九條 人民有依法律納稅之義務。 第二十條 人民有依法律服兵役之義務。 第二十一條 人民有受國民教育之權利與義務。 第二十二條 凡人民之其他自由及權利，不妨害社會秩序公共利益者，均受憲法之保障。	國民不能因請願、訴願及訴訟而受任何歧視或差別之待遇。 除現役軍人犯與軍事有關案件外，任何人不受軍事審判。 第十一條 法律不得有唯一死刑之刑罰規定。 第十二條 國民有思想、言論、出版、集會、結社及其他意志表現之自由。 事前檢查或批准應予禁止。 第十三條 國民有知的權利及接受公共資訊與使用大眾傳播媒介之自由。 政府、政黨不得壟斷大眾傳播媒介。 軍事機關不得投資或經營大眾傳播媒介。 第十四條 國民有宗教、信仰之自由。 第十五條 國民有祕密通訊之自由。國民有隱私權，不得侵犯之。 第十六條 住所不得侵犯。搜索住所須有法官出具之搜索票並陳述理由。

現行《憲法》	《台灣憲草》
第二十三條 以上各條列舉之自由權利，除為防止妨礙他人自由，避免緊急危難，維持社會秩序，或增進公共利益所必要者外，不得以法律限制之。 第二十四條 凡公務員違法侵害人民之自由或權利者，除依法律受懲戒外，應負刑事及民事責任。被害人民就其所受損害，並得依法律向國家請求賠償。	第十七條 國民有遷徙國內或國外之自由。 國民返國入境權不得以任何理由限制或剝奪之。 第十八條 生存權應予保障。 年老、年幼、孕婦及育嬰母親，生理或心理殘障者，及其他弱勢國民，應依人道原則，予以適當保護。 國家對貧瘠地區、少數族群應給予教育、文化、社會福利、衛生、醫療、交通、水利及其他生活上之特別照顧。 第十九條 環境權應予保障。 國民和政府有義務維護環境，以確保永續適合全體國民的居住和生存。 國家經濟發展不得妨害環境生態之永續維護。 國民享有健康、安全生活環境之權利。生活及工作環境之品質標準，應以法律定之。 環境及資源之經營使用，國民有權參與決定及監督。

現行《憲法》	《台灣憲草》
	第二十條 工作權應予保障。 國民應與以從事經濟勞動，取得生活必需資料之機會。凡因病弱傷殘或其他正當理由未能與以適當勞動機會者，對其生活應為必要之照料。對於有工作意願之傷殘者，國家應積極協助其職能訓練、就業，並幫助改善其工作環境，或協助其獲取有利其工作之特殊工具，以從事經濟活動。 有關國民勞動之工資、工時、休息及其他勞動條件之標準，應符合健康生活之需要，並以法律定之。 第二十一條 各種勞動者享有團結權、團體協商權、勞動爭議權、參與決定權及其他行動權。 任何限制或剝奪勞動者前述權利或具有此等意圖之合同，應屬無效。任何限制或剝奪勞動者前述權利之措施或具有此等意圖之措施，應屬違法。勞動者前述權利在任何情況下，除非與勞方協商同意或經法院裁決，均不得以維護公共利益、社會秩序為由，而強制限制或剝奪之。

現行《憲法》

《台灣憲草》

第二十二條

財產權應予保障，其內容及限制，以法律定之。

財產之使用，應負社會責任；財產之分配、買賣、利用，應顧及社會公益；以防止投機壟斷，危害社會公益。

私人財產之徵收應基於公益，並依法律規定程序為正當之補償。

刑事案件之被告，其與犯罪事實無關之謀生工作資格及其財產，不得被剝奪或沒收。

第二十三條

國民有依法應考試、服公職之權。

第二十四條

多元性之文化及多語言政策應受保障。不得強制推行單一通用語言或歧視他種語言。教育應以多語言政策為原則，並以法律規定之。

第二十五條

國家應致力於全國教育、文化、體育之推行，獎勵科技之創造與發明，保護歷史及藝術文物。

第二十六條

學術自由應予保障。

現行《憲法》

《台灣憲草》

私立學校之設立應予鼓勵。

公立大學應屬公法人。

大學之教授治校及學生自治，應立法保障之。

第二十七條

婚姻關係以夫婦享有同等權利為基本之原則。關於選擇配偶、財產權、繼承、選定住所、離婚、監護子女及其他關於婚姻與親屬事項之法律，必須以個人之尊嚴及兩性平等之原則制訂之。

第二十八條

國家應實施全民健康、養老、退休及失業保險。對婦女，兒童、老人、傷殘、無力生活及受非常災害者，政府應予適當之扶助與救濟。社會福利及社會保險預算之下限，應以法律定之。

國家應立法保障病人之權益。

第二十九條

國家應制訂政策，合理保護並獎勵農漁業，以促進產業之均衡發展。

第三十條

國民之國籍不得剝奪之。國籍之喪失須根據法律，如違反當事人

現行《憲法》	《台灣憲草》
	之意思，應以其人不因此而變為無國籍者為限。 國民不得被驅逐出境。 國民不得被引渡至國外。 第三十一條 國民有受公費法定教育之權利與義務。 父母及其他法定監護人有讓未成年子女接受法定教育之義務。 身心殘障者有受公費特殊法定教育及就業輔導之權利。 國家應制訂獎助辦法，協助國民接受高等教育。 第三十二條 國民有依法納稅、服兵役之義務。 第三十三條 凡國民之其他自由與權利，不妨害公共福祉者，均受憲法之保障。 第三十四條 以上列舉之其他自由與權利，除為公共福祉所必要者外，不得以法律限制之。 前項法律限制，應明示其所限制之基本權利及有關條文。

現行《憲法》	《台灣憲草》
	第三十五條 公務人員侵害國民之自由或權利者，除依法受懲戒外，應負民事及刑事責任。 被害人並得就其所受損害，依法向國家請求賠償。 第三十六條 外國人除法律另有規定外，與國民享有同等之自由與權利。 外國人受外國政治迫害者享有庇護權。 外國人依法律規定負擔義務。

從這些條文對照中可看出，《台灣憲草》主張國民有「抵抗權」（第六條）；而第八條與第九條有關「人身自由」的保障，是迄今所有憲法版本中最詳盡、最周延，而又最能反射當年政治犯在戒嚴體制下遭受刑求、被迫自白的慘痛經驗。戒嚴時期有不少海外鄉親被列為「黑名單」，有家歸不得，也反應在第十七條的條文上。《台灣憲草》更有不少前瞻的規定，如「生存權應予保障」（第十八條）；「環境境應予保障」（第十九條）；「工作權應予以保障」（第二十條）；「勞動者享有團結權、團體協商權、勞動爭議權」（第二十一條）；「多元性之文化及多語言政策應受保障」（第二十四條）；「國家應實施全民健康、養老、退休及失業保險」（第二十八條）。

另外，現行憲法第二十三條規定，對於「以上各條列舉之自由權利」，有四種限制，在台灣唯一位參加過兩次組黨經驗的傅正，在《民主大憲章》討論時，根據他對行憲以來的觀察與體驗，直指二十三條四個限制有如緊箍咒，侵害人民自由權利甚大，他堅持除「增進公共利益」一項外，其他三項必須刪除；《民主大憲章》第二十一條接受他的意見，刪去其他三項的限制；《台灣憲草》第三十四條延續對傅正此一見解的尊重，也刪去其他三項的限制。

（二）公民權

《台灣憲草》第三章公民權第三十七條規定：「國民年滿十八歲，有依法行使選舉、罷免、創制及複決之公民權」。這是《台灣憲草》的創新規定，很有意思的是，三十年後，朝野有意再度修憲，而其中最聚焦、最無爭議的共識，便是國民的選舉權，由現行二十歲的規定調降為十八歲。

（三）政黨

在戒嚴時期，國民黨一黨獨大，黨外沒有組織，也不能有組織，黨外與國民黨根本無法相提並論，每逢選舉的民主假期，選舉結果總是一面倒，國民黨幾乎都可事先印好報紙，宣稱「本黨又獲得空前輝煌的勝利」，兩者相比，有如海明威形容他的小說與托爾斯泰之比一樣，是「輕量級與重量級」，黨外的處境更為不堪，有如「羽量級與重量級」。因此，黨外追求組黨，渴望可以組黨，希望經由政黨政治來實現民主政治，更希望政黨能公平競爭。這幾個根本原則，便都反應在《民主大憲章》第三章政黨和《台灣憲草》第四章政黨之內，兩者均主張「國民得自由組織政黨，從事政黨活動」（《民主大憲章》第三十二條，《台灣憲草》第四十二條）；「政黨之組織與活動，應恪遵民主原則」(《民主大憲章》第三十三條,《台灣憲草》第四十三條);「政黨應公平競爭,不得獨占、壟斷或優越使用國家資源」。(《民主大憲章》第三十五條,《台灣憲草》第四十五條)。

饒有意義,也頗具諷刺的是,《民主大憲章》和《台灣憲草》都是國民黨一黨獨大下的產物,當年國民黨對此一政黨專章,頗不以為然。

三十年後,政黨生態改變,自二〇一六年民進黨取得總統勝選及立法院多數以來,在國民黨看來,民進黨已經愈來愈一黨獨大,愈來愈像威權體制下國民黨那樣的一黨獨大。因此政黨專章,對居於少數的在野政黨而言,實是一種保障;就此而言,政黨專章不僅具有歷史意義,即在今日,亦具有現實意義。

(四)司法

在威權體制下,行政權是獨大的,司法很難完全獨立。司法獨立除應確保「法官為終身職」,「法官應依法獨立審判」,「不受任何干涉」外,也應讓司法單位得自行提出預算案,《台灣憲草》第七章司法第八十五條規定:「憲法法院與最高法院得就司法預算,向國會提出預算案」。另外,司法專章第八十八條也規定,「刑事案件之初審採參審制」、「參審員非屬本憲法之法官」。

《台灣憲草》這兩項規定,都是創新的,也影響到以後修憲的發展以及司法院的實際運作。

(五)原住民族

在我國制憲史上,邀請原住民參加制憲會議,並以原住民族專章列入憲法之內,《台灣憲草》

都代表首創。《台灣憲草》第九章為原住民族，第一〇〇條規定：「台灣原住民族包括平埔族、邵族、賽夏族、鄒族、雅美族、彪馬族、魯凱族、太魯閣族、布農族、排灣族、泰雅爾族及阿美族」；「原住民族享有自治權」（第一〇一條）；「中央政府應設立掌理原住民族事務之專責機構，其首長由原住民擔任之」（第一〇二條）；「國會設原住民族議員五人」（第一〇三條）；「原住民有依其傳統命名之權利」（第一〇四條）。

《台灣憲草》這些創新規定，有些已為後來的修憲所吸收，有些則已納入現行政府組織法之中，成為現實政策的一環。

（六）公民投票

《民主大憲章》第十章施行及修改，首度提及公民複決及公民投票之規定；《台灣憲草》第十章憲法之修改，第一〇六條更具體規定：「憲法之修改應依左列程序之一，提交公民投票：一、國會議員五分之一以上提議，三分之二以上可決。二、公民二十萬人以上連署，並提出完整之修憲條文。前項之公民投票應有公民過半數之投票，有效票過半數之同意始得通過。」

另外，《台灣憲草》第十一章附則第一〇八條也規定：「本憲法經公民過半數投票，有效票過半數之同意通過後六個月施行。」

有關公民投票納入憲法規定之內，《台灣憲草》首開先河，也創下制憲史上新的一頁。

不論是《民主大憲章》或《台灣憲草》，都是三十年前的憲政作品。當年參與制憲工作的不少夥伴，大多是戰後新世代，年紀約在四十歲到五十歲之間，基於愛心與責任感，他們都懷有抱負與自信，也自我期許，希望有機緣能為自己生長的故鄉，提出一部兼顧理論與實務，既周延又有前瞻，經得起時間與歷史檢驗的新憲。

三十年之後，當我們重新檢視一九九〇年代的制憲遺產，包括代表「政治創新」的總統直選、周延而前瞻的人權規定、公平的政黨競爭、首創的公民投票、以及代表歷史先例的原住民族專章……都讓我們俯仰無愧、內心澎湃。特別是我，為《民主大憲章》研究小組召集人，民間憲政會議籌備會召集人，兩次人民制憲會議籌備會暨大會祕書長、主席團成員，民進黨制憲運動委員會執行長，國民制憲運動委員會共同召集人之執行召集人，有幸參與並體驗一九九〇年代制憲運動的全過程，五年間，用力達一千個小時以上，內心更有著無比的感動、感激與充實。也許正是這個背景，當李登輝在總統府接見被提名的第三屆監察委員（包括我在內），我們見面握手時，李登輝對我說的第一句話是，「憲法大師，你今年為什麼沒有選舉？」這個令人驚訝又意外的祝賀詞，作為國家元首，李登輝展現出格局與氣度；作為一九九〇年代國民黨修憲的關鍵主導者，李登輝又讓人感受到他對一九九〇年代制憲與修憲相激相盪全過程的體驗之深與了解之深。

五、回顧與展望

（一）典範

台灣的憲政改革，在一九九〇年代制憲與修憲的相激相盪下，也留下包括李登輝與宋楚瑜都自詡的「寧靜革命」。

民進黨在推動總統直選的過程上，也同時推動國會全面改選；事實上，推動國會全面改選的時間點遠比推動總統直選的時間要早。這是一個極其簡單的民主道理，因為民主本來就有其疆界，從西方國家憲政發展的歷史觀察，民主的本質實與納稅者息息相關。十三世紀英國祖先曾吶喊：要繳稅，就要有代表；十八世紀美國祖先也吶喊：沒有代表，就不繳稅；因此台灣人民實可公開吶喊：繳多少稅，就選多少代表；如果台灣人民繳一〇〇%的稅，就可要求選一〇〇%代表。

我在立法院甚至喊出：國會全面改選是一場「二千萬人對一千個人的戰爭」（因為代表法統的國會成員已剩不到一千個人）。由於這樣的口號與道理，淺顯易懂，能打動人心，又符合民主原理，推動國會全面改選的運動與氣勢，才一發不可收拾，李登輝借力使力，一九九一年十二月，完成史上第一次國民大會代表會全面改選；一九九二年十二月，又完成史上第一次立法委員全面改選；國會全面改選的歷史性工程，至此可謂大功告成，期間雖有遊行、示威、抗爭，但並沒有暴亂，也沒有革命，都是在和平而不流血的環境下達成，這是「寧靜革命」的核心精神。

一九九四年十二月，包括台灣省長在內的省市長均由民選產生，揮別百年官派的歷史；一九九六年三月，中華民國總統第一次由以前國民大會代表間接選舉，改為人民直接選舉產生，這是歷史上的首創，堪稱台灣的憲政時刻。從此以後，中華民國有效統治地區的公職人員，從總統、省市長、縣市長、鄉鎮市長、村里長到立法委員、省市議員、縣市議員、鄉鎮市民代表，都是由人民定期選舉產生；歷經百年以上的民主追求，台灣的民主終於在二十世紀九〇年代真正建立起來。

不僅如此，台灣的總統選舉，從一九九六到二〇二一年，已舉辦過七次，其中經歷過三次政黨輪替，沒有流血、沒有暴力，都是在和平安定中完成政權交接，所以台灣的民主不僅已經建立，更超越杭廷頓教授所設定的民主鞏固的門檻之上，而成為一九八〇年代以來全球第三波民主化國家的典範之一。這應當是一九九〇年代台灣憲政改革的最大遺產，也是一九九〇年代所有憲政改革工作者的共同遺產。

（二）兩輪制

一九五八年，在人民複決的支持下，戴高樂創立法國第五共和；一九六二年，也在人民複決的支持下，戴高樂將第五共和總統改由人民直接選舉產生。第五共和成立之初，法國處於內憂外患之中，不少人擔心第五共和恐步第三、第四共和後塵，走上「短命內閣」之路，但迄今第五共和已屹立不搖六十四年，法國總統直選也已歷經六十年，戴高樂所創立的「半總統制」，更已超越「內閣制」、「總統制」，成為二十一世紀全世界最多國家採用的中央憲政體制。

一九九〇年代，台灣在推動總統直選的過程上，也面臨政界與學界的兩大挑戰。經過二十多年總統直選的實踐，來自政界的挑戰力量，知道大勢已去，已無可奈何；來自學界挑戰的力量，雖仍延續其對內閣制的忠誠、香火不斷，但氣勢已大不如前。不過，「半總統制」的最核心精神，便是「總統是憲政中心」、「總統是國家元首和法國的領路人」，因此總統必須獲得國民主權的授權，而且必須是國民主權絕對多數的授權，只有國民主權過半數以上的支持，總統所獲得的授權，才更具有正當性與合法性，權力的基礎也才能更堅定、更穩固。

《台灣憲草》是全國第一部主張總統選舉應採「兩輪制」的憲草，在第五章總統第六十條規定：「總統、副總統之選舉，以得有效投票數之過半數為當選。如第一次投票無人得有效投票數之過半數，則於第一次選舉日之次一星期六舉行第二次投票。第二次投票僅由第一次得票較高之二位候選人參與，第二次投票以得較高票者為當選。」

第五共和實施的「半總統制」，已成為世界後繼國家競相倣效的範例，法國的總統選舉採用「兩輪制」。我國的總統選舉從一開始就未採行「兩輪制」，沿習成例，迄今一直未採行「兩輪制」。雖然在七次的總統選舉中，有六次的總統當選人都獲得投票數的過半數，亦即以絕對多數當選，只有二〇〇〇年那次的總統選舉是例外，總統當選人得票率為三九．三％。但「兩輪制」是一個制度的問題，並非個人的問題，為了確保總統作為「憲政中心」的地位，並增強民選總統的合法性與正當性，「兩輪制」實是總統直選相應配套的必然選擇，也是今後我們修憲應納入的工作。

（三）制約

總統選舉是一場贏者全拿、輸者全輸的賽局。民選總統當選以後，不僅成為「憲政中心」，更成為「權力中心」，而「權力使人腐化，絕對的權力使人絕對的腐化」；因此與總統直選如影隨形的一個問題，便是民選總統行使職權時應如何受到制約。

朝野政黨對於這個制約問題，有著共同的興趣與關注，出發點也差不多，但因為所處的位置不同，會有不同的聲音。例如當國民黨執政，面臨重大爭議而堅持己見時，民進黨便會批評國民黨總統「黨國復辟」或「威權總統」；反之，國民黨則會批評民進黨總統「新威權」或「大總統」。

民選總統既然集大權於一身，變成一人權力獨大，自然就更應接受制約。在正常的民主憲政國家，民選總統至少會面臨到四種制約，包含定期選舉；政黨競爭；司法獨立；輿論監督。

定期選舉是所有政黨都要接受的制約；定期選舉也為朝野政黨提供良機，使今天的在野黨可能成為明天的執政黨；今天的執政黨也可能成為明天的在野黨；這個機會是公平的，因為時間給每個政黨都是一樣的。

政黨競爭是民主政治的基石。必須確保政黨競爭的公平，並確保任何在野黨不受任何執政黨恣意欺凌或迫害，這是民主政治的天條，也是民選總統應該遵守的底線。

司法獨立除了憲法對法官的基本保障以外，也涉及到法官的人生觀、價值觀，更涉及到法官對民主政治的忠誠，以及對民主價值的堅持。

媒體已一躍成為民主社會的「第四權」，包括平面、電子和網路媒體，在民主社會的實踐中，角色將愈趨重要。因此任何媒體，都必須要有其堅守的倫理與信條，不畏權威，發掘真相，追求真理。媒體更要有自覺，絕不能成為任何權力者的幫閒或工具。

就台灣的現實政治環境而言，定期選舉已是一個常態、一個規律，人民習慣了、政黨也樂於遵守。政黨競爭，在戒嚴時期的台灣不可能，現在也變成一種常態，連總統的政黨輪替都已經過三次了。這兩項，在台灣，人民、政黨都已習慣了、接受了，這是台灣民主政治的正能量。

第三項的司法獨立，在台灣仍有揮灑的空間，而且在一些議題上，司法的判決、法官的風格，都可能牽一髮動全身，引領改變。以前，即曾有這樣引領改變的案例；以後，不管哪一個政黨，一旦變成傲慢的執政者，這樣的引領機會應該更多，影響也會更大。

第四項的輿論監督，在當前的局勢下，最耀眼的，最具有突破性、又有立竿見影效果的一項輿論監督，便是要求總統本人，不管是哪個政黨的當選人，在其任內，每半年舉行一場至少一小時以上的記者會，並開放媒體詢問。我預期，如果總統勇於這樣做，而且有自信願意這樣做，對於打破政治悶局、激發政治活力、發揮輿論監督的功能，將會令人耳目一新。

（四）民主失靈

進入二十一世紀，特別是二〇一〇年以後，「民主失靈」已變成一個重大的歷史課題。西方國家，從美國到英國，從哈佛大學到劍橋大學，「How Democracies Die」、「How Democracy Ends」，已成為大牌教授關注的焦點、著作的主題。川普上台以後的行事風格，美國對COVID—19的處置失能，都嚴重挫折民主的威信與尊嚴。回首上世紀八〇年代末與九〇年代初，東歐共黨國家相繼變天，蘇聯帝國也壽終正寢，福山寫下「歷史之終結與最後一人」，當時的民主政治與市場經濟，如日中天；而今，居於民主國家典範地位的美、英兩國，在望重士林的大學校園，居然都還要問起一個「我們作夢都想不到會問的問題」——「我們的民主制度有危險嗎？」「大部分西方民主國家的公民都認為民主的終結會是很久以後的事，並不預期這種事會在他們有生之年發生……在進入二十一世紀還不到二十年的今日，這個問題憑空而至：民主制度會以這個樣子結束嗎？」「川普入主白宮構成一個直接的挑戰：在美國這樣的國家，民主失靈意味著什麼？在什麼情況下，行之已久的民主制度會活不下去？我們現在知道這些是我們應該問的問題，但又不知道如何回答。」

民主失靈包含民主政治的失靈，以及依民主制度產生的領導人的執政失靈。第一個是普遍性的問題，研究全球民主化享有聲譽的Larry Diamond教授認為，「我們已進入了民主衰退期」，民主正在全世界退潮。「西方的民主制度正經歷一場中年危機」，「嚴重的中年危機」；隨著一九六四年民權法案和一九六五年投票權法案的落實，「美國的民主不超過一百歲，甚至不超過六十歲……這個年歲並不老，也不年輕，它是中年歲數。」「民主在美國已經達到一個疲倦和脾氣不好的中年階段。」

耶魯大學Juan Linz教授大半生致力於「了解民主如何與為何衰亡」的研究，並曾提出辨認反民主政客的「石蕊測試」[1]；兩位哈佛大學教授：Steven Levitsky與Daniel Ziblatt在其基礎上，研發出一套四種行為警訊，用以檢測政治人物如何從內部危害民主，導致民主的衰敗。這四個關鍵指標是：「一，以言詞或行動拒絕民主的遊戲規則；二，否定對手的正當性；三，容忍或鼓勵暴力；四，表現出剝奪對手，包括媒體公民自由的意願。」除上述「指標」外，二〇一六年的「英國脫歐公投」與「美國總統大選」，突顯了假藉民主體制所保障的言論與新聞自由，並借助科技與社群媒體之便，蓄意製造假訊息，已成為從內部裂解民主新的重要元素。

劍橋大學一位在政治哲學領域已享有一席之地的中壯代學者David Runciman指出，二十世紀通過兩項可能替代方案——法西斯主義和史達林主義——考驗的中年民主，雖然「已經越過了山頭，經歷了鼎盛時期」，但在兩方面仍具有吸引力：「首先，它提供尊嚴。……民主會讓人受到尊敬。其次，民主會為人帶來長遠利益。住在民主國家的人比較容易享受到穩定、繁榮與和平。」但這個中年民主正面對新的挑戰，二十一世紀的威權主義設法從二十世紀吸取教訓：「他們提供民主的另一半，不是全部。作為個人尊嚴和集體利益的替代品，他們承諾提供個人利益和集體尊嚴。基本上這就是中國目前所致力的。」「務實的二十一世紀威權主義代表當代民主的一個替代方案。……對於年輕的民主國家來說，特別是那些得到民主尊嚴卻還沒有得到具體物質利益的國家來說，務實的威權主義非常有吸引力。對於那些民主完全沒有起步的國家來說，也是如此。在今日世界很多地方，中國的模式正在贏得信徒。這種事發生在亞洲和非洲，甚至發生在歐洲的邊緣。中國在這些地方的投資固然是一種助力，但不是整個故事的全部。迅速的經濟發展和建立民族自信，顯然對那些需要在短時間做出成績來的國家具有吸引力。」「但這不足以在成熟民主中起決定性作用」，「成熟的民主國家……不可能會擁抱它。」「二十一世紀有可能會看見民主和一個敵對的政治系統面對面…它的誘惑是真實的……民主已不再是唯一的遊戲。」我們也不能再「老是堅持民主是神聖不可侵犯」（選舉已不足以讓民主回春），這個中年的民主與務實的威權主義的「面對面」，將成為二十一世紀的世紀之爭、世紀之辯，也有待全球菁英的共襄盛舉，才能為人類的世紀挑戰與歷史出路找到答案。

至於執政失靈，涉及到領導者本人的領導問題。以台灣為例，隨著總統愈成為「憲政中心」，對總統領導的要求也會愈來愈多、愈嚴。二十多年來，經過三次政黨輪替，包括國民黨與民進黨都曾完全執政，人民都給予機會，但人民對總統直選以來的政局，卻愈來愈感到沉悶，愈來愈激不起總統直選推行之初那樣的火花、熱情與期待，這是台灣政局當前最大的癥結所在。戴高樂說：總統本人除應具有「願意承擔任務」的使命外，還應「具有相應的能力，這一點，顯然是法律所不能保

1 石蕊測試（litmus test）本為用以檢測液體「看不見」的酸鹼值，Linz教授衍伸其意，用以區辨民主體制潛藏朝向反民主體制移動的因素，而這些反民主方向的移動必須仰賴民主運作的規則與訴求民主自身的價值進行。

證的。因為，無論何時何地都不可能以制度的效力來彌補元首本身的無能。」

中國自改革開放以來，快速崛起，而今已成為美國最全面性的競爭大國，並「成為二十一世紀民主替代方案——務實的威權主義」的代表。中國的巨大投影，變成為台灣揮之不去的「幽靈」，這是台灣的特殊處境。台灣的國家領導人，從現在到未來，一方面既要面對普遍性的民主失靈挑戰，一方面更要面對中國巨大投影的挑戰，其所應具備的領導能力、領導定力與領導風格，自將特別深重。這是台灣總統應有的自覺，也是台灣人民應有的自覺。

台灣的民主仍然年輕，尚未步入「中年」；雖然，台灣內部多少已浮現出一些危害民主的「警訊」與「指標」的徵兆，但整體而言，台灣的民主是愈趨健康與成熟；因此「我們這個把民主視為理所當然長大的世代，現在面臨不同的使命：我們必須防止它從內部死亡。」

六、制憲與修憲年表

一九九〇年代制憲與修憲相互激盪年表

時間／事項	背景	制憲	修憲	備註
一九八七年七月十五日	解除戒嚴			
一九八八	一月十三日蔣經國逝世，李登輝繼任總統	十二月十日許世楷新憲法草案在台出版。		

一九九〇年代制憲與修憲相互激盪年表

時間╲事項	背景	制憲	修憲	備註
	一月二十七日李登輝代理國民黨主席 七月二十七日李登輝當選國民黨主席			「就任總統初期，不會有李登輝政策」，只會遵行「沒有蔣經國的蔣經國路線」。
	制憲先河		十二月二十五日李登輝出席國大年會，指《憲法》如確有必要，可採增訂條文或臨時條款修改。	一九八九年四月七日刊登許世楷新憲的《自由時代》週刊發行人鄭南榕自焚。
一九八九年				五／六月，俞國華請辭，國民黨祕書長李煥接任行政院長，宋楚瑜接任國民黨祕書長。
		八月十一日張燦鍙新憲法草案在台出版；十一月六日林義雄提出基本法草案。		
一九九〇年	二月十一日二月政爭			國民黨第十三屆臨中全會以起立方式提名李登輝、李元簇參選第八任正副總統，主流派與非主流派鬥爭表面化。

一九九〇年代制憲與修憲相互激盪年表

時間	背景	制憲	修憲	備註
一九九〇年	山中傳奇	三月五日民進黨憲政研究小組成立，召集人黃煌雄。	二月十九日—三月三十日第一屆國民大會第八次會議召開，審議《動員戡亂時期臨時條款》修正案，擬擴大國大職權、每年集會與延長任期。	
		三月十五日黃信介赴總統府表達反對國大擴權，受憲警攻擊。		
	三月十六日—二十二日野百合學生運動		三月二十日李登輝、李元簇當選第八任正副總統。	學運四大訴求：解散國民大會、廢除《臨時條款》、召開國是會議，訂定政經改革時間表。
			三月二十一日李登輝接見學運代表，承諾召開國是會議。	
	三月二十一—七月四日國是會議與《民主大憲章》	四月二日李登輝總統府接見黃信介，黃提出憲政體制改革時間表。	三月二十一日李登輝責成蔣彥士籌備國是會議。	
		四月至六月民進黨研議《民主大憲章草案》。		主張總統民選、雙首長制。
		六月二十六—七月一日國是會議在野改革聯盟擬訂總統直選為參與底線。		

一九九〇年代制憲與修憲相互激盪年表

時間＼事項	背景	制憲	修憲	備註
一九九〇年			六月二十八—七月四日國是會議。	2 做成改變總統選舉方式結論。
	制憲與修憲	七月十一日民進黨制憲運動委員會 召集人：黃信介 執行長：黃煌雄	七月十一日國民黨憲政改革策劃小組 召集人：李元簇 法制：林洋港 工作：邱創煥	
		十月七日民進黨四屆二中全會通過《事實主權決議文》。	十月七日國家統一委員會成立。	
		十二月二十五日民進黨台灣主權獨立大遊行，包圍中山堂。	十二月二十五日李登輝於中山堂宣布一機關兩階段修憲。	
一九九一年	修憲原則		一月二十一日宋楚瑜宣示國民黨修憲五原則。	堅持中華民國法統、中國統一、五權體制、修憲、本文不動。

2 關於總統選舉的總結報告文字：現行總統選舉方式必須改變，總統應由全體公民選舉，其選舉方式及實施程序，則經由各界協商，循法定程序制訂。

一九九〇年代制憲與修憲相互激盪年表

時間╱事項	背景	制憲	修憲	備註
一九九一年			二月二十三日國統會通過《國統綱領》。	
	第一次修憲	四月十三日民進黨推動的保衛台灣委員會成立。	四月八日第一屆國民大會第二次臨時會召開。	
		四月十七日民進黨反對老賊修憲大遊行。		
		四月二十二日民進黨決定召開全國民間憲政會議。	四月二十二日第一屆國民大會第二次臨時會第一次修憲（程序修憲）。	
			五月一日李登輝發布總統令，終止動員戡亂，回歸憲政。	
		五月二十五—二十六日全國民間憲政會議。		主張以民選總統為憲政中心，召開制憲會議。
			八月十四日國民黨第二階段修憲策劃小組成立，召集人：李元簇。	
	制憲——《台灣憲草》	八月二十四日—二十六日台灣人民制憲會議，通過《台灣憲法草案》。		主張總統制、總統直接民選。

一九九〇年代制憲與修憲相互激盪年表

時間＼事項	背景	制憲	修憲	備註
一九九一年	制憲——《台灣憲草》	八月二十八日民進黨中常會決議，以《台灣憲法草案》為參選第二屆國大代表共同政見。		主張總統制、總統直接民選。
			十二月二十一日第二屆國民大會代表選舉。	民進黨未取得四分之一席次，無修憲否決權，國民黨取得修憲主導權。
一九九二年	直選與委選		二月八日國民黨公布第二階段修憲方案，主張委任選舉。 二月二十五—二十六日李登輝約見宋楚瑜與蔣彥士，首度表明支持總統直選。	
			三月八日林洋港與吳伯雄支持公民直選。國民黨修憲策劃小組，決議將直選委選兩案併陳中常會。 三月九日國民黨臨時中常會總統委選直選兩案僵持。李登輝裁示送三中全會。	

一九九〇年代制憲與修憲相互激盪年表

時間╲事項	背景	制憲	修憲	備註
一九九二年	直選與委選		三月十四日—十六日國民黨十三屆三中全會李煥、邱創煥等發言反對直選，謝東閔領銜提案緩議。	決議總統由台灣全體選民選出。[3]
	第二次修憲		三月二十日第二屆國民大會第一次臨時會開議。	
		四月十九日—二十四日四一九總統直選大遊行。		
			三月二十日—五月三十日第二屆國民大會第一次臨時會第二次修憲（實質修憲）。[4]	
	十二月十九日第二屆立法委員選舉			一百六十一席，國民黨九十五席贏得多數。
一九九三年	八月十六日—二十二日李登輝連任國民黨主席			國民黨十四全會，李登輝沿用當然黨代表制，引爆黨內爭議。
	立法院與總統直選		十月二十七日民進黨立法院黨團總統直選案獲得在野新黨與無黨籍委員支持。	

一九九〇年代制憲與修憲相互激盪年表

時間＼事項	背景	制憲	修憲	備註
一九九三年	立法院與總統直選		十二月十日立法院成立修憲委員會，黃煌雄等擔任召集委員。 十二月二十二日國民黨第三階段修憲策劃小組成立，召集人：李元簇。	
一九九四年	第三次修憲		二月十六日國民黨修憲策劃小組通過總統直選與相對多數當選制。	
		六月二十五日第二次台灣人民制憲會議，通過《台灣共和國憲法草案》。		

3 決議文：「總統選舉方式，應由中華民國自由地區全體選民選舉之，其選舉方式，應依民意趨向，審慎研定，自中華民國八十五年第九任總統副總統選舉施行。」

4 調整國大職權、省長民選、動戡三機關常態化、充實基本國策：環保生態、婦女、殘障、山胞權益。

一九九〇年代制憲與修憲相互激盪年表

時間／事項	背景	制憲	修憲	備註
一九九四年			五月五日—七月二十三日第二屆國民大會第四次臨時會第三次修憲。	確定總統直接民選。[5]
				一九九五年一月六日黃煌雄在立法院提出首份《總統選舉法草案》。
	十二月三日省市長民選			宋楚瑜當選首屆民選台灣省長。
一九九五年	十二月二日第三屆立法委員選舉			國民黨得票率未過半，但席次過半（八十五席）。
一九九六年	第一屆總統直選		三月二十一日第九任總統與第三屆國大代表選舉，李登輝、連戰當選首屆直選正副總統。	國大席次國民黨未達四分之三，民進黨超過四分之一，修憲須賴兩黨合作。
	十二月二十三—二十八日國家發展會議			達成總統絕對多數當選制、雙首長制、凍省、廢國大、單一選區兩票制等共識。
一九九七年	第四次修憲		一月二十八日國民黨第四次修憲策劃小組，召集人：連戰。	
		四月三十日民進黨提《台灣憲法草案》總統制與《國發會說帖》雙首長制兩版修憲案。		

一九九〇年代制憲與修憲相互激盪年表

時間＼事項	背景	制憲	修憲	備註
一九九七年	第四次修憲	民進黨正義連線反對總統絕對多數當選制。	五月五日—七月二十三日第三屆國民大會第二次會議第四次修憲。	通過雙首長制、總統之行政院長任命權、被動解散立法院權、凍結省制。
一九九八年	十二月五日第四屆立法委員選舉			二百二十五席，國民黨一百二十三席過半。
一九九九年	六月八日—九月三日第五次修憲		九月三日第三屆國民大會第四次會議第五次修憲。[6]	議長蘇南成主導修憲，違反國民黨黨紀，遭到開除。立法院聲請部分條文釋憲。
二〇〇〇年	三月十八日第二屆總統直選			首度政黨輪替。民進黨陳水扁、呂秀蓮當選，得票率三九．三〇%。
	第五次修憲違憲			三月二十四司法院大法官釋字第四九九號解釋，判定國大延任案違憲失效。

5 第三次修憲《增修條文》第二條第一項：「總統、副總統由中華民國自由地區全體人民直接選舉之，自中華民國八十五年第九任總統、副總統選舉實施。總統、副總統候選人應聯名登記，在選票上同列一組圈選，以得票最多之一組為當選。在國外之中華民國自由地區人民返國行使選舉權，以法律定之。」

6 決議本屆國大延任，下屆起國代選舉改為依附立法委員選舉政黨比例分配制。

一九九〇年代制憲與修憲相互激盪年表

時間＼事項	背景	制憲	修憲	備註
二〇〇〇年	四月八日—五月十九日第六次修憲		四月二十四日第三屆國民大會第五次會議第六次修憲，國大改為非常設機構，僅剩對立法院修憲與領土變更案之複決權。7	

本表承曾建元教授協助製作，謹致謝忱。

7 國大職權盡皆轉移立法院，僅剩對立法院修憲與領土變更提案之複決權，為廢除國大留下伏筆。二〇〇五年六月十日任務型國大複決立法院修憲案，完成第七次修憲後，國大複決權回歸人民行使，國大廢除。

李登輝總統開幕典禮致詞。

預備會議由蔣召集人彥士先生主持。

民主大憲章

王平1990
風雲板
民主大憲章
黃
新潮流

避談統獨 大陸政策有共識

包括反對一國兩制、支持一國兩府及三通四流；反對黨對黨談判………

國是會議採訪小組報導

在憲政興革爭議不斷的國是會議朝野兩股勢力，昨天在討論大陸政策上，出現開會以來最為普遍的共識。

這些共識包括：

㈠沒人反對「一國兩府」，普遍主張海峽兩岸三通四流。

㈡反對在現階段進行黨對黨談判及政治性接觸。

㈢兩岸來往，在官方應設專責機構，在民間則設中介團體。

㈣反對中共的「一國兩制」。

由於與會代表對於大陸政策爭論不多，部分小組尚且提前散會。

綜合昨天大陸政策議題的討論，大要如下：

在兩岸關係定位上，國民黨和「改革派」較一致的共識是承認大陸為一政治實體外，國民黨方面認為，現在不是談統一的時機與條件，但也強調一個中國及對大陸主權不變的主張。「改革派」部分支持「一國兩府」，也有主張「兩國兩府」，但都強調應以台灣人民福祉為依歸，由此顯示，國民黨和「改革派」都避免將「統獨」之爭搬上枱面。

謀求兩岸關係正常化、法制化的共識，以行政院大陸工作會報執行秘書馬英九的發言最具代表性。

馬英九表示，政府設立處理大陸政策事務的專責機構，並且在修憲中予以法制化，而對於兩岸交流則委請民間中介機構處理。

此外應由民間中介機構負責處理兩岸非政治性、層次較低的交流項目的談判與簽約。為此，兩岸中介機構可以互設分支單位。

同時，國民黨和「改革派」一致反對黨對黨的接觸。

至於和中共接觸的原則，國民黨和「改革派」也都一致認為，中共要宣示放棄武力犯台。不同的是，國民黨仍強調中共武力犯台仍是對台灣最大的威脅，而黃越欽、王玉雲等人表示，海峽兩岸都要公開表示放棄武力。田弘茂則提出，只有中共正式簽署停戰協定，及放棄一國兩制的條件下，才能進行政府對政府的談判。

【相關新聞刊於3版】

推銷憲法

●國是會議昨日上午討論修憲問題，朝野兩黨各就自持立場進行辯論。與會的姚嘉文在每次發言後，總不忘送對手一本「民主大憲章」；而研考會主委馬英九也應民進黨人士之請，拿起一本大憲章參閱。

【記者 林俊宏、陳學聖攝】

馬英九、黃煌雄場內戰到場外

戴高樂情結與歷史包袱

黃：憲政問題吃藥不行，要動大手術

馬：不能像對戰場上受傷的馬，一槍解決。

記者何振忠/台北報導

不同的主張不僅隨時在國是會議上針鋒相對，即使到了場下，仍然毫無冷場。朝野大將大陸工作會報執行秘書馬英九，前立委黃煌雄，昨天在會議中場即有一場精彩的對話。馬英九稱黃煌雄是「戴高樂情結」，黃則回敬馬「背負歷史的包袱」。以下是其中對話片段：

黃：現在的憲政問題豈止是吃藥就可以好，不但要動手術，而且還是個大手術！

馬：憲政改革不能像對待戰場上的馬一樣，馬受傷了，就一槍解決！（指自己，眾笑）

黃：其實我們對行政區域劃分的意見差距並不太大，只是國民黨改革的速度實在太慢！

馬：我們必須做全盤的考慮，一切都要照程序來做。你當過公務員就會知道。

黃：我每天集中精力工作十二個小時，只要像你和我一樣精神的人來做，憲政改革就可很快達成。

馬：你是超人！你們可以這樣講，我可不行。可是我很懷疑你們「六省二市」的主張，怎麼可能在一年內就可達成。假設一個省議會平均要六十六人，六個省議會怎麼辦？而且省的功能角色如何確定，一年時間，立法怎麼來得及？

黃：戴高樂就可以在六個月內制定新憲法！

馬：那也只是制定新憲法而已！我看你是「戴高樂情結」！

黃：我覺得照現在的速度是很快！你們是歷史的包袱太重！

馬：我們並無包袱。只是改革需要準備的時間，就像立法院法案大塞車也是改革緩慢的原因。

黃：那就用國是會議的決定立刻去做嘛！（眾人笑）

行政院研考會主委馬英九(左)對民進黨政策研究中心主任黃煌雄說，憲政改革不能像對待戰場上的馬一樣，受傷了，就一槍解決。 記者程迪思/攝影

類號

專題

登錄號

來源

日期

檢索碼

憲章花費一百萬
名稱定案三十秒

【記者吳嘉傑台北報導】民進黨「制憲小組」經歷二個月的研究，花費一百萬元經費，研擬出「民主大憲章」草案，而「民主大憲章」名稱只費時卅秒討論即告定案。

制憲小組召集人黃煌雄說，制憲小組在主席黃信介大力支持下，撥款一百萬經費，得以在二個月內草擬出「民主大憲章」草案。

黃煌雄指出，「民主大憲章」的定名，只經過卅秒的討論即告定案，當時呂秀蓮建議用「憲章」的名稱，秘書長張俊宏加了一個大字，成了「大憲章」，傅正教授又建議加上「民主」二字，於是「民主大憲章」因此定名。

「人民制憲會議」上午揭幕

在野人士籲凝聚力量 具體提出一部新憲法

【記者張幼鵬台北報導】由在野人士共同籌辦的「人民制憲會議」，於今天上午在台大法學院召開，此項連續兩天的會議，將以制訂新憲法爲目的，並欲凝聚在野力量，形成共識，具體提出一部新憲法。出席此次會議的人士包括：民進黨、無黨籍、學術界、社運界百餘位。

民進黨主席黃信介在開幕式致詞時强調，今年年底大選，將是修憲與制憲之爭，因此，召開人民制憲會議的目的，在於讓人民更了解憲法的意義。

人民制憲會議於今天上午九點十分，進行開幕式。黃信介致詞指出，召開人民制憲會議的主要目的，是要人民能更明白憲法本身的意義，今年年底國代選舉，更是修憲與制憲之爭。黃信介强調，希望此次會議，能達到溝通各方不同意見且形成共識的目的，讓百姓了解憲法在生活上的重要性，並體認憲法是各種政治勢力妥協的結晶。

憲法專家李鴻禧亦在致詞時强調，台灣就是因爲連一部屬於自己的憲法都沒有，才無法形成法治社會，未能走向民主制度，而目前國民黨雖主張修憲，但在野「制憲」的主張亦高漲，因此，他認爲修憲與制憲的主張，均應公開明確提出，然後由老百姓進行「公民投票」來票決。

人民制憲 會議開鑼

由民進黨結合無黨籍、學術界等各界人士所發起的人民制憲會議，今日起在台大法學院一連舉行兩天。大會首先由召集人黃信介、秘書長黃煌雄報告會議籌備經過。（記者曾文邦攝）

類號

專題

登錄號

來源 自立晚報

日期 80.8.24

檢索碼

人民制憲會議。

1992年4月19日，推動總統民選運動。（攝影：邱萬興）

台灣憲草
一九九一年八月二十六日凌晨一時卅分
人民制憲會議通過
CT258

1998年12月5日，李登輝總統、黃煌雄合影於總統府。

更正本

臨時提案

立法院議案關係文書

中華民國八十四年一月十日印發
中華民國八十四年一月十一日更正

院總第一六七九號　委員提案第一一三一號

案由：本院委員黃煌雄等三十八人，為貫澈主權在民之理念，切實推動民主憲政，並有效辦理總統、副總統選舉事宜，特提出總統選舉法草案，敬請公決。

壹、立法總說明

一、立法目的

由於憲法增修條文已明文規定：總統與副總統由中華民國自由地區全體人民直接選舉、而現行公職人員選舉罷免法所稱的「公職人員」，尚未將總統、副總統納入適用範圍，因此，為貫澈主權在民之理念，切實推動民主憲政，並有效辦理總統、副總統選舉事宜，特提出本草案。

二、立法經過

本草案係參考現行憲法及增修條文，和歷時三年、由海內外在野人士共同制訂的台灣憲法草案，並經法政專家學者的深入討論與座談後，始提出的落實主權在民的法案。

三、草案內容

草案第一章明定本法之適用範圍。

草案第二章規定總統、副總統選舉事宜，由在中央選舉委員會之上的總統選舉委員會主管之，且明定總統選舉委員會的地位，組成與職掌。

草案第三章選舉，由於總統、副總統的地位崇高，有關選舉人、候選人及選舉活動均有一些特別的規定，而與現行公職人員選舉罷免法的規定不同。

草案第四章為妨礙選舉處罰及選舉訴訟，均適用公職人員選舉罷免法及相關法令之規定。

提案人：黃煌雄

連署人：姚嘉文　黃爾璇　許國泰　彭百顯　洪奇昌

呂秀蓮　葉耀鵬　黃昭輝　蔡同榮　陳光復

廖大林　陳昭南　邱垂貞　顏錦福　林光華

周伯倫　許添財　劉文慶　張俊宏　戴振耀

方來進　李進勇　廖永來　張俊雄　沈富雄

葉菊蘭　蔡式淵　陳婉真　翁金珠　謝聰敏

李慶雄　余玲雅　蘇煥智　柯建銘　林濁水

賴英芳　蘇嘉全

貳、草案條文及立法理由對照表

立法條文	立法理由
第一章 總則	
第一條 總統、副總統選舉，依本法之規定，本法未規定者，依公職人員選舉罷免法及其他有關法令之規定。	明示本法之適用範圍與本法未規定者之選用法令。
第二章 主管機關	
第二條 總統、副總統選舉，由總統選舉委員會主管，並指揮、監督中央選舉委員會及各級選舉委員會辦理之。	由於總統、副總統的職位崇高，其選舉具有高度之政治性，故對其主管機關之公正性與獨立性應有較高之要求，乃於現行辦理選務機關之上，另設總統選舉委員會主管之。但為避免疊床架屋，且考慮現行選務機關所累積之經驗與能力，本法亦規定由總統選舉委員會針對總統、副總統之選舉事宜，指揮、監督既有之中央選舉委員會及各級選舉委員會辦理之。
第三條 總統選舉委員會置委員九人，由行政院提名，經立法院同意後，由總統任命之。 總統選舉委員會委員之提名，應有社會公正人士三名，並應考量各政黨在最近一次立法委員選舉中之得票比例，其具有同一黨籍者，不得超過委員總數三分之一。 總統選舉委員會置主任委員一名，由委員互選產生之。 總統選舉委員會應依據法令獨立行使職權。 總統選舉委員會之組織規程，由行政院擬定，呈請總統核定之。	為確保總統選舉委員會之公正性與獨立性，規定其委員之產生須經立法院之同意，由總統任命之。再者，因總統、副總統選舉具有極大的政治性，特規定總統選舉委員會之組成應包括社會公正人士及政黨推薦者，以求公平，並避免爭議。

第四條　總統選舉委員會掌理左列事項： 一、選舉公告事項。 二、選舉事務進行程序及計畫事項。 三、候選人資格之審定事項。 四、選舉宣傳之策畫事項。 五、選舉之監察事項。 六、投票所、開票所之設置及管理事項。 七、選舉結果之審查事項。 八、當選證書之製發事項。 九、訂定辦法規範候選人使用電視及其他大眾傳播工具從事競選活動之事項。 十、候選人競選經費之查核。 十一、其他有關總統副總統選舉事項。	明定總統選舉委員會之職掌。
第五條　總統選舉委員會置巡迴監察員若干人，由總統選舉委員會，遴選具有選舉權之公正人士，報請總統聘任，並指定一人為召集人，執行左列事項： 一、候選人違反選舉法規之監察事項。 二、選舉人違反選舉法規之監察事項。 三、辦理選舉事務人員違法之監察事項。 前項巡迴監察員為無給職，其任職、人數及執行監察職務準則，依總統選舉委員會組織規程規定之。	規定巡迴監察員制度，以處理選舉過程發生之爭議，確保選舉過程與結果之公正。

第三章　選舉	
第一節　選舉人	
第六條　中華民國國民，年滿二十歲，無左列情事之一者，得行使總統、副總統選舉權： 一、褫奪公權尚未復權者。 二、受禁治產宣告尚未撤銷者。 三、具有外國國籍者。 前項第一款情形，如係戒嚴時期依懲治叛亂條例判決者，不在此限。 前項第三款所稱具有外國國籍者，包括中華人民共和國之國民。	由於總統、副總統之選舉乃人民主權之具體展現，為避免國家認同之混淆及外國勢力之介入，明定具有外國國籍者，包括中華人民共和國之國民，不得享有選舉權。
第二節　候選人	
第七條　國民年滿四十歲，在台灣出生或設籍十五年以上者，依左列程序之一，得登記為總統、副總統候選人： 一、經最近一次立法委員選舉得票逾有效票數百分之五之政黨推薦者。但每一政黨以推薦一組候選人為限。 二、經選舉人十萬人以上之連署推薦者。但每一直轄市、縣（市）之連署人數，不得超過總連署人數之百分之十。 前項推薦應包括總統、副總統各一名	為健全政黨政治之發展，特規定政黨推薦候選人之門檻條款，但為避免既有之政黨壟斷選舉，故允許由國民自行推薦候選人，又為避免國民推薦過於浮濫，因此規定應有十萬人以上之連署。因為憲法規定總統、副總統應搭配競選，故規定應共同推薦。
第八條　左列人員不得申請登記為總統、副總統候選人： 一、警察、現役軍人或職業軍人退役未滿六年者。	為避免軍人干政，特規定職業軍人退役未滿六年者，與現役軍人及警察一樣，皆不得登記為候選人。再者，為避免國家認同

二、辦理選舉事務人員。 三、具有外國國籍者。 　前項第三款所稱具有外國國籍者，包括中華人民共和國之國民。	之混淆及外國勢力介入，乃明定具有外國國籍者，包括中華人民共和國之國民，亦不得登記為候選人。
第三節　選舉公告	
第九條　總統選舉委員會應依左列規定期間發布各種公告： 一、選舉公告：應於總統任期屆滿前一百二十日發布之，並應記載登記辦法、投票日及投票起止時間。 二、候選人登記：應於選舉公告發佈後十日公告，其登記期間不得少於七日。 三、候選人名單：應於投票日三十日前公告。 四、選舉人名冊：應於投票日十五日前公告，其公告期間不得少於五日。 五、選舉人人數：應於投票日三日前公告。 六、當選人名單：應於投票日後七日內公告。	明定各種公告之發佈時間。
第十條　候選人登記截止後至選舉投票前，如有候選人死亡，總統選舉委員會應即公告停止選舉活動，並於三個月內重辦選舉。 　前項重辦選舉公告後，應重為候選人登記，但先前已登記之候選人，其候選資格不受影響。	規定候選人發生重大事故之補救措施。為避免因候選人發生重大事故造成人民公平選擇機會的缺憾，並因此導致政治動盪，特規定重辦選舉之必要性。但為保障已登記者之權益，其候選資格繼續有效。
第四節　選舉活動	

第十一條　投票日為現任總統任期屆滿前六十日最接近之星期六。	明定投票日之時間，以建立制度化的傳統，並增加新任總統在就任前有較充裕時間準備新政府之各項工作。
第十二條　候選人及政黨不得接受左列競選經費直接或間接之捐助： 一、外國團體、法人、個人或主要成員為外國人之團體、法人。 二、同一選舉其他政黨或候選人。 三、公營事業或接受政府捐助之財團法人。 　前項第一款所稱之外國及外國人，包括中華人民共和國及中華人民共和國之國民。	規定競選經費捐助來源之限制。為避免不當勢力介入選舉，影響選舉之公平性，並導致總統、副總統在就任之後無法代表全民意志獨立行使職權，特限制捐款之來源。
第十三條　總統選舉委員會應公平提供總統、副總統候選人使用大眾傳播媒體之機會，媒體不得拒絕。 　總統選舉委員會應以公費，在全國性無線電視台的同一時段，為候選人及其所屬之政黨，提供相同的廣告時間。 　總統選舉委員會應以公費，在全國性無線電視頻道舉辦三次以上候選人政見發表會，每次不得少於一百分鐘。其中至少應有一次以辯論會形式為之。 　公職人員選舉罷免法關於公辦政見發表會之規定，於總統副總統之選舉，不適用之。	規定國家應提供候選人媒體使用權。為促進選舉之公平進行，增進選民對候選人之瞭解，並避免一般公辦政見發表會之弊病，故規定由總統選舉委員會舉辦電視政見發表會，其中至少一次應以辯論會形式為之，更可彰顯各候選人政見主張之異同。
第十四條　候選人刊載於選舉公報之政見、刊登於電視之廣告及發表於電視政見發表會之競選言論，均不得事前審查。	規定對競選言論事前審查之限制。基於政治性言論應予最寬鬆之限制，使人民享有憲法言論自由之保障，故廢除事前審查制度。

第四章　妨礙選舉處罰及選舉訴訟

第十五條　有關妨礙選舉處罰及選舉訴訟，均適用公職人員選舉罷免法及相關法令之規定。

第五章　附　則

第十六條　本法施行細則，由內政部擬定，報請行政院核定之。

第十七條　本法自公布日實施。

他搶第一 總統選舉法黃煌雄版出爐

記者涂建豐／台北報導

民進黨立委黃煌雄昨日發表國內首部「總統選舉法」草案，草案中規劃總統選舉由總統選舉委員會主管並指揮監督中央選舉委員會及各級選委會辦理。至於候選人則需年滿四十歲，在台灣出生或設籍十五年以上，且經立委選舉得票數百分之五以上政黨推薦，或經選舉人十萬人以上之連署推薦。

黃版「總統選舉法」草案規劃之總統選舉委員會置委員九人，由行政院長提名，經立法院同意後，由總統任命，其具有同一黨籍者，不得超過委員總數三分之一。

總統選舉人爲中華民國國民，年滿廿歲，未被褫奪公權、受禁治產宣告、具外國國籍者（包括中華人民共和國之國民）。

警察、現役軍人或職業軍人退役未滿六年者、辦理選舉事務人員與具外國國籍者（包括中華人民共和國之國民）則不得登記爲總統、副總統候選人。

總統選舉委員會應公平提供總統、副總統候選人使用大衆傳播媒體之機會，媒體不得拒絕。選委會並應以公費在全國性無線電視頻道舉辦三次以上候選人政見發表會，每次不得少於一百分鐘，其中至少應有一次以辯論會形式爲之。

候選人及政黨不得接受下列競選經費直接或間接之捐助：外國團體、法人、個人或主要成員爲外國人之團體法人（包括中華人民共和國及其國民）、同一選舉其他政黨或候選人、公營事業或接受政府捐助之財團法人。

記者陳元彥／台北報導

關於「總統副總統選舉罷免法草案」的擬定進度，內政部官員指出，內政部目前正加速草擬中，該部將於下週邀集相關單位討論後定案。目前草案中比較確定的是，候選人保證金將訂爲一千萬元；其競選經費上限爲一億九千多萬元。

在候選人的積極資格方面，目前內政部草案傾向對學、經歷皆設限，學歷應在大學以上；經歷部份，則將比照省長規定酌予提高。

在總統、副總統候選人推薦方面，內政部仍同時對政黨推薦、民意代表連署推薦及人民連署推薦等三案進行考量。不過，最後可能採取三案取一或三案取二的方式。

至於，是否在中選會上另設監督指導委員會的問題，內政部可能會以「兩案並呈」的方式送行政院決定。

民主國家如何死亡

歷史所揭示的我們的未來

Steven Levitsky Daniel Ziblatt

HOW DEMOCRACIES DIE

WHAT HISTORY REVEALS ABOUT OUR FUTURE

總統直選與民主臺灣

學術研討會

2017
9/23－24
國家圖書館國際會議廳

會議宗旨

中華民國總統直選自1996年實施至今，已經歷過6次大選，3次政黨輪替，無論是學術理論或政治實踐都已有足夠的材料，供我們反思以總統直選制度作為基礎的民主憲政體制。1990年，民進黨提出「民主大憲章」，率先主張「總統應由全體公民選舉產生」；之後，制憲運動的籌備會議也是在台灣研究基金會同一張有綠色桌布的長桌舉行，就這層意義來說，1990年代台灣研究基金會可以說是總統直選制度的搖籃。

時隔20餘年，為提升並鞏固台灣的民主憲政，有必要針對總統直選所帶動的憲政運作做一個較全面、嚴謹而客觀的省思，本次會議將從6個面向，邀請專家學者進行討論

9/23 六

09：20
|
17：30

第一場
自1996年以來歷次總統選舉與政黨競爭之回顧
主持人：林佳龍（台中市長）
主講人：邱義仁（陳水扁競選總部執行總幹事）
主講人：詹春柏（馬團競選總部總幹事）

第二場
3次政權和平移轉的實踐與檢討
主持人：唐飛（前行政院長）
主講人：張俊雄（前總統府秘書長、行政院長）
主講人：曾永權（前總統府秘書長、立法院副院長）

專題演講一
主講人：李登輝（中華民國首任民選總統）

第三場
6次總統選舉與民意變遷
主持人：柯文哲（台北市長）
主講人：劉義周（中央選舉委員會主任委員）
主講人：游盈隆（台灣民意基金會董事長）

報名網址：http://activity.ncl.edu.tw/
活動網址：http://ccs.ncl.edu.tw
會議地點：國家圖書館國際會議廳（臺北市中山南路20號）

9/24 日

09：20
|
17：30

專題演講二
主講人：陳水扁（中華民國第十、十一任總統）（邀請中）

第四場
民選總統的憲政規範與實際權力運作的回顧與檢討
主持人：錢復（前監察院長）
主講人：江宜樺（前行政院長）
主講人：許信良（前民進黨黨主席）
主講人：吳玉山（中央研究院院士）

第五場
總統直選制度對兩岸關係的影響
主持人：張善政（前行政院長）
主講人：蘇起（前國安會秘書長）
主講人：陳忠信（前國安會代理秘書長）

專題演講三
主講人：

第六場
從台灣民主發展反思總統直選
主持人：江東亮（台灣研究基金會董事長）
主講人：朱雲漢（中央研究院院士）
主講人：黃煌雄（台灣研究基金會創辦人）

主辦單位：台灣研究基金會　合辦單位：國家圖書館 National Central Library

廣告

序文二

馬基維利時刻與政治創新

黃煌雄

「總統直選與民主台灣」研討會在本來的規劃中，希望能成為研究台灣總統直選理論與實際最具經典性的一次研討會，不過隨著研討會議程的公布，卻被網路媒體廣泛形容是「史上最狂的研討會」。

整個研討會從起心動念到辦完，歷時約一年半（從二〇一六年春到二〇一七年九月）。在確定研討會基本架構以後，我曾先後拜訪李登輝、陳水扁、馬英九三位卸任總統，向他們說明本次研討會的規劃方向及初步議程，並獲得他們的承諾（與會）與支持。由於他們是台灣自一九九六年總統直選以來僅有的三位卸任總統，也是兩千三百萬人民當中僅有行使過民選總統職權的三人，他們的現身說法，不僅具有特殊的意義，也為其他主講者開啟綠燈之門。最後，雖由於政局的發展，李登輝與陳水扁兩位總統改為書面致詞，馬英九總統未能與會，但三位卸任總統對研討會所持正面的態度，對於本次研討會的順利舉行，都具有一定程度的貢獻，這是我首先應明確表達，並深致謝忱。

這次研討會所以被稱為「史上最狂」，除了三位卸任總統的承諾與會之外，也包括主講人和主持人所具有的代表性，他們或為卸任的行政院長、監察院長、總統府祕書長、國家安全會議祕書長、中央研究院院士，以及代表明日之星的六都市長。他們每一個人都足以成為任何一場研討會的主角，卻能在兩天的研討會上，超越黨派，齊聚一起，共同與會，層級之高，人數之多，幾乎是二十年來有關此一命題前所未見。在邀請的過程上，我和他們每一位都有面對面的互動，討論時間或為兩小時，或為一小時，有時則在簡餐中進行，他們都是台灣兩大政黨的領導者，或位居領導階層，在這些真誠的互動中，我感受到台灣政黨政治相互包容、相互尊重的成熟一面。

本來，在規劃的議程中，還有一個子題是「民選總統主政風格對總統直選制的影響」，我曾就此一議題向呂秀蓮、吳敦義兩位卸任副總統當面說明與請益，但兩位副總統都以「副總統不宜評論總統」為由，婉拒當主講人。其後，我也曾考量從退休大法官、享有聲譽的學者或資深媒體人，或兼有其中兩種身分者，來擔任主講人，最後仍未能促成此一議題的落實。這是我在籌備過程上未完成的一個憾事。

就文集內容而言，不論從學術理論或實際政治觀點，本書都是二十多年來有關台灣總統直選最重要的一本參考書籍，也是匯集有關台灣總統直選制下最多第一線政治工作者與推動者見證的一本著作。

令人感到意外的是，陳前總統在〈內閣制未必不好〉書面致詞中表示，「我認為在台灣厲行內閣制的憲政體制或許是比較好的制度」，並說「我必須重申，個人不會再參與任何選舉。有關憲政體制的芻議，乃個人從政三十年、八年總統的一得之愚，就教各方賢達，並請不吝指教！」李前總統在二〇一六年總統大選前，還有意結合部分民進黨人士及國民黨朱立倫總統候選人，共同倡議第二次憲改，主張憲政體制修改成內閣制，但在書面致詞稿中，他雖仍強調「憲改是推動國家正常化必須要走的一條路」，已不提及內閣制的憲改走向，迄今也未再提及內閣制的憲改走向。至於馬前總統的憲政態度，依吳玉山院士在論文中所述，應該是屬於「分權妥協」型的總統。

在實際政治運作上，直選產生的總統與行政院長的憲政分際，一直引發現實政治的憲政爭論，從總統直選推動之初，再歷經二十年，六次總統大選，四位民選總統，有關總統「有權無責」與行政院長「有責無權」的爭論，在台灣的政治天空，一直如影隨形，揮之不去。本次研討會最有意義的遺產之一，便是不論從學理或實務，與會者幾乎都毫不含糊指出，我國所採行的「雙首長制」或「半總統制」，是屬於一種「總統優越型」的憲政體制。

本人為政治學者、擔任過行政院長一年十個月的江宜樺，基於自身的實際體驗，在〈府院權力關係的理論與實況〉一文寫道：「總統既然為全民選出，他在競選時曾提出各項政見及承諾，當選之後一定關心這些承諾有沒有被兌現以及兌現速度如何。相對的，他所任命的行政院長，並沒有經過選戰的洗禮，也沒有在任命時經過代表民意的國會同意任命，就這兩個層面而言，行政院長缺乏直接的、間接的民意基礎。他雖然負責擬訂國家的施政方針，但是他要做的事情是經過競選的總統要求他執行的。從這個角度來看，相信很多人都會同意：我們現在行政院長的角色，其實比較像是總統的執行長，就是所謂CEO角色。總統希望行政院長做什麼，行政院長就盡力來協助總統完成。」

兩度擔任過民進黨主席的許信良，一直是法國式雙首長制的堅定推動者，在〈台灣採行雙首長制的爭辯與實踐〉一文表示：「我認為對法國雙首長制的正確理解應該是：無論什麼時候，無論任何情況，總統都是國家最高領導人，總理都是國家最高行政首長。總統和行政院長分別承擔國家最高領導人和國家最高行政首長的憲政角色，應該也是以法國體制為藍本的台灣現行中央政治體制的精神所在。總統領導整個國家，當然包括領導行政院，但並不直接指揮行政院。行政院的日常政務還是由行政院長全權指揮，受立法院的完全監督。立法院則以行使倒閣權作為最後手段，讓行政院長必須對其完全負責。這就是台灣現行憲政體制所規範的總統和行政院長的憲政權責分際，無論總統是否擁有國會多數，應該都一樣。」

吳玉山院士在〈總統直選與半總統制憲政運作〉一文中指出，我國的憲政體制是屬於當今全球最為風行的半總統制，且是「總統意志凌駕一切的總統優越型」的半總統制。在此一憲政體制下，「雖然政府在形式上仍然必須對國會負責，但是總理的任命以及內閣的組成都是由總統決定，國會基本上無法干預。總理所扮演的是總統幕僚長的角色，其人選由總統決定，而且對總統負責。」

作為《民主大憲章》研究小組召集人，我在〈從民主價值與戰略思維談總統直選在台灣〉一文寫道：「台灣自推動總統直選以來，有關總統與行政院長的角色與職權，一直引發爭論，隨著總統直選實施，總統權力不斷增強，總統『有權無責』與行政院長『有責無權』之爭，甚囂塵上，不論哪一個政黨執政，迄今仍爭論不休。坦誠而論，此一問題在學理上固然客觀存在，但在動態政治上，只要『共治現象』不再發生，幾乎是沒有意義。因為行政院長應有自知之明，正如戴高樂所說，『總理是第二號職權』，『僅次於我（總統）的人』，『只能是我（總統）的總理』。」

當然，這樣的總統應具有堅實的民意基礎，因此台灣的總統選舉，應採行法國總統兩輪制的選舉，以確保總統擁有過半數國民主權的支持。同時，這樣的總統也應接受有效的監督，包括憲政制約、定期選舉政黨競爭、司法規範，以及至少每半年一次的公開記者會等輿論監督。

研究第三波民主化的著名學者杭廷頓（Samuel Phillips Huntington）曾說，一個新興國家的民主化是否鞏固，檢驗標準之一，便是經過兩次政黨輪替。台灣已經過三次政黨輪替，不僅如此，二十年間，六次總統大選，台灣人民已向全世界展現：台灣的總統大選拒絕暴力！拒絕買票！三次政黨輪替、向暴力說No！向買票說No！這三大現象足以讓台灣成為第三波民主化國家的典範，這也是台灣故事的精彩內容。

但經過二十年的實踐，台灣人民對總統直選以來的政局，卻愈來愈感到沉悶，愈來愈激不起總統直選推行之初那樣的火花、熱情與期待，這是台灣政局當前最大的癥結所在。特別是相對於中國大陸的快速崛起，如果民選總統的領導團隊，缺乏治國能力，導致執政失靈、民主品質退化，又如何激起人民的認同與團結，打開悶局、再創高峰？朱雲漢院士在〈反思台灣民主發展的困境：從特殊性到普遍性分析〉一文指出，「台灣民主發展的困境」，並非「特殊性」，而是全球新興民主國家共同面對的「普遍性」，「解脫困境的第一步，就是要在思維上超越過去我們習以為常的以西方為中心的世界觀，唯有超越這個思維窠臼，我們才有可能認清我們所處的大時代，以及掌握全球政治經濟格局變化的大趨勢。」

J. G. A. Pocock在*The Machiavellian Moment: Florentine Political Thought and the Atlantic Republican Tradition*一書，所提出的「政治創新」，具有兩個意涵，一是從歷史的長河來看，公民人文主義者透過復興亞里斯多德和古羅馬共和國這兩種傳統，掙脫中世紀的神學，為現代政治開啟新的道路；二是在佛羅倫斯共和國末期，當共和國面臨內憂外患的時候，有些人文共和主義者，特別是馬基維利，提倡採用一些打破常規的激烈手段來替共和國找出新路。這個時刻也就是Pocock

所說的「馬基維利時刻」(Machiavellian Moment)。

一九六二年，在第五共和制度下，戴高樂總統主動提出將法蘭西總統直接由人民選舉產生交由公民複決，這是法國歷史上前所未有的創舉，這就是一種「政治創新」，就是所謂「馬基維利時刻」，也是法國的「憲政時刻」。一九九〇年代初，以《民主大憲章》為代表的，主張將中華民國總統改為由人民直接選舉產生，這也是中國歷史上及台灣歷史上前所未有的創舉，這就是一種「政治創新」，就是所謂的「馬基維利時刻」，也是台灣的「憲政時刻」。

二十多年之後，面對全球第三波新興民主國家所共同遭遇的「普遍性」「困境」，兩岸情勢的彼長我消，「中國因素」的「幽靈」在台灣上空徘徊，「黑雲壓城」愈來愈濃，這種背景與情境，似乎表示台灣又再遇到一個「馬基維利時刻」。舉辦研討會的目的不僅在回顧，也要前瞻，希望本書的出版，能為關懷台灣的有志者，重新喚回或開創出像二十多年前推動總統直選那種「政治創新」的主張與號召，以更全面而縝密的戰略思維，引導時局的發展。

第一篇

卸任總統致詞

憲改是國家正常化必由之路

李登輝

中華民國第七、八、九任總統（一九八八—二〇〇〇），首任民選總統（一九九六—二〇〇〇）。美國康乃爾大學農業經學博士，歷任台灣大學農業經濟學系教授、行政院政務委員、台北市長、台灣省政府主席、副總統、中國國民黨主席。

台灣研究基金會黃創辦人（煌雄）、江董事長（東亮），各位學者專家，各位來賓，大家午安，大家好。

今天，登輝要感謝台灣研究基金會邀請，來參與「總統直選與民主台灣」研討會；在這短短兩天活動中，所討論的六大主題，「自一九九六年以來歷次總統選舉與政黨競爭之回顧」、「三次政權和平轉移的實踐與探討」、「六次總統選舉與民意變遷」、「民選總統的憲政規範與實際權力運作的回顧與探討」、「總統直選制度對兩岸關係的影響」、「從台灣民主發展反思總統直選」等，內容既有文獻探索，又兼具前瞻性批判，主辦單位之議題設定相當用心周全。

今天，登輝要以民主台灣的四個面向，包括：民主方法辯證，「委任直選」與「人民直選」；

民主台灣的挑戰與衝擊；民主深化與鞏固；民主未來與展望：憲改是台灣唯一的路；最後以「建立正常化國家」作總結，與大家分享二十一世紀，台灣要到哪裡去，登輝的相關看法。

民主方法辯證，「委任直選」與「人民直選」

台灣曾歷經六個外來政權輪流統治，直至一九九六年人民直選正、副總統前，人民參政、選舉權多是間接且殘缺。我國自解嚴、終止動員戡亂時期後，關於國家領導人是採「人民直選」亦或是「委任直選」，曾有一段長時間的辯證，討論過程熱烈且對立。當時登輝即認知到，台灣人民想自己當家作主的意志強烈，「人民直選」勢在必行。

登輝經歷無數困難，在人民支持之下，一九九〇年六月召開「國是會議」後，完成不流血的「寧靜革命」，也就是六次修憲工作。達成的主要目標包括：終止「動員戡亂時期」、廢除《動員戡亂時期臨時條款》；第一屆代表中國法統的資深立委及國代優遇退職，自此中央各級民意代表全面改選。各地方縣市首長，也全部由人民選舉產生。

最重要的是，「人民直接選舉總統」等相關條文正式入憲。實施至今，當初無論反對或贊成的人，皆可從這套憲政機制，獲得充分的參政保障，並強化國家領導人之正當性、合法性。人民直選迄今已是著無庸議的高度共識，民意無可違逆。

去年，二〇一六年台灣第三次政黨輪替，其中國會更是首次，由民進黨黨籍立委擔任正、副院長。意即國內朝野兩大政黨：民進黨、國民黨，皆已享有過完全執政、完全在野的機會與經驗。在人民直選總統實施二十一年後，可謂是相當重要的里程碑，代表著唯有實踐「民之所欲，長在我心」的政黨，方能立足台灣。

民主台灣的挑戰與衝擊

始於一九七〇年代中期的全球第三波民主化浪潮，在二十世紀的最後十餘年輻射範圍涵蓋到台灣來。我們接受第三波民主化浪潮洗禮後，以不流血的方式完成「寧靜革命」，雖然社會緊張甚至衝突在所難免。台灣的民主成就，引起研究此一議題的杭廷頓教授（Samuel P. Huntington）重視。不過，就像杭廷頓教授當年對全球第三波民主化浪潮的觀察，在「第三波」走向民主化的國家，並不一定就此一帆風順成為完全民主國家。

第三波民主化國家的威脅從何而來？據杭廷頓教授分析，那些威脅首先可能來自民主化過程的參與者，其次是具有明顯反民主之意識型態的政黨或政治運動贏得選舉，第三是行政部門的擅權，最後一個是政府毫不遲疑地剝奪人民的政治權與自由權。

所以，「軍隊國家化」是登輝推動民主化改革真正的起點；國防是國家安全最重要的基礎，也是國家主權最重要的象徵。讓軍隊不再屬於個人或政黨，落實軍隊國家化，成為安定國家主要的力量，避免軍人發動政變推翻民主政府，國家的民主化之路才能穩健邁進。

此外，近半世紀以來，台灣主要的境外麻煩都來自於對岸；中國屢次對台灣主權挑釁與封殺，並挑起台海戰爭在所不惜。登輝在修憲過程中，中國政府為了要阻止我國民主化、自由化進程，在一九九五年及一九九六年，大規模軍事飛彈演習。當時登輝身為國家領導人，有責任與義務以堅定的信念，繼續競選並辦理選務，讓人民順利投票。

登輝當選首任民選總統後，召開「國家發展會議」，最重要的決議就是，「凍省」；凍結台灣省，不但可以處理地方政治派系利益問題，更可以戳破，「台灣是中國一省」的中國謊言。台灣是台灣，不是中國的一部分。到了一九九九年，接受「德國之聲」訪問時，更明白宣示台灣與中國是「特殊的國與國關係」，對台灣與中國的關係明確劃分界線。跨出台灣追求國家定位的第一步。

近幾年中國亦同步調整對台灣的統戰策略；扶植統派人士，甚至協助黑道團體在台活動，激發省籍對立、擾動社會秩序。並企圖用「以商逼政」途徑，藉由讓台商上癮的補助政策，圖使台灣的經濟體質喪失競爭力。當人民在享受政治自由的同時，經濟上卻沒有自由權、自主權，台灣的民主政治進程將蒙上陰影。

民主深化與鞏固

登輝在《新時代台灣人》這本書提到，「完成民主改革，蛻變為民主國家的台灣不應走回民族國家的老路」，一定要從虛幻的大中華思想中跳脫出來。擁有主體性的「台灣認同」，這種新典範已應運而生。現在超過八成的國人已有共識，台灣與中國的關係，台灣是台灣，中國是中國；台灣的中華民國，與中華人民共和國，都是個別的「存在」現狀。能夠以台灣之名而存在，才是唯一的重點。

更進一步說，台灣人本身必須認識、理解台灣的政治體制優於中國；當中國迄今仍封鎖一九八九年「六四天安門屠殺事件」真相，長期關押人權律師，及諾貝爾和平獎得主劉曉波先生致亡故等非人道、反民主作為之際。台灣早已不存在政治思想犯；人人都可自由表達個人喜惡，支持所認同的團體與對象。兩國政府對老百性的態度與回應，可謂天壤之別、高下立判。美日歐美先進國家之所以對台灣懷抱連帶感，正是因為台灣具備了民主的、尊重人民自由和人權的政治體制。

台灣已經實質獨立，獨立與否的神學式論爭，不但沒有意義，只會讓人民一分為二，激化對立。這會導致政治停滯，為人民帶來無可計數的損失，而國家領導人，若是放任或是助長統獨對立，都是極不負責任的行為，非民主國家之福。

台灣人民要克服這個挑戰，首要之務是強化對台灣的認同，對台灣這一塊民主實踐的土地產生堅定的認同。在這個新的基礎上，才能以民主消解殘存的族群矛盾，讓「反民主」的政客無法架設虛偽的「九二共識」舞台興風作浪，霸權的大中國主義的統戰也無法乘虛而入。

現在正是所有台灣人超越過去的恩怨，攜手共創新時局的時候。未來，台灣是否成為正常的民主國家，邁向一流國家的行列，關鍵在於：新時代台灣人的意識強化工作到底會不會成功？也就是愛台灣這塊土地的人、以台灣為優先的人、認同民主台灣價值的人，才符合新時代台灣人的定義，才是今後台灣需要的人。

民主未來與展望：憲改是台灣唯一的路

如同剛剛跟各位所談，登輝在總統任內推動「第一次民主改革」，瓦解獨裁體制，樹立民主社會，這點可說已獲得成功。唯經過三次政黨輪替的經驗，已暴露憲政體制的重大缺失與瓶頸；代議制度無法順暢運作，國會政黨非理性惡鬥內耗。而司法失去公正性與人民的信賴。

總之，我們國家發展，現在主要面臨兩項問題：第一項是「國家經濟的困境」，這和領導者的能力、兩岸關係以及全球治理的風險有關，領導者若沒有施政願景，國家發展當然就會受影響。第二項就是「政治改革的停頓」；中央政府組織再造只有形式上的合併，但效率與效能並無提升，以及地方分權的不足，使地方的發展與治理不夠健全。

對於「第二次民主改革」，登輝在《新．台灣的主張》著作的第三章「邁向新台灣人的時代」提出三大優先方向：經濟均衡發展、資源公平分配、權力還給人民。

此外，隨著社會的發展，科技的進步，讓資訊愈來愈透明，公民意識也漸漸提升。當法國已經選出三十九歲的年輕人當總統，台灣《憲法》仍規定未滿四十歲，不能當總統候選人。年輕人未滿二十歲不具投票資格。諸如此類都反映出《憲法》內容及架構，與現代已脫節。

每一個時代、每一個世代，都有需要解決的問題，以及期待的未來。制訂符合台灣未來需要的憲法，以建立正常化國家，是我們對下一代最負責任的作為。

建立正常化國家

登輝在二〇〇三年《台灣二十一世紀國家總目標》這本書有提起，「一個國家的興衰，主要取決於三個因素：強而有力的領導、明確的國家目標，以及內部的認同跟團結。」台灣從一九九六年人民直選總統，至今已經二十一年，包括登輝在內有四位總統，都是人民想改變現狀，要改革社會不公不義的高度期盼氛圍中當選。但是，最後要卸任時，交給下一任總統，是什麼樣的國家，體質好不好，民眾心裡都會打成績。

民眾都會期許領導人，要有比一般人有更高的自我要求與期許，要設定更高的理想及目標，也就是說，要設定未來五年、十年的「國家戰略藍圖」。登輝要強調，「這幅藍圖不是全由領導者自己畫的，是需要擴大組織成員共同參與。藍圖打造出來後，更要與大家分享，這樣做才能引起社會各界共鳴，激發老百姓的熱情，共同追求這個理想目標。」

任何的改革運動都是艱困的工程，尤其要推動憲政改革更加不簡單。但憲改是推動國家正常化，必需要走的一條路，推動的過程亟需要廣大的民意支持，才有辦法成功。

我必須要講，台灣要建立正常化國家的路還很長，登輝要拜託全國社會各界人士，摒棄意識型態對立，齊心一致協助、督促新政府，把握契機啟動憲改工程，以強化台灣民主制度，讓國家正常化，期使台灣人民對民主台灣感到驕傲，並避免中國法統政權再度復辟，永保台灣不會被中國併吞！

登輝要再一次強調，不要用先來後到台灣的年代，作為是不是台灣人的判斷標準。為了下一代子孫的尊嚴、生存，大家要同心走出台灣未來的路。

最後，登輝祝大家平安快樂，大會成功，感謝大家、謝謝！

內閣制未必不好

陳水扁

中華民國第十、十一任總統（二〇〇〇—二〇〇八）。台灣大學法律學系法學士，曾任美麗島大審辯護律師、台北市議員、立法委員、台北市長、民主進步黨主席。

經過六次總統大選引發台灣內部的分裂與動亂，及向總統制傾斜曝露有權無責的憲政體制，國、民兩黨先後輪流多數少數執政的民主經驗，為了建立名實相符的責任政治，與包容尊重民主多元的少數聲音，應該是認真省思我國憲政體制究採美國的總統制，或是英國的內閣制的時候了。

我國獨有的五權分立憲政體制，既非總統制，也非內閣制，尤非真正的雙首長制，而是三不像的「烏魯木齊」制。可以說是全世界最最糟糕的憲政怪胎。

李前總統先擔任國民黨主席，再出任民選總統兼黨主席。我想當全民總統，不再兼任黨主席，後來被迫修改黨章落實黨政同步，由總統親兼黨主席。馬前總統擔任市長時就選上國民黨主席，並批評我總統兼黨主席違反黨政分際，馬前總統當選後也有一段時間不兼黨主席，後來也不得不扁規馬隨，修改黨章由總統兼任黨主席。蔡總統以在野黨主席身分批判馬前總統兼任黨主席是黨政不分，等到她當選總統，還沒擔任總統就宣布五二〇就職後仍將以總統身分兼任黨主席。

我是迄今唯一少數執政的總統，依據《憲法增修條文》提名行政院長，毋庸經過立法院的同意。閣揆雖然是最高行政首長，卻是民選總統的行政幕僚長或執行長，閣揆的權力來自總統的授權下放。透過國家安全會議的召開，總統身兼主席，除國防、外交與兩岸事務外，對國家重大變故的相關事項都可以與聞。唯獨對立法部門既是行政部門的監督制衡機關，又是民選總統重大選舉政見落實在法案、預算的權力分立合作不可少的支持力量，只能經由政黨運作來指揮協調黨團同志。我的時代有府院黨黨團的政策協調平台九人小組會議。馬前總統在野時的立院黨團批評那是沒有法源的黑機關，等到馬前總統上台，也有一個五人小組會議，換湯不換藥。蔡總統則有新九人的政策協調平台，爭議不休的一例一休決策，就是在第一次的新九人小組會議，由蔡總統親自拍板定案的。

四位民選總統寧願背負違背多數民意的罵名，被輿論批判不符黨政分際或成立沒有法源的黑機關，也要總統兼任黨主席，同時成立府院黨黨團的九人或五人小組的政策協調平台，而且不分藍綠沒有例外。這中間涉及不少的問題，不是很難超越人性的總統節制權力所能解決，關鍵仍在憲政體制與民選總統之間的扞格，歷經二十年的實際運作，已到非改弦易轍不可的地步。

當然總統兼黨主席亦非絕對，馬前總統與我都曾經為了選舉失利辭掉黨主席負起政治責任，另外選出新任的黨主席。

民主政治是政黨政治，也是責任政治。但目前的憲政體制，總統有權卻不必向國會負責。行政院長則有責無權。完全違背有多少權力就要負起多少責任的民主真諦。有民意基礎的民選總統不可能沒有權力，除非修憲改成總統制，讓民選總統權責相符。台灣二十年來的總統大選，不只國家不正常，選舉文化造成的社會紛亂也不正常。由於總統權力過大，每次大選好像是全有全無的零和遊戲。加上台灣又有少數國家僅有的嚴重分歧的國家定位問題，媒體文化也有類似的亂象，以致每次總統大選無不形成社會大動員，選後帶來國家大分裂。

現行憲政體制，經過二十年民選總統的檢視與實證，向總統制傾斜的雙首長制並不是最好的制度。依我的觀察經驗，歷來修憲幾乎都是為政治需要的目的。執政黨為了本黨的最高政治利益，經常透過修憲來謀取一黨一己之私。如以《憲法增修條文》取代原本只能臨時兩年半，卻臨時四十三年的《動員戡亂時期臨時條款》，只為了維護所謂中華民國的法統。又如取消立法院對閣揆的人事同意權，並非為了國家的長治久安，而是為了當年連戰被提名為行政院長差點過不了關，還要麻煩在野的民進黨團幫忙，技術性安排三分之一黨團成員不出席投票，有效降低通過同意權行使的門檻。

放眼全世界，老牌民主國家英國實施內閣制可以維繫數百年於不墜，有其皇室的歷史背景。新興民主陣營的新加坡沒有皇室的歷史傳統，實施議會民主的內閣制，仍有總統直選的制度設計。美國是現代民主國家的老大哥，其總統制的憲政體制為甚多國家所仿效，畫虎不成反類犬的失敗案例也不少。我認為在台灣厲行內閣制的憲政體制或許是比較好的制度。國會多數黨組閣，黨魁是閣揆，權責相符，也沒有民選總統可否兼任黨主席的爭議。假如國會選舉結果沒有一黨取得過半席次，也可以結合其他政黨組成聯合內閣。

國會可以倒閣，閣揆也可以主動解散國會重新選舉。政府做不好，國會不信任，或者內閣政策需要人民支持，這個時候人民最大也是最後的裁判。今天的執政黨，明天的在野黨，不必再等四年。單一選區兩票制的政黨比例分配不分區立委席次，從五％門檻降低到二％，讓更多小黨的少數聲音在國會殿堂也能被聽到，甚至也有入閣的可能。

以前為了總統民選與委任直選，總統選制究採絕對多數或相對多數，總統大選與立委選舉是否合併選舉，在在引發爭論。各主要政黨考量的不是制度的優劣，也不是對國家長遠發展有利與否，而是政黨本身的利害算計。如今研討的主題憲政體制何去何從，更是如此。

總統直選二十年，六次大選，三次政黨輪替。證明總統直選，不管總統選制，與立委選舉是否二合一，任何政黨都有機會贏得總統大選。立院選舉也證明沒有永遠的國會多數，對民進黨最困難的立委選舉也可以取得多數席次，天底下沒有不可能的事。縱使台灣是內閣制的國家，民進黨也能夠贏得國會選舉，並單獨過半來組閣。

由於目前民進黨是國會多數，但尚未達到四分之三修憲門檻，只要國民黨願意支持，國會小黨不致反對。透過修憲程序，從二〇二四年開始實施內閣制的憲改修正案再經全民複決公投通過，亦不成問題。

總統直選還要不要維持，或是改由國會間接選出，都可以討論。但無論何種總統選制，總統應只是虛位元首，自不待言。

我必須重申，個人不會再參與任何選舉。有關憲政體制的芻議，乃個人從政三十年、八年總統的一得之愚，就教各方賢達，並請不吝指教！

第二篇

歷次總統選舉與政黨競爭之回顧

一九九六年後歷次總統選舉與政黨競爭

邱義仁

現任台灣日本關係協會會長。美國芝加哥大學政治學碩士，歷任民主進步黨副祕書長、祕書長，國家安全會議副祕書長、祕書長，行政院祕書長、政務委員、副院長，總統府祕書長。

主持人林佳龍市長、詹春柏先生，在座各位貴賓。我今天來參加這個會，其實有蠻多感觸。台灣是一個新興民主國家，也是第三波民主化浪潮中最常被提到一個成功範例。不過這十幾年來，對民主政治、對民主價值的質疑愈來愈多，特別是所謂中國模式的興起，很多人覺得，也許是一個應該思考的範例。我個人當然是相當不能接受這種論點，特別是當我看了傑出的民主理論學者吉列爾莫．奧唐奈爾（Guillermo O'Donnell）生前寫的最後一本書《民主、代理機構與國家：比較理論》（*Democracy, Agency and the State: Theory with Comparative Intent*），他回顧整個民主化的過程、理論上的發展，承認遭遇到很多挑戰，但他回頭再看看現在的拉丁美洲，仍然堅信民主的價值與民主的體制是正確的，也是具有普遍性的，而否定有所謂中國模式的這種特例。我也是基於同樣的信念來參加「總統直選與民主台灣」學術研討會。

總統大選訴求的演變

我必須說明的就是，我對中國國民黨的選舉比較不了解，所以在這個表述的過程，如果有不夠充分的地方，也請詹春柏先生跟在座的各位能夠指正。另外因為時間的關係，我就沒有時間把整個想法用比較完整的論文的方式寫出來，就在黃煌雄先生的要求下，用比較簡要的方式呈現，這點希望各位能夠諒解。

我想從幾個面向來回顧這幾個選舉，主要是總統選舉的演變。就整個訴求來講，台灣有總統直選當然是從李登輝先生，跟那時候民主進步黨的彭謝配，也就是彭明敏先生跟謝長廷先生開始。如果再回顧整個演變的過程，一直到陳水扁先生到連戰先生到宋楚瑜先生，再一直到陳水扁先生的連任，到馬英九總統的連任，一直到蔡英文總統的當選，我們可以看出來，民進黨的選舉訴求變化比較大，國民黨變化的訴求比較小。基本上民進黨選舉的訴求，主要是突顯「台灣」這個要素，一直到謝長廷、蘇貞昌的時候，已經涵蓋普遍性的社會福利訴求，這不是說在長昌之前沒有社會福利的訴求的出現，這個是有的，但一個全面性、普遍性的社會福利的訴求，一直是到長昌之後才比較突顯，當然中間還有一個重要因素，就是民進黨不斷訴求改革。

除了突顯台灣因素，就是不斷強調「改革」這個要素。到了蔡英文總統的時候，就進一步把台灣的要素，突顯成為「中華民國就是台灣」，「台灣就是中華民國」。她又突出另外一個要素，就是

「青年人」。在落選的那次，就是二〇一二年，她已經提到Taiwan Next。當然從我的角度來看，用英文來做政治的訴求是一個很糟糕的選舉訴求。我在種田的時候，有一些我的農友就跑來問我，「彼ㄘ彼ㄘTaiwan Next是啥乜意思」。我要說的就是，選舉訴求從台灣因素一直到普遍性的社會福利，一直到把台灣等同於中華民國，換句話說就是接納了中華民國，一直到突顯青年人的重要，大概是整個民進黨選舉訴求演變的過程。

國民黨方面我印象比較深的，就是不管歷屆哪一位總統候選人，都不斷地在強調建設與經濟發展，如李登輝前總統的台灣大建設，一直到馬英九先生的愛台十二項建設等等諸如此類的，比較在突顯建設跟經濟，當然也會去提台灣的因素，但比起民進黨的訴求來講，這個台灣因素的份量當然無法跟民進黨來比。這是整個訴求上的變化，這個變化往後會怎麼走，是持續地來突出台灣這個因素，或者是慢慢地會帶到公共政策諸如社會福利或者是攸關未來國家發展的一些議題，或者是持續地來突顯青年人的困局，以及這個困局可能帶給台灣的影響。是不是會往這個方向走，我覺得這是可以觀察的部分。我就先把有關訴求的部分作簡單的、大致上的回顧，是不是有所遺漏，我想一定會有，那就再請各位來指教。

選民結構的演變

另外一個我要跟各位來說明的，就是選民結構的演變。

先不談蔡英文二〇一六年這次當選的得票，民進黨在歷屆總統大選的得票幾乎沒有超過百分之四十，陳水扁總統當選的時候是三九．三%，這是因為藍營的分裂，彭明敏先生的時候甚至只拿到二一．一二%，所以那時候民進黨內很多人說，民進黨的鐵票，死都不會走的，大概就是百分之二十、二十一左右，然後謝長廷的時候雖然落選，但他拿到了四一．五五%，大概也是在四十左右。陳水扁競選連任的時候，那時候他是第一次、也是民進黨第一次跨過百分之五十。但那個時候，我想各位如果去回想一下，沒有人會去討論選民結構是不是有所改變。

幾乎沒有人相信是因為選民結構改變，所以陳水扁先生可以當選連任。一般大概都認為陳水扁先生太會選舉，加上他是現任總統，有相當的政治資源可以使用，有一點用英文來講就是Clientelism（侍從主義），吸納了一些傳統的地方派系，或者是國民黨的部分選票，然後才能夠突破百分之五十，所以換句話說，陳水扁先生連任的那次選舉，幾乎沒有人去質疑台灣的選民結構有沒有改變，大概都會偏向說，「阿扁真的太會選、綁樁腳綁得太厲害」。但是，有趣的是，蔡英文總統這一次的當選，也就是二〇一六年這一次的當選，拿到了五六．一二%的選票，開始有愈來愈多的人在討論，台灣的選民結構是不是有所改變。

比較典型的，就是大家都很敬重的洪永泰教授，他一直認為沒有改變，而是藍營的投票率低，不太有人願意出來投票，這是關鍵。林濁水先生就一直反駁這個論點，他不同意洪永泰先生的看法。他認為事實上選民結構已經改變了，因為雖然蔡英文總統增加的票數不多，大概就只有八十萬票，而藍營的支持者是有一百多萬票沒有出現，是消失的，但是林濁水先生他分析多出來的這八十幾萬票，基本上是為數相當多的首投族，將近有五十萬的首投族是投給蔡總統的。從這個推論來講，林濁水先生認為選民結構已經改變了，一點一滴地朝向藍會愈來愈少、綠有可能增加的趨勢。

也就是說，往後每四年，首投族就會不斷地再增加，有將近五、六十萬的首投族會投入。首投族假如是在緩慢增加的趨勢，則林濁水先生認為洪永泰先生對藍營的政治前景是太樂觀了。不過這個部分我就不花太多的時間來談，因為我知道接下來有研究選民意見變化的兩位學者，劉義周教授和游盈隆教授，他們會發表他們的報告，那時候可以再來聽聽他們的高見。不過我覺得選民結構是不是有變化，這是一個沒有辦法去迴避的問題，任何一個要從事往後總統選舉的人，大概都必須要去認真思考這個問題。

媒介的演變

民進黨從前身——黨外，到民進黨創黨初期，基本上都是在戒嚴的體制下活動、在存活，那個時候還有黨禁、報禁，電視媒體除了傳統的老三台台灣電視、中國電視和中華電視之外，幾乎沒有什麼媒介可以呈現你的政治訴求。所以民進黨能做的，主要也就是發行雜誌。那個時候可是黨外雜誌的黃金時期；另外一個對民進黨選舉非常重要的，就是造勢。造勢活動相當驚人，我個人的看法，這是全世界僅有的現象，有點像拉丁美洲嘉年華會，滿坑滿谷的人，有沒有聽是不知道啦。慢慢地，《戒嚴令》解除，然後這些媒體逐漸地可以讓你使用的時候，就開始去買報紙的廣告，後來選舉花費愈來愈多的時候，還要再買電視的廣告。由此可以看出來，從民進黨的角度來講，可以使用的媒介，除了雜誌和造勢場合，慢慢地朝向這些傳統而又變有力量的媒體來使用。但差不多二〇一〇年以後，特別是蔡英文總統二〇一二年的選舉，我相信詹春柏先生國民黨那邊，也大概是一樣的，對於網路的使用就非常非常地強，也使用得愈來愈多，到了二〇一六年蔡英文總統選舉的時候，甚至已經開始嘗試從網路上去做分析，而不再只是靠民意調查。

所謂的網路分析，是從facebook（臉書）或是PTT（批踢踢）諸如此類的網路媒介中，看看能不能去找到一些蛛絲馬跡，而能看出一些趨勢上的變化，以彌補民意調查對民意變化掌握的可能不足。網路媒介的演進趨勢，應該是無法阻擋的。對於網路的使用，甚至是如何來分析網路的流量、強度跟內容，我相信會愈來愈強過廣告，甚至重要性不會亞於民意調查。

候選人的特質

第四點我要談的是候選人的特質。候選人無論如何，都是總統選舉裡面非常重要的因素，這個因素甚至會影響到選舉的勝敗。我舉一個例子，大家應該記得中興票券案。陳水扁的競選總部，很早一段時間就已經收到興票案的資料，相當地完整，我們不曉得是誰送過來的。我們就內部開會，開得非常熱烈，是不是要使用這個資料。討論了半天，有人有點保留，但多數傾向認定這是殺手，因為那個時候宋先生是一支獨秀，他的民調非常高，不只是高，是非常高。陳水扁先生跟連戰先生，大概都瞠乎其後。我們的討論結果，就是傾向要使用。

陳水扁先生那時候一天到晚在外面跑，他基本上是相當授權的一個人，跑完當天黃昏他回到競選總部，我們去跟他報告，說有一個這麼難得的資料，這個資料相當詳實，殺傷力也相當大。陳水扁先生不知道這個事，因為他整天在外面跑，他剛一進來我們就去跟他報告，他是幾乎還在喝茶喘息的時候，光聽到這個訊息，就不假思索第一時間反應，「你不要給我搞這個」，馬上拒絕。我們那時候覺得怎麼會這樣，至少討論一下這麼好的東西，他卻一口回絕。他說這是真假無從查驗，是不是陷阱也不知道，你不要搞這個，就按照自己的選戰步驟去打就好了，反正他就是不假思索地拒絕了。後來大概是提供資料的人忍不住了，拖到年底，就拿給楊吉雄先生去廝殺了，變成藍營內部的廝殺。假如那個時候民進黨使用這個資料，大概就是藍綠之間的廝殺。

當然這在一段時間之後，我還是可以感覺到，陳水扁先生那時候的決定是非常非常精明。這麼多年後，我還是非常驚訝，他是在第一時間就說，「不行，不要搞這個。」他那種選舉的敏感度實在驚人，這就是候選人的特質。

大家也都看得到，李登輝先生那時候就是被大家認定為第一個代表台灣人要來選總統，這大概都不是彭明敏先生能夠取代他的。我想馬英九先生剛好是跟在陳水扁先生之後，他的溫良恭儉讓對比於陳水扁的「鴨霸」，好聽就說是明快、決斷、果決，難聽就是「鴨霸」，馬先生的溫良恭儉讓，剛好就突顯陳水扁先生的鴨霸讓選民已經有點厭倦，需要一個不同特質的人。蔡英文總統也就不用說了，一個不像民進黨的民進黨人。民進黨人的感覺都好像不打架就不錯了。

這些特質在對比的狀況，在一定的歷史脈絡底下，是有作用的。不是在一定的歷史脈絡，這些特質不一定有用。也就是說，如果沒有陳水扁，馬英九的溫良恭儉讓也許就不是他吸引人的地方，他可能要尋求其他方式來突顯他的長處；如果不是馬英九先生的狀況，或是過去民進黨給人的印象，我想蔡英文女士她要突顯的一個非典型的民進黨的形象，那樣的特質，也就不吸引人。所以我想這些特質不一定是可以放諸四海皆準的，但放在一定的時空底下，是有一定的作用。

經費的支用

第五個我要跟各位說明的是經費。

每一次的總統選舉動輒上億，在台灣的氛圍，這是很難免的。這部分就要請詹春柏先生給我指正，我想到的就是連戰先生二〇〇〇年與陳水扁和宋楚瑜三足鼎立的時候，印象中聽說國民黨花了上百億元的競選經費。我知道的是陳水扁先生花了將近十億元，到蔡英文總統選舉的時候，花費大概是七億。坦白講，都是超過我們法定的選舉經費上限。這當然要去檢討我們的選舉經費法定上限有沒有必要、有沒有合理，或者是更切實際，提高一點。不過這不是我要談的重點，我要談的是，起碼從民進黨的立場來看，使用經費的下降是一個趨勢；我的直覺是馬先生在選舉的時候，經費開支應該會比連戰先生要少。所以藍綠在競選經費使用上逐漸地減少，我覺得是一個趨勢。特別有一點要提出來，就是所謂的小額募款。也許過去很多人會覺得小額募款大概是在做門面的，主要是作為選戰的宣傳。選戰的主要經費不可能來自小額募款，事實上是來自於大額募款。從二〇一二年以來——當然我的了解比較少了，但我的了解是二〇一二年就開始大量運用小額募款，如大家印象深刻的三隻小豬，它在整個選舉經費的運用上，大概占了不到一半，但已經相當驚人了。到了二〇一六年，我的了解，蔡英文總統的選舉經費，大概七成係來自小額募款。所以這是一個趨勢。

小額募款的威力、實用性，大概都會超出我們的想像。以前大概都會覺得這是一個象徵性的（symbolic）宣傳效果，但慢慢有它實際上的作用。除了經費之外，對於動員、對於認同，小額募款都有它的作用，值得去探討的部分。

政黨或候選人的負面效應

政黨或候選人的負面形象，有時候會起到關鍵性的作用。譬如說，陳水扁家族的貪腐。不管是陳前總統或他的家族，都覺得他是冤枉的，但我相信社會上多數的人，都相信的的確確是有貪腐的。那麼在這種負面的狀況底下，民進黨的謝長廷、蘇貞昌提了什麼政見，或做了什麼樣的努力，選舉策略做什麼樣的調整，基本上都會受到這樣一個負面印象的影響，而且這影響是幾乎超過選舉工作和政見訴求的效用，我想這必須要是很誠實地去面對的。

國民黨的部分我也稍微提一下，馬先生也許也覺得自己很冤枉，但「無能」、「好人」這樣的一個印象被塑造一段時間之後，很多人覺得，「這種好人不要來當總統，沒用啦。」大概這種無能的印象，會抵減到國民黨候選人所做很多辛苦的努力。

重大意外事件之影響

意外的發生，這就不是藍、綠或台灣社會或某些選舉陣營有辦法掌握的。譬如說一九九六年中國打飛彈，整個台灣的感覺，一開始會怕，但後來就很憤怒，而這些憤怒就會把民氣，往李登輝總統的身上移動，這也造成彭明敏先生要打台灣牌，可是李登輝先生又是第一個台灣人要選總統，再加上中國飛彈的攻擊，就更讓民意往李登輝先生的身上去聚集。這些意外都不是藍綠兩個陣營有辦法操作出來。

兩千年的興票案就更不用講了，誰都沒想到離選舉沒幾個月會迸出這種事情，而其對宋先生的傷害，坦白講絕對是致命的。興票案之前，宋先生的民意調查是一支獨秀地一路領先，在興票案之後，坦白講沒有把他打趴，但已經把他的優勢打到跟其他兩位候選人的差距非常小，幾乎沒有什麼領先幅度。這些意外都是大家要面對，要思考的問題，這也是為什麼有些國家包括台灣，有些人選舉喜歡去弄負面選舉。弄一個什麼緋聞之類的東西，這些大概都是想要創造，或製造意外的效果，然後來影響總統選舉的結果。

中國跟美國的因素

第八個我要提中國跟美國的因素。前七點大概都是針對國內的因素在談。

台灣以外的國際因素，最大的當然就是美國跟中國。過去幾次的總統選舉，大概可以看出一點，中國對台灣越是想要發生作用，那個作用基本上是負面的；但是相反的，美國想要對台灣發生作用，大概都能按照他們預期的產生效果。譬如說，朱鎔基，大概大家都還記得，他那時候罵台灣、罵台獨的那個嘴臉。你越是這樣，效果越是相反的，或者是打飛彈，效果都是很差的。

但美國就很不一樣了，小布希（George W. Bush）總統就是在接待訪賓的時候，公開地在電視前面罵陳水扁總統，這東西絕對是會影響到長昌往後的選舉活動。或者各位也許還記得，就是在二〇一二年，蔡英文總統到美國訪問，訪問之後沒有多久，美國國家安全會議就匿名批評蔡英文女士，這些批評是植基於過去陳水扁給美國的印象非常差，所以連帶地就對民進黨的印象非常差。

我覺得一個代表民進黨選舉的人，如果跟陳水扁一樣，那只是讓美國給我們找麻煩而已，美國基於先入為主的印象，為了防患於未然，所以就先下手、先批評，在整個綠營內部造成很大的壓力，要不斷地處理這個問題，可是又很難處理。在那個時候又不能一刀跟陳水扁切，可是又很明顯地感受到美國的壓力。

我的看法是說，對外關係對台灣選舉會有影響的，大概就是美、中這兩個國家，其他國家，起碼我到現在沒有印象，有哪個國家對台灣總統選舉的影響會像這兩個國家這麼大。

結論

最後我想跟大家說，台灣的總統選舉，在世界上是獨一無二的，那種熱烈，那種激烈，那種對立是少見的，當然台灣基本上還是分裂的社會。但更有趣的，我覺得更需要去探討的就是，台灣這個社會，基本上在總統選舉的那段時間，是一個高度政治化的社會。政治上的感染性我覺得是超越國際上的任何一個國家，幾乎大家都在瘋選舉、大家都在說選舉。平常也許不太喜歡看talk show（脫口秀），或不太喜歡看政治新聞的，到了選舉期間就多多少少會去看這些政治新聞。這樣一個奇特現象，我們必須要面對的是說，這是一個台灣特有的現象，或一個台灣暫時的現象，一般比較成熟的民主國家對總統選舉會這麼瘋狂的，事實上是少有的，一段時間後，自然就會cool down（冷卻），像美國、像日本，在旅館裡面很大一個廳聚集一兩千人，那就已經是不得了的場面，在台灣聚集一兩千人，競選總部大概會擔心得要命。這個狀況到底是暫時的？還是台灣的特殊性？我要強調，到目前為止，台灣還是一個分裂的社會，這個分裂的社會短時間我看不出來有辦法化解。會不會因為是分裂的社會，而使得台灣的動員能量讓台灣社會高度政治化，我覺得這是一個值得去探討的問題。我一直不太贊成說，台灣作為一個新興的民主國家，選舉的狂熱只是一個暫時性的現象，久了之後就不會那麼瘋了，我懷疑這個論點能夠成立。

謝謝大家。

從我國六次總統副總統直選，談國、民兩黨選舉策略的變與不變

詹春柏

美國哈佛大學文理研究所碩士，歷任中國國民黨台北市委員會主任主任委員，中國國民黨祕書長、副主席，馬蕭競選總部總幹事、中央評議委員會主席團主席、總統府祕書長。

一九九六年我國總統副總統選舉，從經由國大代表間接選舉，改為由公民直接選舉產生。至今已經過了二十年，辦理了六次。這期間經過三次政黨輪替，政權也獲得和平轉移。可以說我國已經確立了民主化的政黨政治運作，也證明了台灣已經是個貨真價實的民主國家。台灣人民的民主素養，政務體系的自主獨立，已具規模。

在這二十年期間，台灣經過六次總統副總統選舉的競爭，也歷經政治社會快速的變遷，過去曾經長期執政的國民黨也發生了幾度的分裂，使我國主要政黨除了國民黨與民進黨之外，也先後出現了新黨、親民黨、台聯黨、民國黨及時代力量等等小黨。

我國政黨政治，看似多黨林立，但是從政治屬性光譜來看仍然不免維持在保守對激進，泛藍對

泛綠兩種政治勢力抗衡競爭的局面，統稱為藍綠對決的格局。

藍綠兩大陣營的區別，源起於意識型態，其主要的區別，決定在統獨意識，而由統獨對立的政治光譜，也可歸類出淺藍、深藍，及淺綠、深綠兩大陣營的競爭。

這個報告試圖在回顧六次總統副總統直選中，探討國、民兩黨的選舉策略。同時也試圖說明國、民兩黨在六次大選中，有哪些是不變的策略，哪些又是隨客觀環境改變而調整的選舉策略。

我國辦理六次總統副總統直選之回顧

從威權體制走向民主體制

一九四七年行憲後，我國總統副總統向由國民大會代表間接選舉產生，每隔六年辦理一次。但自一九四九年中國大陸易主，國民黨政府輾轉到台灣，原任三〇四五名國大代表有半數以上滯留中國大陸。在台灣雖經少部分的增補選舉變通措施，但整體而言仍是少數，由於脫離選區日久，無法定期改選，淪為終身職民意代表，既缺乏實質代表性，名不正、言不順，普遍受「萬年國代」之質疑。

隨著台灣本地反對運動勃興，終於在一九八六年，匯集成立台灣第一個反對黨——民主進步黨。由於反對政黨的成立，我國政黨政治由國民黨一黨壟斷，逐漸進入多黨競爭的局面。民進黨成立後，也利用各種場合，發動各種運動，強力抨擊國民黨一黨專政、萬年國會、國庫通黨庫等不合理現象。

蔣經國總統有鑑於時代在變，台灣民主化浪潮澎湃，已勢不可擋，乃於一九八七年宣布解除戒嚴、解除黨禁及報禁。台灣從此走上民主改革的道路。

解嚴後，國民大會於一九九〇年開會，因不顧民意，醞釀延任自肥，引起社會公憤，乃致引發三月間的野百合學生運動，要求召開國是會議，廢除臨時條款、解散國民大會，訂定政經改革時間表。一時間社會震動，執政國民黨的李登輝總統乃順勢聯合在野的民進黨呼應學運的訴求，共同推動總統副總統不必假手國民大會，改由公民直接選舉產生的憲政改革。

憲政改革歷盡艱辛，幾經折衝協調，化解重重困難，因大勢所趨，乃於一九九四年七月通過《憲法增修條文》，確定我國總統副總統由全體公民直接選舉產生。隨之即於一九九六年三月辦理我國第九任總統副總統選舉，但卻是第一次總統副總統由公民直選。從此開啟了台灣民主化的新旅程。

六次總統副總統直選三次政黨輪替

一九九六年三月我國第一次辦理總統副總統由公民直接選舉，這也是我國第九任總統副總統選舉，同時，也是結束動員勘亂後的第一次總統副總統選舉。這次選舉共有四組候選人登記參選，執政國民黨提名李登輝及連戰搭配參選（李連配），在野的民進黨提出彭明敏與謝長廷搭配參選（彭謝配）。另有國民黨人未經提名，經由連署方式自行登記參選者，他們是陳履安搭配王清峰，林洋港搭配郝柏村，號稱獨立候選人。

當時李連配提出「經營大台灣，邁向新世紀」的訴求，用來對抗在野彭謝配所提終結外來政權，選舉台灣總統的本土訴求。因為現任李總統的氣勢，加上又有大陸的飛彈恐嚇推波助瀾，乃使李、連高票當選。

二〇〇〇年三月舉行的中華民國第十任總統副總統選舉，也是我國第二次辦理公民直選總統副總統。這次共有五組候選人參選。執政國民黨提名連戰搭配蕭萬長（連蕭配），在野的民進黨提名陳水扁搭配呂秀蓮（陳呂配）參選。另有從國民黨出走的宋楚瑜找醫師張昭雄搭配，民進黨的許信良找新黨朱惠良搭配，作家李敖找馮滬祥搭配，經由連署方式登記參選。

表面上看似乎國民兩大黨都有人出走，經由連署自行參選，但是實質性的影響卻有很大的不同。執政國民黨的分裂後果嚴重，主要是當時省長宋楚瑜群眾基礎雄厚，對於精省心有不甘，而且他民調支持度居高不下，自信當選在望，堅持參選到底。特別是國、民兩黨屬性不同，民進黨有人出走，往往只是一個人出走，而國民黨有人出走，經常可以帶走死忠的支持者一起出走。因此，其為害程度，向非民進黨可比。職是之故，宋楚瑜的脫黨參選，明顯的促成陳呂配的順利當選。而陳呂配的當選，也是我國行憲以後第一次的政黨輪替，結束了國民黨在台灣長達五十五年長期執政，其政治意義可說非凡。

當時台灣社會充滿尋求政治改革的氛圍，執政已逾半世紀的國民黨終於敗選下野，總統李登輝辭去國民黨主席，隔年又遭國民黨開除黨籍，後來又率其死忠支持者另組政治立場偏綠的台聯政黨。至於脫離國民黨並在總統副總統大選中拿下第二高票的宋楚瑜，則選後在死忠支持者的擁戴下成立政治立場偏藍的親民黨。這次總統大選，使號稱台灣第一大的國民黨分化成一大、一中、一小三個政黨，但台灣的政治基本上仍是藍綠兩大政治勢力抗衡的競爭局面。

二〇〇四年三月的總統副總統選舉，是中華民國第十一任，屬於第三次直選。這次的大選，可說是泛藍對泛綠的大對決。當時執政的民進黨提陳呂配競選連任。在野的泛藍陣營有鑑於四年前因分裂敗選，痛定思痛，耐心折衷協調，終於整合出了國親合、連宋配的必勝陣容迎戰。一時間顯出高昂士氣，信心十足，自認為勝選在望。

那次的總統副總統選舉可說是八仙過海，各顯神通，舉凡兩岸關係、省籍族群、新憲制訂、教育改革、黑金與黨產、候選人家產等等，都成為競選攻防議題，而二二八牽手護台灣、候選人夫婦跪吻台灣土地、公投綁大選、廢票聯盟倡議、三一九槍擊事件等等都先後成為影響選情的因素。最後，民進黨的陳呂配仍以二五五六三票的些微領先險勝。

由於情緒高亢，贏的不多，輸的不服，尤以槍擊事件流言亂竄，輸方乃聚合群眾抗議宣洩不滿，並隨即提出選舉無效及當選無效之訴。一時整個社會情緒動盪不安。最後經最高法院宣判確定，贏者仍是贏，輸者仍然是輸，社會於是重新歸於平靜。

選後在野的國民黨於二〇〇四年改選黨主席，當時台北市長馬英九以國民黨明日之星的姿態當選主席。馬英九以清新姿態倡議台灣優先，強調清廉、勤政、愛民，一時之間，廣獲各界普遍認同。國民黨在馬英九領導下，並於二〇〇五年地方選舉贏得壓倒性勝選，取得國民黨由地方反包圍民進黨中央的優勢。更加上二〇〇六年開始總統陳水扁的第一家庭發生多起弊案傳聞。該年六月間國民黨立委在立法院提罷免總統案，八月間民進黨前主席施明德發起百萬人民反貪倒扁運動，凡此種種均重創民進黨政府形象，種下二〇〇八年總統副總統選舉，民進黨下，國民黨上的主因。

二〇〇八年三月舉行的是我國第四次總統副總統直選，也是中華民國第十二任總統副總統選舉。當時執政的民進黨提名謝長廷、蘇貞昌搭配（長昌配），在野的國民黨則提名馬英九搭配蕭萬長參選（馬蕭配）。這次選舉，長昌配強調台灣是個主權獨立的國家；主張以照顧中南部，中低階層、中小企業的三中取代一中。國民黨提名的馬蕭配則以台灣優先對抗其本土訴求，並提出經濟願景六三三，及兩岸政策「不統、不獨、不武」的三不政策。在整個競選過程中，也發生了出生地爭議及綠卡風波。但因扁政府失政，廉潔受挫，民心思變，國民黨提名的馬蕭配於是高票當選。國民黨重回執政，這是我國第二次政黨輪替。

二〇一二年元月舉行的是中華民國第十三任總統副總統選舉，也是我國第五次總統副總統公民直選。這次大選共有三組候選人競爭。執政國民黨提名馬英九搭配吳敦義（馬吳配）競選連任。在野的民進黨則是提名蔡英文搭配蘇嘉全（英嘉配）參選。另有親民黨的宋楚瑜則找醫界林瑞雄以連署方式登記參選。

這次大選馬吳配試圖以「台灣加油讚」來突顯其重視台灣本土，並以黃金十年來突顯其樂觀進取的願景，對於兩岸關係，則重申「九二共識」、「三不政策」及兩岸和平協議的主張。至於在野民進黨的英嘉配則提出台灣共識、《十年政綱》及非核家園的願景。候選人的品德操守，諸如蘇嘉全的農舍爭議、蔡英文的宇昌投資，馬英九的富邦併北銀等等也都成為雙方攻防的話題。選舉結果，馬吳配勝出，現任總統獲得連任。

第六次總統副總統直選，也是我國第十四任總統副總統選舉，於二〇一六年元月舉行。這次大選，共有三組候選人參選。他們是執政國民黨提名朱立倫搭配王如玄，在野民進黨提名蔡英文搭配無黨的陳建仁，親民黨的宋楚瑜搭配民國黨的徐欣瑩。當時因馬英九總統第二任內風波不斷，士林文林苑都更、苗栗大埔土地徵收、頂新食用油風波、洪仲丘事件、太陽花學運等等，此起彼落。整個社會氣氛不安，執政國民黨敗象已露。特別是二〇一四年地方縣市首長選舉，國民黨慘敗，只剩一都六小縣。就戰略處境而言，國民黨的中央已被民進黨的地方所包圍，氣勢已衰，選將怯戰，又歷經提柱換柱風波，整合更形困難。雖經陣前換將，由黨主席朱立倫搭配王如玄倉促上陣，但明顯已非蓄勢待發的民進黨蔡英文、陳建仁的對手。競選過程中國民黨副總統候選人王如玄的軍宅炒房風波，投票前夕周子瑜的國旗道歉事件，對國民黨陣營的傷害至大，國民黨一路挨打，終至大敗，於是我國乃有第三次政黨輪替。

綜觀我國辦理總統副總統公民直選，迄今已辦理六次並完成三次政黨輪替，國家最高權力獲得和平轉移。歷任總統除一九九六年當選的李登輝總統因係延續舊制開啟新制，二〇〇〇年新制一任任滿時，已在位長達十二年之久，同時年事已高，不再尋求連任。後續的陳水扁總統、馬英九總統均於首任四年之後競選連任成功。可說到目前為止，仍是在任蔭三分，現任者競選連任，占有優勢。

六次總統副總統直選中，除二〇〇四年陳呂配對連宋配，二〇〇八年長昌配對馬蕭配兩次是由兩組候選人捉對廝殺之外，其餘一九九六年、二〇〇〇年、二〇一二年及二〇一六年四次大選，除國民兩大黨提名候選人參選之外，都有其他組候選人參選，但除了二〇〇〇年宋楚瑜參選造成國民黨候選人慘敗之外，其餘四次大選，兩大政黨提名的候選人以外的候選人之參選，都難以撼動成敗大局。

六次總統副總統直選，也展現出台灣女性參政的威力。一九九六年第一次總統副總統直選，候選人中就有女性副總統候選人（王清峰）。二〇〇〇年及二〇〇四年總統副總統直選就已產生了女性副總統當選人（呂秀蓮）。二〇一二年總統副總統直選，就已有主要政黨提名女性為總統候選人（蔡英文）。到了二〇一六年總統副總統直選，總統當選人已經是女性了（蔡英文）。可見就女性參政取得國家最高權力來說，台灣也比民主先進國家美國更為早先一步矣。

總統副總統直選，國、民兩黨選舉策略的變與不變

我國辦理六次總統副總統由公民直選，人民真正當家作主，每隔四年投票決定誰是國家最高領導人，這是人民民主的真實實踐。

綜觀六次大選，影響選舉結果的主要攻防之道，歸納起來，似乎不外三個範疇，一是國家認同問題（National Identity）；二是候選人的品德操守問題（Personal Integrity）；三是公共政策的問題（Public Policy）。

由於台灣的移民及殖民開發歷史，人口結構的差異性，以及海峽兩岸關係的複雜化，加上台灣本地人民企求當家作主的強烈渴望，很複雜奇特的國家認同問題一直存在。多年來雖然被視為禁忌，避而不可談，但絕非不存在。因此，每逢全國性大選，族群牌、國家認同牌，乃至兩岸牌都會被巧妙操作運用，影響選舉輸贏。就這方面來講，迄至目前為止，本地土生土長的民進黨顯然占盡優勢。

一九九六年第一次總統副總統直選，國民黨的李連配提出經營大台灣邁向新世紀的總訴求，來抗拒民進黨彭謝配所提終結外來政權、和平尊嚴、台灣總統的攻勢，由於現任李登輝總統的強大氣勢，加上李總統本身濃厚的本土特色，當然輕易的克服難關，化解攻勢。但是，到了二〇〇〇年大選，面對民進黨提名的陳水扁以「台灣之子」為號召，國民黨提名的連戰及脫黨參選的宋楚瑜就難

以招架。四年後二〇〇四年的大選，民進黨的陳呂配以二二八牽手護台灣大動員猛攻，而在台灣沒有故鄉的連宋二人，雖經精心設計，分別在台北、台中兩市跪吻台灣土地，也比不過不必跪吻土地，但在台灣土生土長的陳呂配。

一九九八年馬英九競選台北市長，選前在士林陽明高中造勢晚會上，在李登輝總統引導下，大聲強調他是吃台灣米、喝台灣水長大的「新台灣人」。二〇〇八年馬英九要競選總統，在準備階段是先走遍台灣鄉間long stay，接近斯土斯民，而且大聲提出台灣優先的口號，凡此種種，略舉一、二來說明台灣本土意識在大選中的威力。

國家認同的差異，也是影響藍綠兩陣營的統獨不同立場，當然也影響對兩岸關係的主張。就兩岸關係，國民黨主張「九二共識、一中各表」；承認一中原則，但保留模糊的解釋空間。民進黨則主張一邊一國，期待台灣問題國際化。因此，在選戰的攻防上，國民黨往往主攻民進黨台獨，會為台灣帶來戰爭危險。而民進黨則批評國民黨親中賣台，喪權辱國。

當然，關於統獨問題，兩岸關係近年來也有若干變化，那就是國民黨逐漸避談統一，凍結了《國統綱領》論述，也逐漸朝向強調台灣優先，中華民國就是台灣的說法。特別是一再強調「不統、不獨、不武」的立場。至於民進黨，也凍結了《台獨黨綱》，似乎不再突顯追求台灣獨立，而改為強調維持現狀。二〇一六年總統、副總統選舉民進黨提出以台灣共識，應對國民黨的九二共識。基本上，也表明了願與中國和平共處，發展兩岸友好關係的立場。

從這個角度來看，似乎台灣大選中省籍情結的重要性逐漸在退燒中。但是，預料一旦國民黨提名候選人具有外省籍背景時，省籍情結的幽靈仍會被巧妙操作，適時發酵。

總統副總統選舉，藍綠陣營除了國家認同及兩岸關係的攻防之外，候選人的品德操守、祖德口碑、廉潔程度等，也都會被拿來作為熱門攻防話題。這種揭弊式的負面選舉可以增損候選人氣勢，影響輸贏。茲試略舉二〇〇〇年宋楚瑜的興票案、二〇〇四年國民黨的黑金及黨產問題、二〇〇八年馬英九的出生地及綠卡問題、二〇一二年蘇嘉全的假農舍真豪宅及蔡英文的宇昌生技投資，二〇一六年王如玄的軍宅買賣問題。這些隱私問題都在競選中掀起千堆雪。候選人危機處理得好，可以驚險過關，處理不好則身敗名裂，敗北引恨。這種攻擊候選人身家及品德隱私的負面文宣策略殺傷力很大，而且歷次大選從不缺席。過去如此，將來也勢必如此，尤其是現在網際網路及社群軟體蓬勃發展情況下，網路行銷的攻防，真消息、假消息，漫天飛傳，真假莫辨。影響成敗至大，有意爭大位者，不可不慎。

至於經由公共政策的宣傳強調，來勾畫出福國利民的美麗願景，這也是歷次大選藍綠攻防的要項。就此而論，藍綠雙方所提願景可說差別不大。而且甚至有學者專家認為民生經濟議題對大選結果的影響，不如負面選舉攻防的力道。

一般而言之，就公共政策議題的攻防，執政黨往往會標榜其政績卓著，強調其改革、其建設正在進行，不可中途換手。而進攻的在野黨則猛批時政弊端，要求換黨換人做看看。如果要探究這二十年來在大選中藍綠陣營就國民生計的攻防有無變化，我們似乎可以說，大選中公共政策議題攻防裡，強調經濟成長的比重似乎逐漸在降低中，但是有關環境保護及永續發展的重要性在升高中，特別是對於社會公平正義的要求也一再被強調。

選舉的勝負，除了議題攻防之外，動員選民藉以造勢，特別是動員選民投票支持更是不可或缺的要項。早期大選，往往要動員群眾以大型造勢晚會，營造奪人聲勢，搶奪游離選票。就這個策略來說，具有掌握地方派系，影響農、漁水利會組織的國民黨可說是占盡優勢。因此，傳統的看法常認為國民黨長於組織戰，民進黨則擅長議題操作的文宣戰。然而隨著通訊網路科技的日新月異，網路社群動員效果更佳。在此情況下，形勢似在逆轉中，比較起來國民黨反而屈居下風。

至於和選戰策略關係密切的台灣藍綠政治版圖，所謂北藍南綠的狀態似乎一時仍不會有很大的改變。只是北藍的情況似乎已不若往昔，而綠營在南台灣的優勢切無甚改變。鑑於政治版圖的北藍南綠，每逢大選時，藍營贏的策略就是北部多贏，南部少輸，以北補南，決戰中台灣。綠營則反是，強調贏的策略不外北部少輸，南部多贏，以南補北，決戰中台灣。這個贏的策略，短期間內應仍不致於有太大的改變。

除了因應北藍南綠雙方採用不同的輕重攻防策略之外，先贏地方，再乘勝贏取中央，即以地方包圍中央，也是總統副總統大選贏的策略。這個大戰略短期間內，也不至於有改變，而且六次總統副總統直選結果也證明了這個大戰略的有效性。也就是說，先贏縣市長選舉，才有能耐贏得中央政權。一九九七年地方縣市長選舉，國民黨輸到只剩下八縣市，二〇〇〇年總統副總統大選，國民黨痛失江山，這是第一次政黨輪替。二〇〇五國民黨在縣市首長選舉贏了十四個縣市，二〇〇八年總統副總統大選，國民黨大勝，這是第二次政黨輪替。二〇一四國民黨在直轄市長及縣市長選舉一敗塗地，剩下一都六小縣，二〇一六年總統副總統大選，國民黨就只好鞠躬下台，這是第三次政黨輪替。

地方包圍中央，先贏地方，才有機會贏取中央，這個大戰策略從六次總統副總統大選來看，可說屢試不爽。所以，沒有二〇一八哪來二〇二〇！

以上是我們對六次總統副總統公民直選的簡略回顧，並試為略舉六次大選中國、民兩黨選舉策略的變與不變。當然，談到選舉策略，似乎也可觸及從二〇〇四年公投入聯、二二八牽手護台灣等偏向族群動員的策略發展，到二〇〇六年紅衫軍反貪倒扁、二〇一三年白衫軍萬人送仲丘、二〇一四太陽花學運等偏向於訴求社會正義的動員，這也是變的部分。至於國民黨黨產處理問題，在下次大選是否仍然熱門，也是值得觀察。凡此種種均因篇幅及時間考量，不再多談。

《易經》說，「窮則變、變則通、通則久」。政黨選舉策略的變與不變在於尋求勝選，取得執政權；或尋求勝選，永續政權。但隨著台灣民主的深化，選民素質不斷提升，政黨輪替，勝者上台，敗者下野，已成常態。任何政黨在追求窮變之後的通與久；取得政權後，企求永續執政固屬正當，但似已難得。至盼政黨勿忘以民為主，追求我國政治長治久安，這才是人民之所至盼者也。

參考文獻

1. 王御風，《台灣選舉史》，台中：好讀，二〇一六年。
2. 王業立主編，《政治學與台灣政治》，台北：雙葉書廊，二〇一七年。
3. 李功勤，《台灣政治發展史》，台北：幼獅文化，二〇一三年。
4. 李建榮，《連戰風雲》，台北：時報文化，一九九八年。

5. 李建榮，《百年大黨，十年風雲》，台北：天下文化，二〇一七年。
6. 李登輝，《餘生：我的生命之旅與台灣民主之路》，台北：大都會，二〇一六年。
7. 阮銘，《我看台灣與台灣人》，台北：玉山社，二〇〇九年。
8. 周玉蔻，《李登輝的一千天：一九八八—一九九二》，台北：麥田，一九九三年。
9. 周玉蔻，《李登輝，一九九三》，台北：吳氏圖書，一九九四年。
10. 施明德，《總指揮的告白》，台北：財團法人施明德講座基金會，二〇〇九年。
11. 盛治仁，《台灣兩千年總統選舉投票行為研究》，永和：韋伯，二〇〇一年。
12. 陳世昌，《戰後七〇年台灣史》，台北：時報文化，二〇一五年。
13. 陳陸輝、游清鑫、黃紀主編，《二〇〇八年總統選舉論二次政黨輪替之關鍵選舉》，台北：五南，二〇〇九年。
14. 陳陸輝主編，《二〇一二年總統與立法委員選舉變遷與延續》，台北：五南，二〇一二年。
15. 張俊雄、邱義仁、游盈隆著，《破曉》，台北：時報文化，二〇〇〇年。
16. 黃志呈，《在台灣演變中的中國人認同》，台北：致知，二〇一五年。
17. 謝瑞智，《政治變遷與國家發展》，台北：文笙，二〇一〇年。
18. 何明修，〈看台灣新公民運動的衝擊與影響〉，台北：《兩岸公評網》，二〇一四年。

總統直選深化台灣民主

林佳龍

時任台中市市長、台灣智庫董事長。美國耶魯大學政治學博士，歷任國家安全會議諮詢委員、行政院新聞局長、立法委員、國民大會代表、民進黨祕書長、總統府副祕書長、交通部長。

台灣研究基金會黃煌雄創辦人、國家圖書館曾淑賢館長、兩位主講人邱義仁先生與詹春柏先生，在場各位來賓與媒體朋友，你們好！

這次研討會的主題，是「總統直選與民主台灣」。回顧台灣民主發展的歷程，總統直選扮演了至關重要的角色，我們自然應該去探討它。而且，今天這場研討會非常難得，齊聚藍綠「大咖」。所謂「大咖」，意思是他們都曾親身參與總統選舉，見證台灣民主化過程；有人是總統直選的推動者、有人是總統選舉的操盤手，更有人是總統選舉的參選人，能夠提供寶貴的第一手經驗。身為台灣民主發展的參與者與研究者，總統直選與民主化也是我一直以來關心的議題。期待透過今天一整天的討論，讓我們共同回顧、反思以及展望總統直選與民主台灣的未來。

回顧總統直選發展過程

研討會第一場次的主題，是「自一九九六年以來歷次總統選舉與政黨競爭（包括政策與方法）之回顧」。在探討這個主題之前，我想借用一點時間，耙梳總統直選的發展歷程。誠如黃創辦人所言，「總統直選制度不是從天下掉下來」，而是在各界努力之下方能達成。

台灣政治改革的呼聲，大約可以回溯到一九七〇年代。當時，台灣退出聯合國（一九七一）的打擊，激發國內知識份子的民族主義與國家主義情懷，並要求政府盡快啟動改革；其中，國會改革的訴求也受到強化。因此自一九七二年起，有了定期改選的「增額選舉」。儘管「增額選舉」無法威脅到國民黨在國會中的絕對優勢，但透過定期選舉國會代表，卻也逐漸開啟台灣人制度性的國政參與空間。從此之後，台灣也有了比較具有組織的政治對抗者，即「黨外」運動。

到了一九八〇年代，在民進黨成立前後，黨外人士已開始訴求總統直選。總統直選這項主張，逐漸成為社會動員非常重要的議題，特別是牽涉到台灣人獨特的族群與國家認同層面。

後來，民進黨的憲政研究小組在一九九〇年提出《民主大憲章》，一九九一年在人民制憲會議上，通過《台灣憲法草案》，總統直選逐漸成為各界共識。當時，台灣研究基金會扮演舉足輕重的角色；《民主大憲章》、《台灣憲法草案》，都是在台研會討論出爐。可以說，台研會是孕育總統直選與憲政改革的重要推手。因此，在台研會邁入三十週年的時刻，舉辦這場研討會顯得格外有時代意義。

當然，我們不能忽略李登輝前總統的角色。在一九九〇年代初期，面對國民黨內部的鬥爭，迫使李前總統尋求與黨外力量合作，以鞏固自身權力。因此，當一九九〇年野百合學運如火如荼展開時，李前總統並沒有選擇鎮壓，而是接見學運領袖。之後，李前總統一方面依照他對學生的承諾，召開國是會議；另一方面也在一九九一年廢除《動員戡亂時期臨時條款》、結束「萬年國會」的運作，並且最終在一九九四年的修憲，確立總統直選，台灣的民主化自此步入新階段。

總統直選讓台灣民主更加成熟

總統直選驅動了台灣的民主化，對於台灣民主的深化與成熟，有著關鍵影響。台灣的民主化是漸進、相對和平的進程；在這過程中，也逐漸形成藍綠的共同參與，並形塑出以總統為中心的憲政體制。

從一九九六年第一次總統直接民選開始，到二〇一六年，台灣已經歷六次總統大選、三次政黨輪替，並產生四位民選總統。總統直選促成政權順利和平轉移，並且鞏固以總統為中心的憲政體制，更讓台灣成為華人世界中「民主制度的試驗場」；同時也是華人世界中，唯一真正民主的國家。其實每一次的總統大選，就是一次公民投票，我們藉由手中的選票，確立台灣未來的發展方向，這是非常可貴。

因為選舉定期舉行，也讓政黨的競爭與輪替，逐漸成為常態，並且演化出以藍綠為軸線的「兩大兩小」之政黨生態。儘管如此，政黨競爭的議題是愈來愈複雜。

另一方面，自二〇一二年起總統與立委選舉合併舉行，加上立委選舉改為「單一選區兩票制」、贏者通吃，則使得總統當選人所屬的政黨，更容易因為「群尾效應」而獲得完全執政的機會，大幅強化人民對總統的授權。不過，人民對總統雖然有很高的授權，我們目前的憲政體制，卻還無法有效使總統的「權責相符」（accountability），並且有「運作效能」（efficacy），因而產生「破碎的民主」（fragmented democracy）這樣的現象。這個議題值得後續更多的討論。

換言之，儘管今日台灣的民主運作與憲政體制，依然有進步空間；但我們藉由實踐總統直選所達成的成就，依然值得自我肯定，我們應該感到驕傲。相信在座各位也都期待透過這次研討會溫故知新，透過回顧、反思過去總統選舉的經驗，找出未來的方向。

本場次主題及兩位講者

回過頭來談本場次的主題：政黨競爭。台研會作為主辦單位，不分藍綠，特別邀請到兩位總統選舉的操盤手前來分享，實屬難得。

詹春柏先生歷任總統府祕書長、國民黨副主席、國民黨祕書長，曾多次替前總統馬英九操盤選戰。今天他發表的主題是〈從我國六次總統副總統直選，談國、民兩黨選舉策略的變與不變〉。

邱義仁先生則擔任過府院黨四大祕書長（總統府、國安會、行政院、民進黨），歷次總統選舉，幾乎無役不與。今天他則要發表〈一九九六年後歷次總統選舉與政黨競爭〉，兩位在選舉操盤上棋逢敵手，也熟知對方的策略。他們對選舉的第一手觀察與反思，自也有別於學院派觀點。我事先已拜讀兩位的文章，看到許多共同的觀察，也有不一樣的分析角度。

相信在座各位都跟我一樣，非常期待兩位操盤手分享的內容。我的引言就到這邊。

非常感謝兩位精彩的分享，我試著歸納與聚焦討論的內容。首先，談民主離不開選舉與政黨，總統直選是驅動台灣民主化最重要的因素之一，而選舉當中最重要的角色是政黨，政黨可以提名候選人與動員選民。

回顧過去，台灣走的是體制內改革的路徑，執政菁英在民主化過程中掌握相當主導權，反對菁英則善於設定議題；兩相作用之下，台灣民主化的過程和平，而且至今已經歷三次政黨輪替，代表台灣已凝聚出一定程度的共識，並且建立規範，政治人物都必須遵守。這是非常寶貴的政治文化。今天，兩位藍綠陣營的總統選舉操盤手，能夠坐在這裡進行理性分析與論辯，是非常可喜的事。

另一方面，選舉是動態的過程，不是靜態分析即可預測選舉結果。如同球賽，如果分析完兩隊的戰力就可以預測比賽結果，那大家就不會去看比賽了。我們分析選舉固然要觀察背後的社會結構，但總統候選人的某些特質，也會是影響最後選舉成敗的關鍵。政治，尤其是民主政治之所以迷人，就是因為選舉結果無法完全預測，也才能激發社會的參與。

兩位講者的共同點

從兩位發表的內容，可以看出一些共通點。比方說，兩位都觀察到國家認同的重要性。特別是詹春柏先生指出，國家認同的重要性似乎逐漸在大選中退燒。不過從另一個角度來看，我們也可以說，隨著時間推移，總統大選也逐漸強化台灣人的國家認同與自主性，並且日漸偏離大中華民族認同。畢竟，總統直選是台灣人選出台灣的總統，這個事實本身影響的層面相當廣，包括政黨競爭、國家認同及公共政策議題。

而且，各界也都觀察到，解嚴以後出生的台灣人，「天然獨」傾向愈來愈濃厚。因此，誠如邱義仁先生的觀察，「蔡英文總統把台灣意涵進一步詮釋，台灣等於中華民國。同時也開始談到青年問題，例如宣傳slogan: Taiwan Next。」

這也反映在選民結構的改變上，詹先生與邱先生不約而同指出，二〇一六年蔡英文當選總統且完全執政，顯示藍綠政治版圖發生變化。這究竟是「量」的變化，還是「質」的變化；是一時的變化，還是持續的趨勢，這是有志參與或研究政治的人共同關心的課題。特別是傳統「北藍南綠」的格局，「南綠」無甚改變，但「北藍」的情況則日漸模糊，甚至有點「褪色」，於是開始有「決戰中台灣」的聲音出現。因為政治是由下而上，地方首長選舉又在總統與立委選舉之前，前者會對後者造成影響。

其次在選舉動員方面，傳統看法認為民進黨擅長文宣戰、國民黨擅長組織戰；但隨著資通訊科技愈來愈發達，兩位也都觀察到網路社群動員的重要性不斷提升。甚至菁英與群眾的關係也有所轉變，到底是菁英在動員群眾，還是社會眾多的分眾意見在驅動政治菁英與政黨，讓他們不得不回應？

第三，兩位也都觀察到，在選舉中公共議題的攻防，似乎不若個人品德、操守或能力的負面選戰來得有效果。不論是二〇〇〇年宋楚瑜先生的興票案、二〇〇八年民進黨的所謂弊案，或二〇一六年前總統馬英九的個人特質被塑造為專斷無能，都對選情產生重大影響。不過從另一個角度來看，我們也可以發現，政黨因為必需彼此競爭，而不得不去回應重要的社會經濟議題。畢竟，政治是永遠在尋找與動員議題的競爭過程。

對於民主發展來說，人民的利益能夠受到政黨重視，是一件好事。且誠如詹先生言，「在大選中的公共政策議題攻防，強調經濟成長的比重似乎逐漸降低；但有關環境保護與永續發展的比重卻正在升高，特別是對於社會公平正義的要求也一再被強調。」這顯示，台灣正一步步邁向成熟多元的民主社會。

兩位講者的相異點

另一方面，邱先生特別提到在歷屆總統大選中，國際因素的重要性。這項因素涉及認同、安全、經濟等各種利害關係，相當複雜。比方說，中國在歷次選舉中介入得越深，越容易引起台灣民意的反彈，而收到反效果；但美國卻往往對台灣的選情發揮重要影響，二〇一二年美方對蔡英文總統的評論，便是一個明顯的例子。

歷次選舉的重要議題

從兩位的文章，我們可以簡單歸納出歷次總統選舉的重要議題。

首先是國家認同。國家認同牽涉到政黨的選民支持基礎，我們可以清楚觀察到，二十年來在台灣年輕世代身上體現出的國家認同轉移。台灣的政治板塊，也因此從過去的「藍大綠小」，一路發展到今日的「綠大藍小一點」。

其次是公共政策議題。經濟議題長期是大選辯論的主軸，特別是二〇〇八年的大選，有人形容是民進黨「中國威脅論」與國民黨「中國市場論」的對決。但是，涉及分配的公平正義議題，其重要性已逐漸抬頭。

再來是執政表現（performance）與政治人格（character）。我們可以發現相較之下，選民在歷屆總統選舉中，高度重視參選人個人及所屬政黨的形象，所以負面選戰時常成為選戰的主調。

展望民主台灣的未來

最後，總統直選對台灣民主的深化固然貢獻良多，但仍有許多挑戰，有待我們克服。誠如我在引言時提到的，現在台灣選舉的特色，是將總統大選與立法委員選舉合併舉行，立委選制又是單一選區兩票制。這使得總統當選人所屬的政黨，較容易獲得完全執政的機會，大幅強化人民對總統的授權。然而，台灣目前半總統制的憲政設計，卻讓總統被賦予的權力無法與其獲得的授權相稱。

換言之，台灣的憲政體制其實是破碎的民主，這是體制面的問題。不論是總統與內閣（行政與立法），還是中央與地方關係，都有權責不清與運作效能低落的問題。更何況，統治者還面臨治理環境變遷的挑戰，這其中還包括全球化與資訊化等世界各國都會面臨的問題，以及台灣特有的兩岸關係問題。於是，總統難為、人民不滿，蜜月期愈來愈短，民主治理遭遇危機。

那麼，我們如何改革，如何以人民直選的總統為中心，建立民主憲政體制？這涉及兩個關鍵面向：權責相符（accountability）與運作效能（efficacy）。

如何因應這些挑戰？我們可以簡單區分為治標與治本兩個層次。所謂治標，是指領導人發揮一己之領導力（個人層次），在一定範圍內，處理好總統與利害關係人的關係，建立統治聯盟（穩定的多數）。舉例來說，總統應善用國安會來推動政務，另一方面也應兼任黨主席，以黨輔政。不過，如果當朝小野大的情況再次出現，統治者仍然很難有效解決破碎民主的困境。

在兩次政黨輪替的過程中，李登輝、馬英九與蔡英文，都獲得完全執政的機會，但是他們的表現與受人民支持的程度，也各自有別。這很大程度與他們個別的領導風格及治理方式有關。

至於治本，就是體制（憲政）改革。在台灣，以總統為中心的憲政體制已然形成。那麼，我們要如何透過修改《憲法》，建立出權責相符，且人民滿意的體制？這需要在座各位共同來思考。期盼藉由本次研討會，大家能一起探索答案。

其中，如何建立良性的政黨競爭，也是確保台灣民主品質的重要面向。根據兩位的觀察，台灣的政黨競爭，已逐漸脫離統獨、族群等意識型態之爭執，而慢慢走向多元價值的理性辯論。這對於日後台灣憲政體制的改革，應能帶來好的影響。我們必需確保政黨的良性競爭能夠持續，也期待大家能加速凝聚對改革的共識，推動台灣繼續向前。

第三篇

三次政權和平移轉的實踐

交接法制化勢在必行

張俊雄

台灣大學法律系學士，歷任美麗島大審辯護律師、立法委員、行政院副院長、海峽交流基金會董事長、總統府祕書長、資政、行政院院長。

近年來，民主制度已經成為多數國家所採行的政治制度；然而，民主政治的落實，並非僅僅擁有選舉及投票制度便已足夠，更須呈現於政黨輪替，畢竟一黨獨大、長年執政的政治環境，不足以完全體現民主政治的正面價值。

有意義的政黨輪替，必須輔以完善的政府交接機制，在政權轉移時期的看守期間，避免引發社會不安，並可提升交接效率。

自二〇〇〇年迄今，我國已歷經三次政黨輪替，政府交接機制及慣例，從無到有陸續有所增益；然則，最重要的交接工做法制化，因各種理由尚未完成，而歷次交接過程，也皆有不盡如人意之處，顯示此點仍有待補全。

三次政權交接過程

二〇〇〇、二〇〇八及二〇一六年三次政黨輪替後的政權交接過程，概述如下。

一、二〇〇〇年陳水扁當選第十屆總統，隨即指派政權交接小組，並於三月三十日拜會李登輝總統；李總統除了立即指示官邸重新裝潢，以配合行動不便的吳淑珍夫人，也表示「將針對陳水扁當選人較不嫻熟的兩岸、外交、國防政策，提供意見，使其早日進入狀況、國政進入常軌。」

新舊政府交接小組成員：新政府方面是張俊雄、游錫堃、李逸洋；舊政府方面為丁懋時、林碧炤、黃德福。雙方數度會商，安排陳當選人聽取總統府及國安局關於國家安全的簡報，並磋商五二〇就職大典相關事宜。然則，行政院方面的交接工作、未如總統府順暢，新政府交接小組召集人張俊雄一度批評，「行政院有抗拒味道」。

主要爭議點在於，行政院各部會是否進行對新政府首長的業務簡報，以及行政院通過軍人調薪及警政署升格等重大政策、是否超越看守原則等等。

新政府交接團隊一再要求，各部會應指派文官長或高級常任文官，向新政府內定各部會首長簡報，提供必要的業務資訊。舊政府行政院允諾，但最後僅有極少數部會執行。

除上述情節，內定行政院副院長游錫堃亦批評，舊政府行政院不應在交接前夕，大量安排人事、支出預算及補助款。

二、二〇〇八年馬英九當選第十二屆總統，新舊政府雙方指派交接小組成員，馬英九當選人於四月一日與陳水扁總統會面；陳總統表示，已訂定《接卸任政府交接要點》並指派交接小組，希望雙方對口密切聯繫，交接工作順利圓滿。

《交接要點》共有七點：（一）雙方成立交接小組協調相關工作；（二）提供正副總統當選人充分的保安及禮遇；（三）總統指定適當機關針對國防外交兩岸重大政策，向當選人進行簡報；（四）總統及當選人應針對國安重大事項交換意見；（五）有關總統府及所屬機關之人事財產檔案，依循公務人員交代條例辦理；（六）行政院之人事財產檔案，依循公務人員交代條例辦理；（七）二〇〇四年之新政府政策銜接暫行原則供本次交接參考。雙方交接小組名單：新政府為詹春柏、葉金川、汪誕平、馮寄台、康炳政、賴素如、羅智強；舊政府為陳唐山、陳其邁、林佳龍、陳忠信、林錦昌、邱義仁、陳景峻。

四月二十五日，新政府交接小組代表至總統府聽取「業務交接簡報」，內容包括業務職掌、員額編制、年度重要工作等，新政府與會成員表示滿意，亦將陸續提出問題清單；舊政府代表則指出，雖則相關法令尚未完備，依據陳總統指示、民主憲政精神及既有法規慣例，全力合作順利完成政權交接。

其後，新政府代表即著重索取外交兩岸等國安工作帳冊及總統收發之各種公文函件，舊政府代表協助配合提供相關資料，導致交接前後新政府陸續查辦巴紐外交經費及藏匿極機密公文等案件。

三、二〇一六年蔡英文當選第十四屆總統，為第三次政黨輪替，新舊政府交接小組於二月十九日首度會商，敲定互相提供對口及交接依據規定等事項。

雙方交接代表成員名單：舊政府方面是曾永權、熊光華、蕭旭岑、趙克達、杜紫軍、宋餘俠；新政府方面則為吳釗燮、林錫耀、張景森、陳俊麟、劉建忻、施克和。

由於馬英九總統出國行程，與當選人蔡英文之會談延至三月三十日才舉行。蔡當選人強調：此次政權交接與以往最大不同在於交接期長達四個月，因此她提出三點必須達成的任務：確保任務移轉順利、過渡期建立交接制度、新舊政府共同穩定政局。

此次交接由於雙方都已有相關經驗，過程相較平順，二〇〇〇年爭議的部會業務報告，此次大致順暢，而二〇〇八年爭議的總統函件及公文分際，由於馬政府任內制訂分類規則，將不屬公文書的函件全部定期銷毀，因此也無須再議。而在重大政策擬訂或一般行政業務維繫的界線，仍不清楚；人事任用方面亦有少數歧見。

參與政權交接工作人員之檢討

循上述，仍分為二〇〇〇、二〇〇八、二〇一六年三次交接敘述之。

一、二〇〇〇年的政權交接，由於選舉結果「雙方都很意外」，當時執政的國民黨政府，並沒有交接政權的心理準備，交接程序法制化當然也付之闕如。

甚至，據當時參與幕僚轉述，「總統府給新任總統預先準備的桌椅，都是以連戰先生的身材打造的」，而且，總統府方面也沒編列相關預算，無法改造或重購，最後只能墊一塊玻璃墊，以減少身高落差的不適。

再者，當時舊政府雖然對外宣稱全力配合新政府需要，實則政府經費人事及政策執行進度極少充分提供，除了前述的部會業務簡報多所推拖延宕，還有後來陳水扁總統就職裁撤的《奉天專案》、《當陽專案》祕密經費，交接時期也隻字未提。

部會業務簡報遲遲不能全面展開，據邱義仁回憶，舊政府方面給的理由五花八門，除了「如果簡報政治責任歸屬會不清楚」，還有「事務官到時工作要聽從哪一個長官」，甚至「要顧及舊政府政務官的情緒」也在協商過程被提出。

而在人事調動方面，據悉有為數不少的高階事務官，趕在看守期間調動，也有若干人事，以私人請託方式留任或派任，如行政院某機要參議及外交部駐檀香山台北經濟文化辦事處處長。

即使屬於總統憲法職權的國家安全業務，新政府要取得資訊亦有困難，陳水扁當選人一度有意前往國安局視察並聽取簡報，但對方表示為難，怕侵犯現任總統之統帥權，最後經過新舊政府交接小組協商，以「當選人聽取安全維護工作簡報」的名目，才順利安排視察國安局之行程。

台大法律系教授李鴻禧，特撰專文批判，他特別針對看守期間許多部會首長「為安排自己人馬、將政務任用官員轉任事務官」；也指陳其「恣意大量支出補助款及預算」等行為，已使政權交接「變形變質」。

二、二〇〇八年交接，據參與交接工作人士指出，舊政府大抵依照其訂定的《接卸任政府交接要點》，進行交接工作，陸續安排總統府各局處室以及行政院各部會相關人員，依據新政府交接代表所要求方向進行簡報。

當時新政府代表著重索取外交部、陸委會等國安單位的經費支出帳簿，舊政府無不盡力收集提供，然則該等資料，後續被採用作為巴紐案及外交機密費案等司法案件的重要證據來源，而該等案件最後均以無罪宣判終結。

新政府代表當時亦對於外收發室的紀錄甚感興趣，經比對後認為有侵占、藏匿國家機密公文罪嫌，唯最後亦為檢察單位以不起訴簽結。

三、二〇一六年已歷經兩次政黨輪替及政權交接，指派交接對口或雙方協商也都駕輕就熟，各級單位的簡報工作也多能行禮如儀。

然則，本次交接期間是以往兩倍，長達四個月，這漫長的看守期不能任令施政完全停擺，也不能再由舊政府制訂重大政策，期間分寸拿捏頗有學問。

這四個月期間，新政府代表主要工作，乃是阻止舊政府通過影響重大的各項政策，以免與新政府施政方針產生扞格，舉其中較為重要者：海巡署改制海洋事務委員會、「邁向頂尖大學計畫」由五年五百億改為一千億、國防部採購訓練機等，皆由新政府代表予以阻擋而暫不進行。

此外，對於各部會提供之部分簡報內容，受到新政府代表批評，多以網路公開資料或預算書內容下載謄錄，並非精要核心之資訊。再者，新政府代表多次向舊政府索取馬習會相關資料，但舊政府代表延宕至新政府就職，仍未提供片紙隻字。

當然，本次交接亦有合乎規範之行為：國家通訊傳播委員會主委及部分委員之新聘，依法應於任屆滿前三個月提請立法院同意，亦即四月底必須將提名名單送達立法院，針對此一略顯尷尬之時間安排，舊政府主動轉請新政府代表擬訂名單，再由舊政府代為送達立法院，從而解決可能產生的爭議。

看守期間政府交接工作重點及分際

歷經三次政權交接，我等以為，工作重點及分際，應在於下列六個主要面向。

一、人事方面，在政府事務官人事正常補缺調動以及避免侵犯新政府人事權，兩者之間，應有具體的規範，並杜絕使用事務支出達成變相晉用新人。

二、資訊方面，應訂定機密分類規則，規範參閱政府機密資訊之新政府人數及其職務等級，避免以類似理由拒絕或延宕提供政府施政相關資訊。

三、新舊政府代表，應積極協商看守期間之行政執行與預算撥用進度，以避免因新舊政府政策選擇差異而產生爭議。

四、看守期間舊政府應避免制訂重大政策，已是各方共識，然則究竟何為重大？應由新舊政府交接代表，密切針對各政策領域進行意見交換。

五、由於國家安全事項，有其急迫性及延續性，我等以為，應有制度化的定期國家安全情勢報告，以利新總統及其執政團隊隨時掌握最新情勢及資訊演變。

六、應仿效美國制度，由政府編列預算，提供總統當選人團隊之維安及行政等支出。

交接法制化勢在必行

綜前所述，我國政黨輪替以及政權交接，逐次累積合理可行的互動模式，堪稱民主國家的典範之一。

然而，有識之士仍然紛紛呼籲早日建立政權交接之法制化。目前，已有民進黨團及李俊俋委員等，向立法院提出制訂《總統職務交接條例草案》，針對適用對象、交接小組、總統當選人辦公室、當選人與聞國政、總統職務之交接與範圍、人事任調之禁止、爭議性政策命令預算之暫停執行等，皆有明確之規範。

我等以為，該法應於下次總統選舉以前，完成立法工作，俾使我國政權交接工作有所依循，民主輪替制度真正粲然大備！

三次政權和平移轉的實踐與檢討

曾永權

時任中國國民黨副主席兼祕書長、世界自由民主聯盟副總會長。逢甲大學學士，歷任國民大會代表、立法委員、立法院副院長、中國國民黨祕書長、總統府祕書長。

唐飛院長、張俊雄院長、各位貴賓、各位先進：大家午安，首先感謝台灣研究基金會的邀請，參加這個具有歷史性、前瞻性，及最具民主發展意義的學術研討會。

主辦單位給我的題目是「三次政權和平移轉的實踐與檢討」，報告內容分為五大綱要：政權移轉概念之界定；三次政權移轉的實際運作經驗與問題；交接法制化的努力與問題；各國交接制度的比較與啟示；交接法制化的建議方向。

政權移轉概念之界定

「政權移轉」的概念其實比較大，一般研究政權移轉主要是針對政權出現移轉交替時，或是極權國家領導人發生更迭時。民主國家政權移轉雖然同樣牽涉到政府權力的轉換，但是這個過程相對而言是制度化的，主要是透過定期的選舉而決定。

美國著名政治學者杭亭頓（Samuel P. Huntington）曾經以「兩次政黨輪替」（two turn-over test）作為檢驗一個國家民主是否鞏固的依據。台灣民主化後歷經三次政權移轉，早已達到他所設立的標準，政權和平移轉在我國已不再是個問題。

因此，我準備將今天報告的重點，聚焦在交接制度的建立，可能更有意義。也希望能對國家未來民主的發展，能夠提出一些具體而務實的觀察與建議。

三次政權移轉的實際運作經驗與問題

現有的相關法制

要說我國完全沒有交接制度的規範或前例可循，恐怕也不完全正確。陳前總統曾經出書透露，二〇〇〇年的政權交接是良心交接，不是制度交接，並抱怨很多國安機密檔案都找不到。確實，國民黨五十年執政後第一次的政黨輪替，並沒有具體的制度可以參考依循，不過當時的李前總統也率先建立了一些做法，包括在選前要求國安局局長向各組總統候選人進行國安簡報，而投票結束當天更指示參謀總長發言保證國軍效忠新的國家領導人。

有關總統副總統候選人的維安，是比較早建立的制度規範。早在一九九五年《總統副總統選舉罷免法》立法時，就有相關規定。國安局即根據該法在二〇〇三年制訂《總統副總統候選人安全維護實施辦法》。此外，總統府在二〇一二年也頒定《特種勤務條例》，將總統、副總統候選人及其配偶，當選人及其配偶及其一等親直系血親，納入特種勤務維安保護的範圍。

具體的交接制度，則要回溯到陳前總統在二〇〇八年三月二十八日核定的《二〇〇八接卸任政府交接要點》，二〇一六年馬總統交接時，就是參照這個交接要點，再依據《公務人員交代條例》、《檔案法》、《國家機密保護法》，制訂出《二〇一六接卸任政府交接要點》。其重要原則包括：不侵犯、減損現任總統憲法職權、不破壞權力分立原理，在法制未完備前，參照相關法令及過去交接經驗進行交接等。具體做法則包括：總統府成立接卸任政府交接小組，提供當選人安全保護及禮遇，總統指定適當機關向當選人簡報，總統與當選人就重大事項交換意見，總統府與行政院之人事、財產、檔案等事項依法並循例交接，其他重要事項則依總統指示辦理等。

根據近兩次交接經驗，總統府與國安會的交接相對單純，行政院則複雜許多。二〇〇〇年四月當時行政院祕書長謝深山與新內定行政院祕書長魏啟林曾共同簽訂《新政府政務銜接暫行原則》，包括：由現任院長指派特定官員向內定院長簡報，由各部會指派文官長或高級常任文官積極協助新政府內定各部會首長，並提供必要的業務資訊。

二〇一六年馬政府就行政院交接部分則提出《行政院及所屬部會五二〇交接作業實施要項草案》，將政權交接作業期程區分為準備期、前置期和交接期，行政院院本部和相關部會將分別成立交接作業小組，由常任副首長擔任執行祕書，小組成員涵蓋業務、法制、人事、預算及計畫等單位主管。不過該項草案並沒有獲得蔡團隊的支持。當時的「蔡英文辦公室」發出五點聲明新聞稿，強調「總統職務交接條例」立法之必要性，「交接作業實施要項」不僅無法取代，也非最急迫事項。

實際移轉過程存在的問題

如前所述，雖然我國並非完全沒有交接的規範可以依循，但是除了候選人維安部分有法律明文規定外，其他的交接規範多由總統府或行政院制訂的行政命令為之，主動權與交接範圍的劃定，完全掌控在現任政府手上。雖然雙方對於重要事項仍可透過協議決定，但對於即將接任者，相形被動。過去交接過程發生的問題大概有下列：

（一）沒有完整的交接規範：儘管《檔案法》、《國家機密保護法》分別於民國九十一年與九十二年施行，補足了一些法制上的缺口，但我們仍沒有完整的交接制度規範，確實讓每次交接過程都面臨著不確定性。尤其總統大選過程經常競爭激烈，在缺乏互信基礎甚至充滿敵意的情況下，增添交接的困難度。不僅陳前總統對此頗有怨言，馬前總統也曾質疑陳前總統購買五十七台碎紙機銷毀機密文件，上任後更發現總統府有高達三萬六千件公文佚失。

（二）行政部門交接困難：新任總統就職後，簽署內閣人事任命案後，行政團隊才正式組成。在內閣人事未能完全確定前，行政院的業務如何進行交接，經常成為困擾。二〇〇〇年與二〇一六年都發生現任者準備交接，但新政府卻無人可接的窘境。

（三）新的執政團隊缺乏交接必要資源：總統副總統當選後，除了必須進行執政團隊人事規劃與徵詢，以進行執政交接之準備外，還要籌備就職典禮的各項工作，包括發表重要的就職談話（還必須翻譯成多國語言）、邀請重要的外賓等。目前這些工作多由當選人個人或其政黨設法安排，或由政府調派相關單位公務員協助辦理。

（四）看守時期政策作為與人事調動疑慮：無論看守期是兩個月或四個月，均有人憂心即將卸任的政府是否會在政策、預算、人事上做出極端的作為或特殊安排。人事調動卡位與消耗預算的傳言也未曾停歇。

交接法制化的努力與問題

法制化的嘗試

主要政黨都知道交接法制的必要性與重要性，早在二〇〇〇年以前就有立委提案立法，卻始終只聞樓梯響。二〇〇八年中國國民黨立法院黨團與多位立委均提出《總統副總統職務交接條例草案》，院會進入二讀程序逐條討論結束後，民進黨黨團隨即提議交付黨團協商，該案因而延宕。

二〇一五年，民進黨與台聯的委員提出《總統職務交接條例草案》，多次被院會退回程序委員會。第九屆立法院開議後，各黨黨團與委員提出相關草案高達八案，經司法及法制委員會三次併案審查，二〇一六年四月六日完成初審，但在立法院進入院會二讀討論階段後，就沒有進展了。

法制化的障礙

交接法制無法完成立法的主要原因，可能有下列幾項：

（一）立法時間點與政治考量：若一般時間推動該立法，因不具急迫性，很容易就被放在一旁，但是時間逼進大選或是選舉結果已經揭曉，本位主義的政治考量就會隨之浮現。回顧二〇〇八年與二〇一六年立法院有關交接條例提案，即將卸任者均會傾向堅持《憲法》賦予自己的職權不應受到侵犯與貶損；將繼任者則擔心現任者在卸任前夕留下爛攤子，故多主張限制現任總統的職權。不難發現藍綠兩大政黨，都有因不同的位置而出現不同的立場的情況。

（二）交接條例的範圍：有關交接制度的法制化與必要性，各政黨均曾有所主張，但是對於交接涵蓋的範圍，則有不同的看法。有的提案認為應該以政權交接或政府交接為名，因為行政院長為總統任命，所以必須包括整個行政權的交接。有的提案則認為交接法制只要以總統府為範圍即可，因為在內閣全體人事正式任命前，根本無從交接。

但如果交接條例的範圍僅限於總統與副總統職務，即將卸任政府在看守期間的人事調動、重大預算與政策之決定與執行，是否應該納入交接條例規範，也就隨之出現爭議。

當然這些問題的根源，仍來自於對憲政體制認知的分歧，因而對總統與行政院長之間角色定位產生不同看法。源頭的爭議既已存在多時，後端的法制也就難免出現更多紛擾。

（三）違憲的隱憂與爭議：《憲法》賦予總統的權力在看守期間是否應該受到限制？在各國一直存在爭論。我們政府體制是否無法有效制衡一個即將卸任的總統，而必須另以一個特別法來限制其權力之行使？就算通過此種特別法律來限制總統職權，是否真能發揮效果？對違反該法的總統是否有具體有效的制裁或處罰規定，使其不敢違法？透過法律限制總統職權是否會產生違憲的疑問？這些都是我國制訂交接制度過程中，最分歧與爭議最多的部分。

舉個極端的例子，看守期間若發生重大天災地變或國家緊急狀態，甚至戰爭，將卸任的總統難道仍要受到交接法律的限制而無所作為？不無疑問。

回顧二〇〇八年陳前總統頒定的《接卸任政府交接要點》，其中一項重要的原則就是「交接應於不侵犯、減損現任總統憲法職權、不破壞權力分立原理前提下進行」，這個原則在馬政府著手交接工作時仍然延續下來。但從二〇一五到二〇一六年間立法院有關交接法制的提案，對於現任總統職權多所設限，完全挑戰了四屆任期兩位總統均認同的這項原則。我們不禁好奇未來政黨再次輪替時，朝野對此問題的立場，是否依然隨著其身處位置的不同而不斷搖擺？

各國交接制度的比較與啟示

各國政權交接的模式，因為憲政制度與國情的不同，而呈現出不同的面貌，最重視交接法制的，可能非美國莫屬。提供新任與卸任者必要的交接資源，是其交接法制的核心。隨著時代需要，交接制度開始慢慢擴及人員訓練、編纂交接指南、財務規範、提供候選團隊諮商等，到最後直接將交接程序向前延伸到選舉過程中就展開準備。

內閣制國家政權交接可能隨內閣改組而更為頻繁，但人事更動幅度小，一般來說耗時有限，也沒有太多規範可循，時間反而多用於聯合政府組成的協商角力。即便雙首長制的法國，政權交接也單純快速，總統與政府不會綁在一起處理。而中立強大的文官體制與完善的檔案保存制度，是這些國家政權移轉可以快速與穩定的共通因素。

觀察過去台灣有關總統交接或所謂政權交接的草案，試圖大幅度限縮現任總統的法定職權，從重要人事、政策、預算、對外協議簽署等的凍結，到賦予繼任者國政參與等權力，其實遠超過美國的交接法制內涵。總統交接的制度化固然重要，但我們是否必須另立一套可能牴觸《憲法》的法律來規範總統卸任前的權力？仍值得吾人思索。

交接法制化的建議方向

法制化只差臨門一腳

對於憲政體制認知不同所造成交接法制範圍劃定的困難，以及交接法制限縮總統憲政職權可能產生的違憲爭議等，固然都是影響交接制度至今一直未能法制化的原因，但究其根本，政治立場的考量，恐怕才是關鍵的因素。我們比較二〇〇八年立法院二讀階段與二〇一六年委員會初審通過的交接條例，除了有關重大政策、預算凍結及與聞國政的部分，可能涉及侵犯或貶損現任總統職權，而有不同意見外，各政黨其實已經有相當大的共識。法制化的工作，其實只差臨門一腳。

具體建議

（一）立法應避開敏感時期：如前所述，各政黨對於交接條例的內涵已有大致共識，但關鍵在於立法時間點經常接近選舉前後，朝野此時會有太多政治的考量，因而增添立法變數。建議應該在非敏感的時刻，盡速完成立法，才能擺脫各黨政治盤算牽絆，讓制度回到中立的角色。

（二）有共識的先立法：朝野有共識的部分可以先行立法。例如美國第一部《總統交接法》（*Presidential Transition Act*），就單純只有談到補助金的問題。如果大家對於限縮總統職權無法達成共識，可以先立法提供當選人必要的交接資源，其他部分再慢慢完善。因為一些爭議而永遠停在原點，未必是最好的做法。

（三）不侵犯與貶損現任總統職權仍是關鍵：不分藍綠，現在執政者多反對交接條例，已如前述，關鍵其實在於現任總統權力到底應不應該立法限縮。我們看到連總統交接法制最完善的美國，都沒有對卸任總統權力做出任何設限，因此重點絕對不該放在交接條例是否能管得住脫序總統，而應該回到我們憲政體制的制衡設計是否完備。如果《憲法》都無法對總統產生有效制衡的作用，我們又怎能期待透過一部法律，可以有效牽制總統的極端作為？健全完善的憲政制度設計，絕對比一部交接條例來得更重要。

（四）國家檔案保存與交接的中立化：我國有關《國家檔案法》與《國家機密保護法》等法制與組織已經建立，但是國家檔案的建立、保存與移交，似乎仍待落實與精進。法國的檔案管理與保存制度，類似我國主計、會計一條鞭的制度，或可供我們參考學習。

以上針對我國政權交接制度，在此做了扼要的回顧與觀察，並提出一些淺見。交接法制化沒有政黨反對，但是不分藍綠，在朝在野都曾翻轉立場。因此，我在此呼籲朝野應該共同捐棄成見，避開立法敏感的時間點，在二〇一八年底前完成立法，讓制度回歸制度，而不受到政治計算的羈絆。否則一旦錯失時機，完成立法之日恐將遙遙無期！

以上報告敬請各位專家與先進們不吝賜教！謝謝大家！

美國政權交接的法制化經驗

唐飛

空軍軍官學校畢業、美國哈佛大學與史丹福大學訪問學者，歷任空軍官校校長、空軍總司令、參謀總長、國防部長、行政院長、總統府資政。

台灣經過三次政黨輪替，政權轉移平順，足見民主發展已臻成熟。但政權轉移之程序制度雖經朝野多次提案，不幸均功敗垂成。二十年來民主化的成就，留下這一漏洞應非大家所樂見。

過去論及一點，都會認為制訂政權交接條例有其必要性，一如家庭的預立遺囑。完成政權交接條例不僅避免政黨互責。更重要的是無縫交接，關係政務的連續性，也影響重要建案的監督責任，對於國家的長遠發展，更是影響至巨。至於各級政府包括總統府、行政院各部會在內，對於釐清《檔案法》及《國家機密保護法》的遵行與監督權責，更事關國家安全，是朝野都不宜忽視與擱置的課題。

先進民主國家政黨輪替已成常規。個人觀察美國政黨輪替制度，他們累積多年經驗逐漸發展成熟的法規：將接掌政權的政黨，應在新總統就職前四十二天，組成各行政部門的「接收小組」，前往前述各單位了解政務之現況，為無縫接軌工程預為準備。

為這一制度，政黨在野時必需推行政務專業人員「儲備培養」制度。配合這一制度，政黨在下野後，必需慎選原各部會有經驗之專業人員，推介至學校任教或受教、智庫或企業任職。目的在掌握被選之「儲備培養」人員，能儘可能保持掌握政府各部會正推行之政務，不讓為來入閣人員脫離狀況。一旦重執政權，「影子內閣」透過四十二天進入「狀況」，形式的交接儀式後，各部會政務可以無縫接軌，避免空轉。

上述制度之推行，是政黨政治之基礎。為貫徹政黨政治精神，須前已施行多年的政府人事制度，「政務官」與「文官」兩者比率勢需調整，預期尚有阻礙必需克服。

台灣研究基金會舉辦「總統直選與民主台灣」研討會，深具意義。

附件：現／新政府政務銜接暫行原則

民國八十九年四月：

一、為使現／新政府政務順利銜接，茲請現任行政院長指派特定官員於五月上旬針對現政府執行中之各項重要政策，特別是涉及國家安全、邦交維護、涉外協定，以及各項金融安定、股匯市穩定等業務，向新政府內定行政院長提供必要之資訊及簡報。

二、為使新政府內定部會首長瞭解各項政務，茲請現政府各部會指派文官長或高級常任文官積極協助新政府內定各部會首長，並提供必要之業務資訊；其採用之形式及次數，由現政府與新政府內定各部會首長視實際需要商定。

三、此次政黨輪替，行政院全面改組，確屬我國憲政首例，致現／新政府交接程序未有法定規範與地位，特別籲請各界共同重視並盡速建立交接機制法制化。

現任行政院祕書長 謝深山

內定行政院祕書長 魏啟林

第四篇

總統選舉與民意變遷

民意與總統選舉

劉義周

現為政治大學名譽教授、前中央選舉委員會主任委員，美國密西根大學政治學博士，歷任政治大學社會科學院特聘教授、政治大學政治學系教授、研發長、選舉研究中心主任、台灣政治學會會長。

台灣舉辦選舉的歷史已經超過八十年。日本統治台灣的時代，在一九三五年起曾經辦過兩次局部的基層的有限選舉。國民政府到台灣後，一九五〇年起陸陸續續辦理各級地方選舉。中央層級的選舉，儘管到了一九八〇年代末以前有若干次中央民意代表的增補選以及增額選舉，台灣要到一九九一年的國民大會代表選舉以及一九九二年的立法院委員全面改選才算有正常選舉。但台灣選舉制度的完整實施，一直要到一九九六年的總統選舉，才算建立。我們常說選舉是對民意最直接最全面的探索，選舉結果反映的就是當時的民意。本文的主要目的，在探索歷次總統選舉期間的某些重大民意與總統選舉的關聯以及其長期變化。本文利用學術界蒐集的歷年台灣選舉實證資料，來分析有助於我們了解總統選舉的民意動態。本文首先說明民意與總統選舉的關聯的模型；繼而分析兩個能有效了解台灣選民行為的重要選民認同，也就是政黨認同與台灣人認同；再來是討論民眾對選舉中重要議題（台灣經濟）的意見；最後也分析了民眾對選舉制度實際運作的看法。

民意與總統選舉的雙向關聯

選舉是一個幾乎全民動員的複雜活動。要分析與了解整個活動的企圖，必然牽涉到相當廣泛的因素。每一次選舉所牽涉到的因素與其影響輕重，也可能各自不一。不過，選舉活動畢竟是由幾個比較位居主角的要素構成，像選舉制度、選舉人、政黨、候選人、各種媒體、各種組織等。所以要掌握一個選舉的主要面貌與性質，只要掌握與這些要素相關的變項，要了解大致也相去不遠。目前台灣政治學界比較流行的解釋台灣選舉的模型，以選民的社會經濟背景、認知、態度（包括各種意見）以及個人行為的探討為構成的主要變項，但也同意選舉的外在環境是需考量的重要因素。（參考黃紀，二〇一三：七—一二；另見最近出版的 Achen and Wang, 2017）有關選民認知、態度、意見、行為的研究，台灣學術界提出的研究成果甚為豐富，不擬在本文深論。本文希望處理的是選舉時期的政治經濟環境與主要民意的變動。

所謂選舉的政治經濟環境，我們泛指選舉前以及期間社會存在的政治經濟體制、經濟條件、發生的重大國內外事件等。具體而言，一國的憲政體制、選舉制度、國際關係、經濟發展狀況、重大社會事件、重大天災等，都有可能影響選舉。這些事項不是選舉競爭的本身，但構成選舉競爭的環境條件，是了解選舉必須的因素。就台灣過去的選舉期間曾經出現過的，例如一九九五—九六年間中國大陸持續對台灣發出的飛彈威脅、一九九九年的九二一大地震、二〇〇〇年國民黨的分裂、二〇〇七—二〇〇八年的國際金融海嘯、選舉制度變更與選區重劃等等，都是實際可對選舉發生影響既存條件，都是我們所謂的政經環境因素。本文並不討論各個選舉中出現的短期重大社經事件，而是就民眾的選擇來討論他們所認為的最重大議題——台灣經濟。作者聚焦在呈現這個因素在歷次總統選舉中對選舉的影響及其變化。

本文的論述基礎可以簡單歸納為兩個命題：一、政經環境決定總統選舉的面貌，也決定民意的主流；二、民意與總統選舉間相互影響。

這兩個命題所顯示的變素間的關聯，可以用下列簡圖顯示：

第一個命題指的是：包括總統選舉在內的大部分選舉，很大的成分是被當時的政治經濟環境決定的。例如，一九九六年總統選舉前一年開始的台海飛彈危機是當時台灣最重大的政治環境事件。選舉競爭中的爭辯，大體都脫不開這個主題。選民的行為也深受這個政治環境條件的影響。所謂政治經濟環境也不單指一個重大事件，也可以是一個持續存在的狀態。例如，二〇一四年國民黨在大部分地方選舉中失利後的長期低迷氣勢，大體決定了其在二〇一六年總統選舉與立法委員選舉中的頹勢。

第二個命題指的是：民意是決定總統選舉誰勝誰敗的重要因素。總統選舉歸根究柢，就是反映當時民意支持的對象。另外，

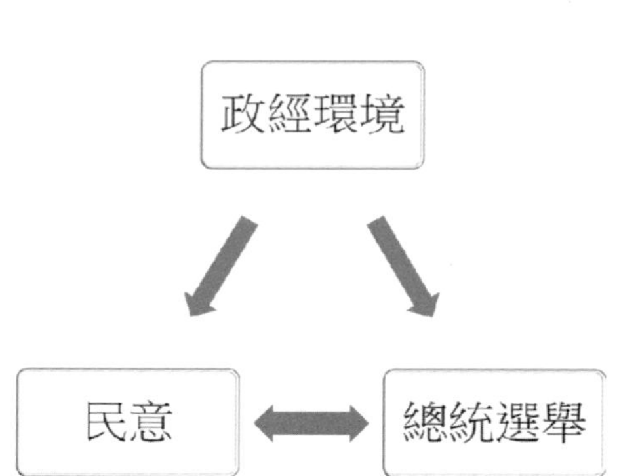

總統選舉的結果也影響選後民意的走向甚至到影響下次的總統選舉。民意有長期穩定的面向，也有短期內快速變動的面向。二者對政黨、候選人都是重要的，不可能忽視任何一邊的因素。

我們談到總統選舉中的民意有長期穩定的一面，也有短期內就會變化的一面。本文主要的關心是民意中比較穩定的部分，包括民眾對台灣主要政黨的認同以及對台灣的認同。前者指的是民眾對政黨所持有的一種心理連結，自覺「這是我的黨」，所以行動上也會支持它。政黨認同強者，可以在選舉中面對選擇時，只認品牌，不論其他，是政黨可以依賴的鐵粉。至於對台灣的認同，我們指的是面對「你是台灣人還是中國人」這個問題時，覺得自己是台灣人的那種心理認同。這兩種心理力量，都是當代台灣政治舞台上最主要的主導力量，穩定而有長期影響。作者也認為：民眾這兩種認同的分布，構成總統選舉的基本盤。政黨與候選人在選舉中的努力，都是在這個基礎上，謀求擴大民眾的支持。

我們分別以學術界的經驗調查所得數據來分析歷次總統選舉中民眾的認同、對經濟的意見等態度對選舉的影響以及變化。本文所運用的資料有兩個來源，其一為政治大學選舉研究中心歷年所執行的調查研究案。這些案中的共同題目之二，就是在測量民眾的政黨認同以及台灣人認同。選舉研究中心把每半年度執行的調查案匯集成一個資料組，每年就有兩組涵蓋半年內所有調查內相關的資料。這些資料都可以從政治大學選舉研究中心的網頁取得（網址：esc.nccu.edu.tw，點擊「重要政治態度分布趨勢圖」）。另外的資料來源為台灣政治學界歷年執行的總統選舉調查研究案。其中，一九九六年與二〇〇〇年的計畫，是由政大選舉研究中心單獨執行的。其餘的總統選舉調查研究案，則是台灣各大學政治系與中央研究院政治研究所的學者們，共同合作執行的研究計畫。這個計畫由政大教授黃紀擔任召集人，並組成一個由參與學術機關學者構成的規劃小組與執行小組來執行。整個計畫是由科技部前身，國科會，以及科技部人文司支持的《台灣選舉與民主化調查計畫》（此後簡稱TEDS）。所有TEDS相關的資料在都可以在TEDS特設的網站上取得（網址：teds.nccu.edu.tw，點擊「歷年計畫」）。本文分析根據的調查研究案以及所使用的問卷題目列在本文附錄供參。由於每年問卷題目不盡相同，可能因此產生若干誤差。作者相信這些誤差對於本文分析中所討論的變動的趨勢影響不大。以下的討論分別先就選民的政黨認同以及台灣人認同討論。

選民對政黨的認同

所謂「政黨認同」依照最早期的政治學研究，定義它為人們與政黨間的一種心理連結，自覺是某個政黨的一份子，並且在行動上也支持這個政黨。這樣的心理力量來自一個人成長過程中的學習，可能來自家庭、學校、工作場所或其他同儕團體等。這學得的認同且大部分長期穩定，因此是一個非常有效的解釋、預測選民行為的變項（Campbell, Converse, Miller and Stokes, 1960）。台灣學術界也廣泛應用這個概念來分析台灣選民行為。「政黨認同」這個美國學界創造的概念應用在台灣不是沒有爭議的，包括概念的適用性、測量的信度與效度甚至名稱，台灣學術界在一九八〇年代末期有很全面的討論。目前沿用的「政黨認同」也不見得是無爭議的共識，但為多數人所使用。本文並不在方法論上的問題著墨，姑且沿用多數人的習慣用法。

圖一所顯示的是台灣民眾在過去的二十多年來，在民意調查中呈現的政黨認同分布。這是政治

大學選舉研究中心把每一個年度中完成的所有民意調查裡所得的民眾政黨認同彙整成一組數據後，顯示出的長期趨勢。

圖中最大的一群人是不表示認同任何政黨的中間選民，長期平均大約占民眾中的四成多。這群人的異質性很高。他們擁有的資訊水準相差甚大，有資訊豐富能獨立判斷的選民，也有對政治一無所知且毫無興趣的人。但他們共同的特性是：對政黨的態度是變動的。因此，這群人在選舉中的選擇來自其他短期因素的影響較大。當某政黨推出的候選人吸引力大時，可能就有些人因為被候選人吸引而表示認同該政黨。但，下次選舉候選人有了變化，這些人又表示他們並沒有特別偏好該政黨。總之，這群人在不同的選舉之間搖擺，是選舉中政黨與候選人競相爭取的對象。

本文主要的關注，還是要回歸到過去六次總統選舉期間左右選舉結果的兩大政黨，國

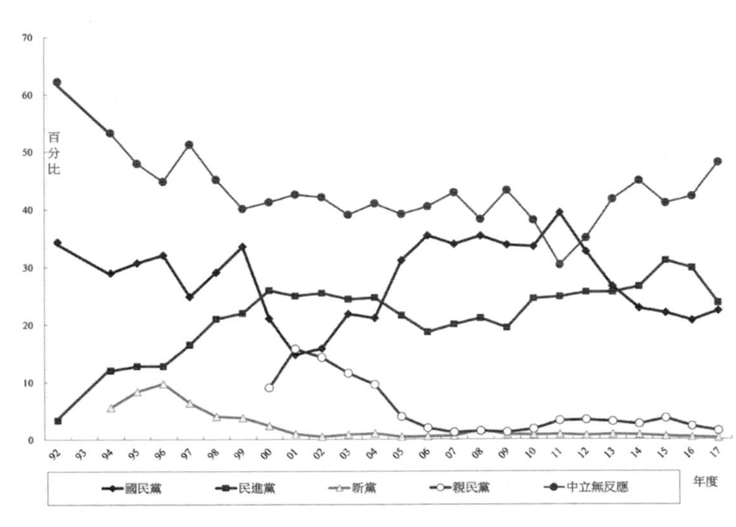

圖一：台灣民眾的政黨認同分布（1992-2017）

民黨與民進黨的認同者。小黨，特別是親民黨，固然也曾在總統選舉中起了關鍵少數的作用，但其支持者在民眾中所占的百分比只有短暫的期間（二〇〇〇—二〇〇四年）超出一成，其餘時間難與國、民兩黨抗衡，在本文中暫且不論。民眾對新黨、台聯、時代力量等的認同度，也因同樣的理由擱下。以下我們分別分析國、民兩大黨在過去六次總統選舉期間的重大民意基礎的變化。

國民黨認同者的百分比變化

整體而言，民眾對國民黨的認同感並不低，只是近年來日漸轉弱。我們從圖一可以看到在二〇一二年之前的民眾對國民黨有全部選民二到三成，甚至以上的基本認同者。二〇〇〇到二〇〇四年間較低的認同百分比，源於新黨、親民黨先後成立，以及宋楚瑜兩次參選。這期間國民黨流失了近一成的認同者，特別是在最年輕的一群。例如二〇〇〇年的選舉中，首投

表一：國民黨認同者的百分比（分齡）

	96	00	04	08	12	16
全部	**30.9**	**23.1**	**21.2**	**37.4**	**36.4**	**20.0**
20~23 歲	**26.2**	18.2	19.0	33.3	40.4	15.5
24~27 歲	27.3	**18.1**	17.1	37.1	30.7	20.1
28~31 歲	29.6	18.7	**19.3**	37.1	34.3	25.8
32~35 歲	30.6	24.8	19.4	**37.3**	34.2	25.0
36~39 歲	34.2	24.3	22.4	41.3	**37.2**	24.1
40~43 歲	30.9	25.4	22.7	42.9	42.6	**23.5**
44 歲以上	33.3	25.6	22.8	36.7	37.0	21.5

資料來源：政治大學選舉研究中心

族（年齡二十至二十三歲，以下同）以及其他三十一歲以下的年輕人中，國民黨的認同者都不到兩成。不過，這段期間國民黨支持者百分比的起伏還不具毀滅性，因為包含國、新、親三黨的泛藍基本盤，仍是穩定的。國民黨流失的，進到新、親兩黨。泛藍總統候選人合併的得票率，也屬穩定。我們可以說從一九九六到二〇一二年間的國民黨民意基礎，尚屬穩定。

二〇一六年總統選舉代表國民黨基本盤大量轉弱的一年。與前一次總統選舉時相比，國民黨認同者流失了超過四成，從三六．四％降為二〇．〇％（見表一最上一列，「全部」列）。在最年輕的首投族中，認同者的百分比則只有一五．五％。這樣的民意態勢，是國民黨急劇弱化的重大指標。

國民黨的弱化不只是年輕人不進來，還包括舊的支持者的出走。我們檢視表一中從左上角往右下排列，畫了底線的數字。這代表的是一九九六年最年輕的一群人，隨著年齡的增長，在總統選舉年的國民黨認同者百分比的變化。一九九六到二〇〇四年間，這群人認同國民黨者略少於整體的國民黨被認同度。二〇〇八年至二〇一二年算持平。二〇一六與二〇一二年相比，則大幅滑落約一四％，與整體的流失差不多。這表示：國民黨的傳統支持者的流失百分比也相當大，是國民黨弱化的另一重大指標。

民進黨認同者的百分比變化

相對於國民黨而言，圖一中顯示的民進黨的民意支持則是長期成長。我們從表二中的最上一列，可以看到一九九六年時僅有一三．六％的認同者，二〇〇〇到二〇一二年間，維持了百分之二十以上的認同者。儘管民進黨在這期間有二〇〇八、二〇一二年兩次總統選舉失利，它的民意基本盤仍然堅固。但二〇一六總統選舉年，民眾對民進黨的認同大幅度成長，從全體的四分之一增加到超過全體的三分之一，並且已經取代了國民黨，成為台灣民眾中的第一大黨。這樣的形勢讓民進黨在近期將要舉辦的主要選舉中，都可能占有優勢。

我們也要檢視民進黨的年輕支持群。在表二中的第二列，是最年輕的首投族對民進黨支持者所占百分比的變化。從一九九六年來，首投族支持民進黨的百分比固定地高於民進黨的整體被認同度。我們再看看一九九六時民進黨支持者中最年輕一群人多年來的變化。表二中，從左上角往右下排列，畫了底線的數字代表的就是這群在一九九六年時，二十到二十三歲的年輕選民認同民進黨的百分比變化趨勢。這群人除了在二〇〇八年與總體打平外（二〇．六%對總體的二〇．

表二：民進黨認同者的百分比（分齡）

	96	00	04	08	12	16
全部	**13.6**	**25.8**	**24.5**	**20.8**	**24.6**	**34.1**
20~23 歲	**19.2**	36.5	30.2	22.2	27.3	37.9
24~27 歲	16.0	**34.1**	29.8	21.1	29.1	38.5
28~31 歲	15.2	29.7	**26.8**	17.9	26.8	29.8
32~35 歲	17.7	29.8	23.7	**20.6**	30.8	32.8
36~39 歲	13.1	25.7	22.4	18.0	**27.1**	32.7
40~43 歲	14.6	26.3	23.1	17.6	21.7	**36.5**
44 歲以上	10.9	21.0	23.2	22.5	22.7	33.6

資料來源：政治大學選舉研究中心

八%），其他年的認同百分比都比整體為高。更重要的是他們隨著年齡的增長，對民進黨的認同度也增加，而在二〇一六年來到歷年的最高。所以，這群早期就認同民進黨的年輕人多年來與其他民眾同步增強其對民進黨的支持。這一點剛好與稍早所討論的國民黨認同者的流失是相反的。這是兩黨勢力消長最顯著的所在。

總統選舉兩大政黨有勝有敗，多年來經歷了三次政黨輪替。這期間兩大黨的民意基本盤，政黨認同的變化方向顯有不同。國民黨苦於一再分裂造成支持者的流失。儘管通稱「泛藍」的勢力在二〇一二年之前大致穩定，二〇一六年的形勢對國民黨則非常艱困。在民眾中的認同度，進入了「新的不來，舊的不留」的困難局面。民進黨則有另一番面貌。長期而言，民進黨受到民眾認同的百分比是在成長的，特別是得到年輕族群的偏愛。兩黨一消一長，台灣民眾中的第一大黨，已經輪替。

選民的台灣人認同

另一個重要的選民態度是民眾對台灣的認同。關於這個認同的內涵在學術界並無共識，有些學者認為這單純是民眾一種對身分的自我認定，有些學者則直指這是國家認同最重要的成分。本文不擬在此討論這樣的概念與理論分歧。讓我們回到台灣民意調查中長期運用的題目來理解這個面向的民意長期的變化，並探討其意義。圖二數據的產生與前述政黨認同的來源一樣，是由政大選舉研究中心歷年的調查固定詢問受訪者「自己是台灣人，還是中國人，或者都是？」的回應，產生一整組跨年的數據所繪製出來的。

從圖二的分布趨勢看來，最明顯的長期變化就是民眾當中認同自己是台灣人的百分比長期持續成長。在一九九二到二〇一七年的二十五年期間，台灣人認同者從全體的二〇％以下，成長到六〇％上下。相對地，自認自己是中國人的百分比，則從二五％下降到不足五％。消長趨勢，至為明顯。

圖中代表「都是」的線條在三〇到五〇％間上下，指的是受訪者認為自己「是台灣人，也是中國人」的百分比多年來還算穩定。在台灣多元價值社會中，每一個個人可能用不同的角度來決定自己的「台灣人／中國人」身分。所以有超過三成的一群人長期存在如圖中相對穩定的趨勢，並不是一件令人意外的事。

圖二中的台灣人／中國人認同的反方向趨勢，是如何產生的？特別是認同自己是台灣人的百分比的長期成長？作者認為主要的是大環境造成。早期，一九八〇年代以前，台海隔離兩岸，

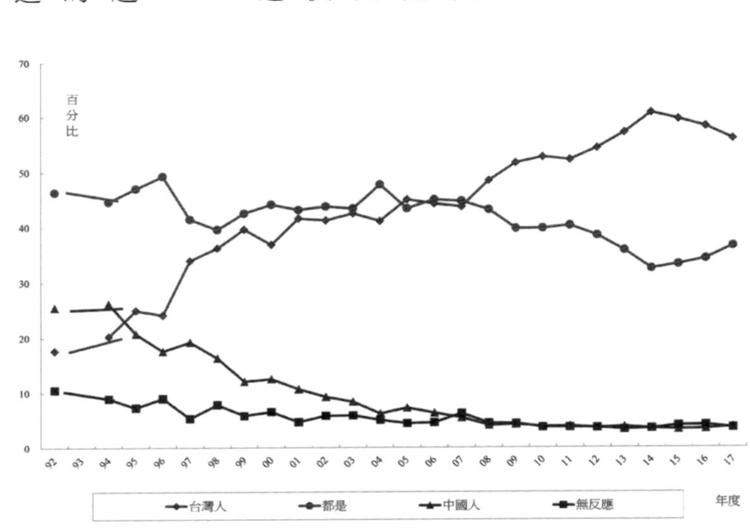

圖二：台灣人認同分布（1992-2017）

互不來往。大量跨海而來的大陸出生民眾及其後代，加上教育與大眾媒體領域的灌輸，維持了一部分「我是中國人」或「我既是中國人也是台灣人」的認同。等到兩岸恢復交流，雙方的接觸與互動大量增加，民眾發現原來兩岸是不同的兩個社會，不同的價值觀，不同的政治經濟體制，甚至有些差異的行為模式。「我是中國人」認同因此在台灣自然緩慢消失。這個現象的產生，當然還有其他不同的因素或事件等的影響。例如一九九四年的千島湖事件、一九九六年的飛彈危機、二〇〇〇年中國總理朱鎔基在總統選舉期間的言詞恫嚇、歷年中國大陸對台灣採取的外交封鎖等，都有一定的影響。但這些個別的事件，可能都不比兩個社會隔離、價值體系差異、政治制度差異等的影響來得大。

由於「台灣人」認同者的變化顯著，值得我們進一步分析不同年齡層的人的變動差異，以窺趨勢。表三所列是分齡分析的結果。在表中的

表三：台灣人認同者的百分比（分齡）

	96	00	04	08	12	16
全部	**23.1**	**36.9**	**40.6**	**46.1**	**52.9**	**59.3**
20~23	**19.6**	39.1	43.1	47.8	61.2	74.2
24~27	18.5	**30.0**	38.8	45.8	58.0	69.3
28~31	17.1	32.0	**35.3**	37.6	52.9	64.4
32~35	24.3	30.9	31.8	**40.0**	54.7	63.1
36~39	19.9	36.2	35.7	39.8	**48.6**	61.1
40~43	26.0	34.8	35.8	39.8	45.1	**54.2**
44 歲以上	26.3	41.0	45.2	50.8	52.7	55.6

資料來源：政治大學選舉研究中心

第一列，我們看到台灣人民眾的台灣人認同從一九九六年的二三．一％一路成長到二〇一六年的五九．三％。第二列所示，則是每一個選舉年中的首投族的台灣人認同者的百分比。除了一九九六年低於整體外，其餘各年度都比整體的百分比高出一些。二〇一二年以後的首投族認同「台灣人」的百分比驟增。到了二〇一六年，首投族的台灣人認同百分比，已經比整體高出約一五％。換句話說，近年來台灣年輕的一代很自然地表達了「台灣人」的認同。

表三中，另外一個現象也是值得注意的。那就是台灣民眾隨著年齡成長，他們的「台灣人／中國人」認同也因為政治的學習在改變。表中從左上角到右下角對角線上加了底線的一組數字，是在一九九六年最年輕的一群人，在當年以及其後的每個總統選舉年選擇了「我是台灣人」的百分比。這表示經過了這二十年，這些人的台灣人認同一路強化。他們強化的速度，與整體民眾相比，相去不遠。這表示，台灣人認同的顯著增長，不只是年輕人進場時就如此，其他年長者也同步在強化中。這應該是台灣總統選舉中所有政黨、候選人不可迴避的一個現實，是台灣政治的基本盤。

最重要的總統選舉議題：經濟

在文章開始我們就已經陳明總統選舉年的經濟環境對選舉的重大影響。在近二十年來的選舉尤其如此。二〇〇七到二〇〇八年間全球性的金融海嘯，對全球民眾生活的影響相當巨大。其後全球主要民主國家的選舉，都以政黨輪替收場。例如，韓國在二〇〇七年底李明博的大國家黨勝選上台；二〇〇八年義大利的民主黨取代自由人民黨執政；同年，美國民主黨的歐巴馬（Barack Obama）戰勝共和黨的馬侃（John McCain），政黨輪替；日本較遲，在二〇〇九年在野的民主黨在國會眾院選舉中，擊敗自一九五五年來不敗的自由民主黨。這些都發生在深受經濟事件打擊的社會，經濟環境對選舉的影響於此可見。

在台灣的選舉研究中，我們經常詢問受訪者他們認為總統選舉中最重要的議題是什麼？這個問題是個開放問題，並不設定選項供受訪者選擇。在受訪者只能舉出一項「最重要的議題」的情況下，有關經濟的議題被提起的頻率一向排名最高。我們從圖三中的百分比可以看到，歷次總統選舉中（二〇〇〇年無此資料）經濟議題在民意中的重要性。一九九六年只有四分之一的民眾提及經濟問題，二〇〇四年就超過三分之一。隨

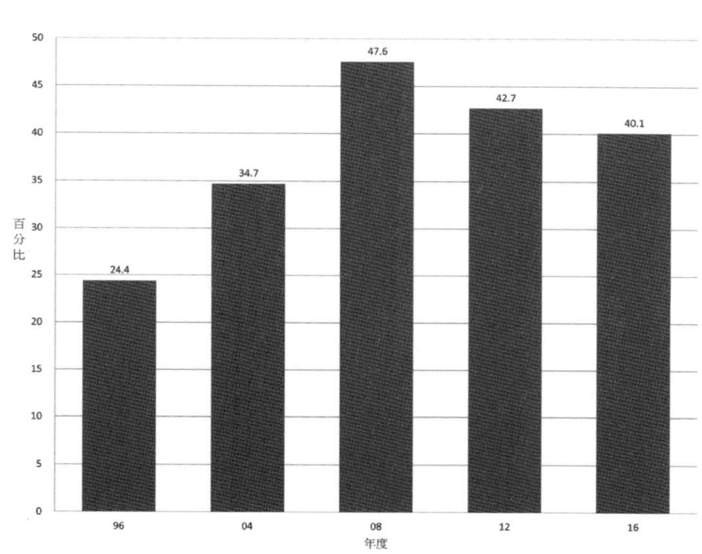

圖三：民眾認為經濟為選舉首要議題的百分比

著全球經濟不景氣以及台灣長期的低迷，在二〇〇八年之後，都有百分之四十以上的人說經濟是總統選舉中最重要的議題。我們不能否認其他的政治議題，例如兩岸關係，在總統選舉中是政黨、候選人相互攻防的重要議題，也占據大幅的媒體新聞版面。但是，民眾最最關心的問題，還是民生經濟。這樣的現象，恐怕舉世皆然。

經濟議題如何影響選舉？選民在做投票的選擇的時候，有些選民採取簡便的標準，那就是看執政的政黨在位期間的表現好不好。如果表現不錯，選民就會把票投給執政黨，讓他繼續執政。如果表現不好，就換人做看看，投給別的政黨、候選人。而政府施政成效好不好，最容易被感覺到的就是國家經濟的表現好壞。這種以執政黨經濟政策表現的好壞來決定支持與否的現象，我們稱之為回顧型的經濟投票（retrospective voting）。另外一群人則是看未來不看過去。他們投票前會檢視競選各方所提出的政見，也就是政黨或候選人未來施政的計畫，來決定他們手上選票要投給誰。換句話說，他們要看誰真正端出選民所要的牛肉。這種現象，我們稱之為前瞻型的經濟投票（prospective voting）（Downs, 1957:43-45; Fiorina, 1981:3-16）。沒有哪個社會的民眾表現純粹的回顧型投票或純粹的前瞻型投票，但我們還是有可能從民調資料的分析中，看出一些趨勢。

台灣在一九九〇年代結束之前，可說是經濟長期持續成長的年代。兩位數的經濟成長，維持相當長的時間。那個年代的選舉一方面不是正常的政黨競爭的選舉，另一方面經濟因素也不是個影響選舉的變素。主要原因在於經濟成長是個常態。民眾總認為「明天會更好」。民眾不會用經濟來論斷執政黨的功過，而是別的事項，例如政治民主不完整。到了二〇〇〇年之後，台灣的經濟形勢已經不是當年的持續成長了。經濟議題開始與其他的議題被同等重視。在選舉中，無可避免地，經濟成為一項我們觀察選舉的議題。也因此選民對經濟的意見在選舉中開始有意義。在我們觀察的總統選舉期間，前述的兩種類型的經濟投票現象，都值得我們分析。以下分別依據民調資料所顯示的民意來討論。

回顧型的經濟選民

我們從TEDS與政大選舉研究中心的調查資料中，整理出這樣的選民出來。從圖四中我們看到在五次總統選舉中的數據（二〇〇〇年調查中無此問卷題目）。大致的趨勢是，在這段期間感受到台灣經濟好的人，是少數。最多的時候不過占全體的四分之一（二〇〇四年，二六．四％）。最差的時候是二〇〇八年與二〇一六兩年，說「台灣經濟好」的人都不到百分之五（三．一％、四．六％）。一九九六年民眾多數（六六．八％）已經開始認為台灣經濟不好；二〇〇四年覺得不好的人減少了一半（三四．九％）；二〇〇八年金融海嘯之後，說不好人的百分比又回到以前的高點（六六．二％）；二〇一二年略有改善，降到四三．六％；但二〇一六年隨著經濟的低迷，更多的人（五六．四％）感覺到「經濟不好」，又是另外一個悲觀評價的高點。我們看後面兩個悲觀評價升高之時，也正是政黨輪替之時——二〇〇八年與二〇一六年，台灣兩度政黨輪替。所以台灣選民投票的傾向，具有相當濃厚的回顧型投票特徵。每當他們感覺到經濟情況不佳時，他們就會用選票懲罰執政黨。

在圖四中，我們其實也看到有一群人回答「差不多」的，在二〇〇四年後維持約三成多。這群人有可能缺乏資訊，所以選擇了不是好也不是不好的答案；他們也有可能因為自身的經濟狀況變化不大，感覺不到外在經濟狀況的變化。通常這樣的人不會是以對經濟的評價作為投票依據的人，因此本文選擇不深入討論。

民眾以對社會經濟狀況的評價來投票是可以理解的，民生問題畢竟重要。只是，民眾能客觀評價經濟形勢嗎？他們不會受其他因素的影響？我們的生活經驗都告訴我們人看外在世界的標準很複雜、多樣。我們相信對客觀經濟環境的評價，有主觀情緒的成分在內。台灣民眾的政治意見與政治選擇都深受其政黨認同的影響。換句話說，政治情感的偏好，可能扭曲民眾對政府施政的判斷與評價。

圖五是我們把上面討論到的對台灣經濟狀況作負面評價的人，依其藍綠背景分群的結果（排除無藍綠偏好的人）。一九九六到二〇〇四年之間，因為缺乏資料，我們不知道二〇〇〇年的狀

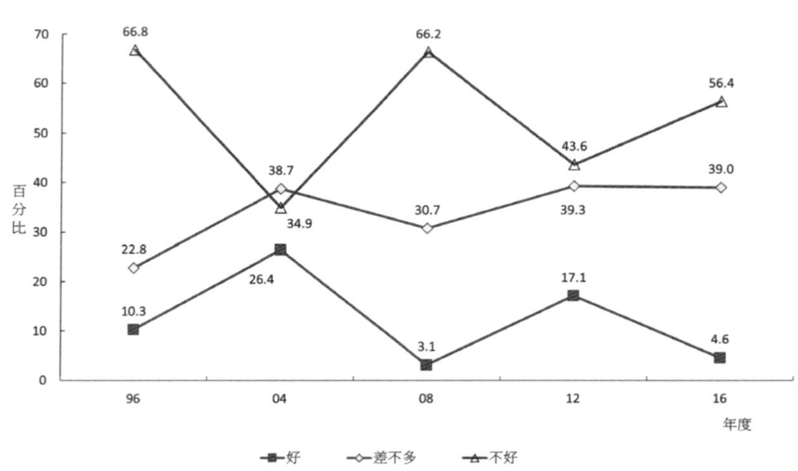

圖四：民眾對台灣經濟的回顧評價

況。但二〇〇四年是民進黨執政之時，藍的選民說經濟不好的百分比是綠選民的近三倍（七二．六%比二七．四%）；二〇〇八年政黨輪替之時，形勢轉變。負評價的綠選民變多（五四．七%），藍選民變少（四五．三%）；二〇〇八到二〇一六年之間的八年都是國民黨執政，所以二〇一二、二〇一六年兩次選舉年認為台灣經濟情形不好的人的百分比，綠選民都是藍選民的兩倍或更多（分別是六六．三比三三．七與七〇．五比二九．五）。由此可見，選民對政府經濟表現的評價頗受其政治偏好的左右。這點是我們在了解民意之時，需要納入考量的。

前瞻型的經濟選民

另一個經濟投票類型我們稱之為前瞻，因為他們往前看。他們看的是政黨、候選人的政見，看他們所規劃的未來。民眾的看法反映在他

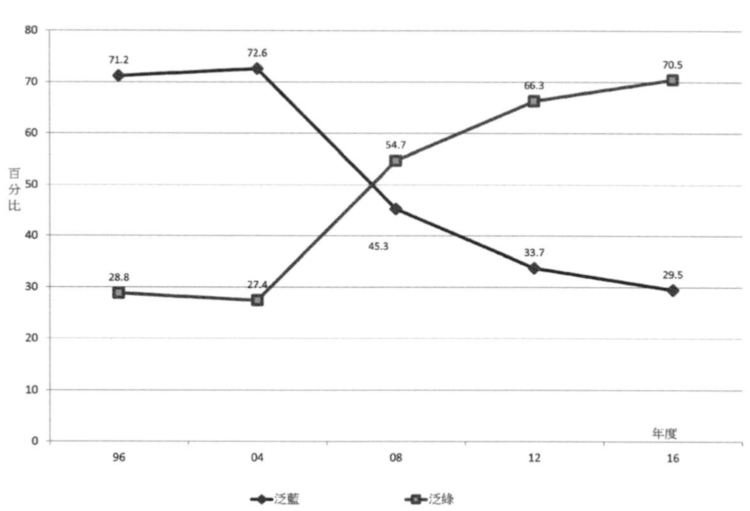

圖五：認為目前台灣經濟不好的民眾分布（分藍綠）

們對台灣未來經濟狀況的評估。在民調中，被問到「台灣未來的經濟狀況會變好、不好或差不多？」五次總統選舉後的民調結果顯示在圖五。圖中的數據顯示最大的一群人認為會「差不多」。二〇〇四、二〇一二、二〇一六這三年都有近半數的人如此認為。畢竟，未來的變數多，大部分的人可能會覺得自己缺乏資訊或沒有能力判斷。

就圖六所顯示的趨勢來看，比較明顯的只有：對台灣未來經濟樂觀的人，持續居少數。一九九六年時還有近半數的人對台灣未來經濟樂觀，二〇〇四年之後，降到四分之一以下，就沒有再高起來。至於對未來悲觀者的百分比，起伏較大，看不出固定的變動型態。因此，民調數字中比較看不出民眾的前瞻型投票的存在。也許，我們還是就選民的政治傾向分群來分析，可以找到其他成型的端倪。圖七的數據提供給我們一個這樣的機會。

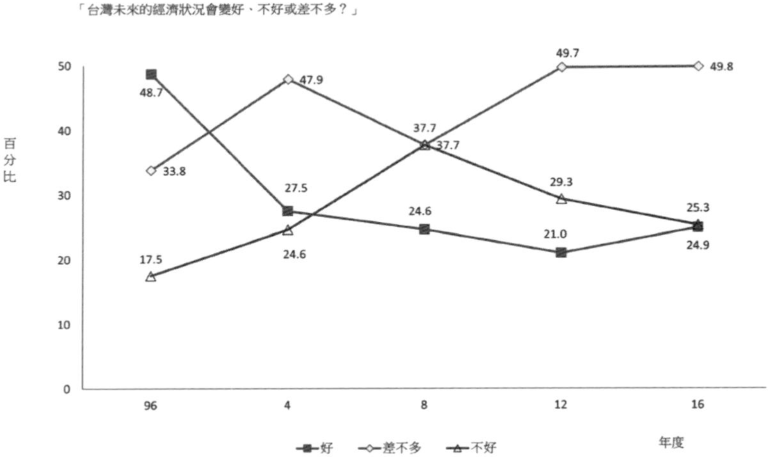

圖六：民眾對台灣未來經濟的預期

圖七是我們把認為「台灣未來的經濟狀況會變不好」的人，分成藍綠兩群人（排除其他非藍、非綠的人）之後，顯示兩群人相對的百分比。其中我們看到的趨勢是，歷年來對經濟悲觀的藍選民的百分比都高於綠選民。此外，藍選民占的百分比日漸減少，綠選民占的百分比則日漸升高。這應該與綠選民日漸增加有關。但真相如何，還有待進一步了解。總之，我們看台灣選民的經濟投票模式時，要把選民的非經濟的情緒因素考量納入，才能得到比較精確的了解。

綜上，經濟議題確實已經是台灣選民在選舉期間最重視的議題，也成為選民衡量政府施政的重要標準。我們的分析顯示，台灣民眾明顯地評價執政黨的經濟作為的好壞，決定是否支持執政黨。如果表現好，票投執政黨希望能持續帶來利益；如果表現不好，那就換人做。政黨輪替，就此發生。

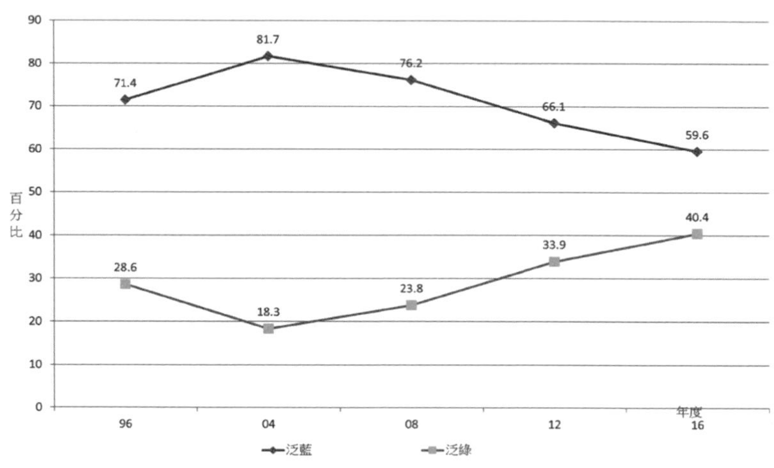

圖七：對台灣未來經濟悲觀民眾的分布（分藍綠）

對公平選舉的認可

關於一個社會中民主體制的成長到穩固，通常被稱為民主鞏固。換句話說，民主政治在這個社會生了根。政治學界最常被引用的理論，是美國學者杭廷頓的說法。他指出，只要一個國家經歷兩次選舉後的政黨輪替，這個國家的民主就是鞏固了（two-turnover test，出自Samuel Huntington, 1993:267）。台灣在過去二十多年中經歷了三次政黨輪替，真正符合上述「鞏固」的標準。民主選舉確實在台灣生了根。

本文想從民眾的角度來看台灣選舉制度的生根。TEDS在二〇〇四、二〇〇八、二〇一二年這三次總統選舉後，詢問選民對選舉的評價，圖八是結果。圖中顯示的變異相當大。二〇〇四年的民眾，認為選舉公平與認為不公平的人大約各半，與當年的總統選舉候選人得票的分配大致相仿。

五一・五%的人說選舉公平，另外的四八・五%的人說不公平。還好二〇〇八、二〇一二年兩次選舉

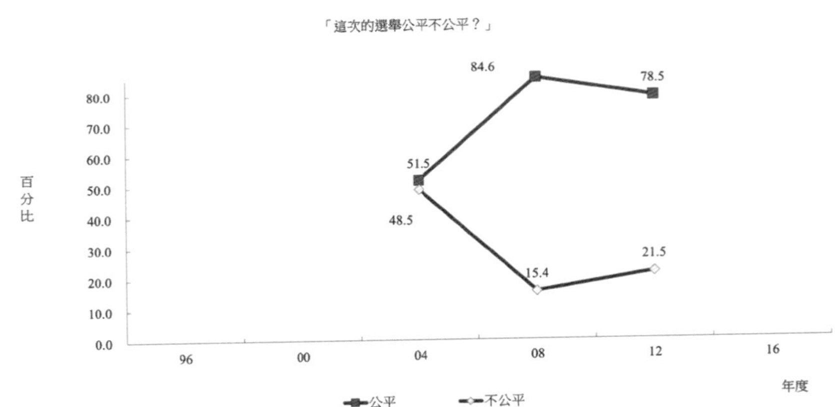

圖八：民眾對選舉公平與否的意見分布

後，都有八成上下的人肯定選舉是公平的，另外的兩成或更少說選舉不公平。我們臆測在二○○四年總統選舉結果雙方候選人得票接近，敗選的一方說選舉不公，勝選邊則說選舉公平，看法相反。導致如此，當然不純粹是選舉結果數字接近或選舉的輸贏。也有其他原因，例如當年的兩顆子彈事件必有影響。作者此地要強調的是，在二○○八、二○一二年兩次選舉有八成上下的人說選舉公平。這表示敗選一方的支持者，也有為數眾多的人（而且應該是民眾中的多數）肯定選舉的公平。從民眾的角度來看，台灣選舉制度的成熟穩定，是確立了。

我們再回來看那些說選舉不公平的人的屬性。這些人是什麼樣的人？前面我們推測他們應該是以總統選舉失利的一方的支持者為主。我們把圖八中說選舉不公的 四八・五%、一五・四%、二一・五%的人，分成藍支持者、綠支持者、其他等三群之後，排除「其他」類，計算藍綠支持者的百分比分布，其結果顯示在圖九。

仔細了解圖九中的數據，發現我們的推測確實是對的。在二○○四年有近半的人（四八・五%）說選舉不公。這群人中有八八・一%屬泛藍支持者，僅一一・九%屬泛綠支持者。這年選舉是泛藍的連戰敗給尋求連任的陳水扁。二○○八與二○一二兩年中，說選舉不公的人反過來以泛綠支持者占絕大多數（八四・○%與九二・六%），而這兩次選舉都是泛藍支持的馬英九勝選。整個圖顯示的現象正是我們稍早的臆測，敗選一方的支持者，明顯地比較多人會怪選舉不公平，這應該是人情之常。不過幸好還是有比較多的人即使是自己支持的人敗選，還是認為選舉公平。再次肯定這是選舉制度公信力已經建立的指標。

對選舉運作的肯定與信任是台灣民主的重要基礎。我們還有另一組數字可以說明。中央選舉委員會在二〇一二年及二〇一六年分別委託學者在選後一星期內對民眾進行民意調查，詢問他們對選務工作的整體滿意度。二〇一二年表示滿意的占全體受訪者的八五・三％，二〇一六年則為八四・一％。而直接表示不滿意的人，都不到民眾中的百分之五（分別為二〇一二的四・九％以及二〇一六的三・八％）（中央選舉委員會，二〇一六：五七）。台灣民眾當然不是百分之百滿意選舉的實際運作，選務仍有改善的空間。不過這組數字也確實反映我國選舉的實際運作，受到民眾的肯定，這是民眾對選舉信任的來源。

台灣選民不只表明肯定選舉制度運作意見，在行動上的表現也一樣。在過去的選舉投票日，開票結果一出爐，不少地方的失利候選人就要率眾包圍選委會，抗議選舉不公。近年來有選舉紛爭的時候，候選人轉向法院尋求司法救濟。歷次的總統選舉後，只有二〇〇四年

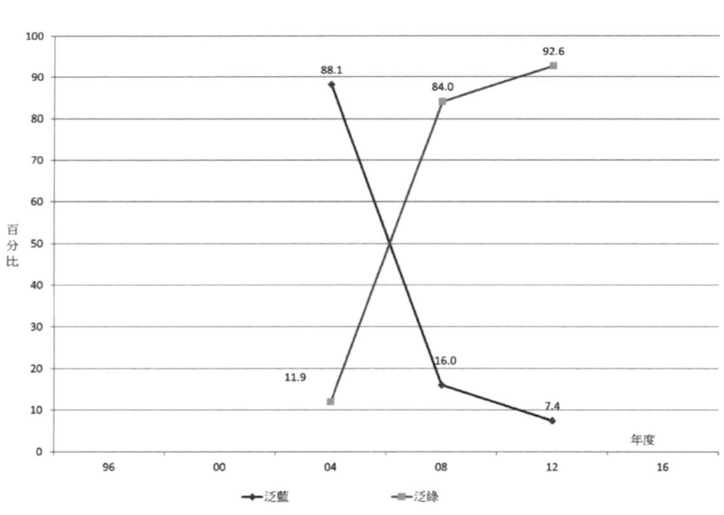

圖九：認為選舉不公平者的藍綠分布

選後有連戰、宋楚瑜的支持者在總統府前集眾靜坐抗議。事後還是在法院主持的驗票確定維持原來的選舉結果後，平和落幕。其後的其他選舉結果也曾經有過爭議。例如，二〇〇六年高雄市長選舉開票結果，國民黨提名的候選人黃俊英得三七八三〇三票，以一一一四票的差距敗給民進黨提名的陳菊，黃提起當選無效與選舉無效之訴；又如二〇一六年立法委員選舉桃園第三選區候選人徐景文得票七七一二〇，以三九〇票差距輸給陳學聖；同年桃園第四選區的楊麗環得票八六二二〇，以一六九票差距輸給鄭寶清，這些案例都透過法院主持的驗票解決，未曾引起候選人聚眾抗議的事件。這些驗票的結果也都維持原來選委會開票的勝負結果，保住選舉公平公正的形象。更重要的是，可能也強化了民眾對選舉制度及運作的信賴。

結語

本文分析的是台灣從開始直選總統以來的重大民意變遷。我們從選民的角度描述幾項民眾中穩定、重要的民意。就民眾的政黨認同來看，國民黨的支持者過去長期穩定，但近年來年輕新血的爭取不順利，舊的支持力量也在流失；民進黨的支持者則長期穩定增加，最近一次的總統選舉達到最高峰，成為台灣民眾中的第一大黨。不過在這同時，台灣民眾對政黨的整體的認同感也在減弱當中。

就民眾的台灣人認同來看，「我是台灣人」已成台灣民眾，特別是年輕世代的共識。「我是台灣人，也是中國人」作為一個多元的認同選項仍然有其市場，但它的政治意涵已然淡化。這是從事選舉的人必須面對的現實。

台灣民眾的政黨認同與台灣人認同兩項民意的分布及變化，決定了台灣歷次總統選舉的基本盤，根本地影響選舉的結果。總統選舉中雖然也有其他短期因素的影響，但通常沒有前面兩個因素的持續性效果。

經濟議題則是從台灣有總統選舉的初期開始產生，對選舉影響的一個環境因素。我們看到民眾對經濟好壞的意見，確實有帶動政黨輪替的力量。除非台灣經濟有突破性的發展，未來的經濟環境仍對執政黨的選舉命運有決定性的影響。

最後，台灣民意已經穩定地信任並支持民主選舉制度及其運作。在民眾看來，台灣的總統選舉雖不完美，多數人表示肯定。此外，行動上民眾對民主選舉制度是支持的。這是總統直選二十多年來累積起來的重大政治資產，值得我們珍惜與維護。

（本文之完成，承陳惠鈴小姐協助資料處理與分析，及陳建豪先生處理圖表，特此致謝。）

參考文獻

1. 中央選舉委員會，《第十四任總統副總統及第九屆立法委員選舉選務滿意度民意調查》，台北，二〇一六。
2. 黃紀（主編），《台灣選舉與民主化調查方法論之回顧與前瞻》，台北：五南出版，二〇一三。
3. Achen, Christopher H. and T.Y. Wang. *The Taiwan Voter*. Ann Arbor: University of Michigan Press. 2017.
4. Campbell, Augus, Philip E. Converse, Warren E. Miller and Donald E. Stokes. *The American Voter*. Chicago: University of Chicago Press. 1960.
5. Downs, Anthony. *An Economic Theory of Democracy*. New York: Harper and Row. 1957.
6. Fiorina, Morris. *Retrospective Voting in American Elections*. New Haven: Yale University Press. 1981.
7. Huntington, Samuel P. *The Third Wave: Democratization in Late Twentieth Century*. Oklahoma: University of Oklahoma Press. 1993.

附錄

一、各年度使用的問卷題目回溯型經濟投票

回溯型經濟投票

年度	題目	選項
96	您覺得現在我們（台語：咱）整個社會的經濟狀況比一年以前好、還是比較差，或是一樣？	01 好很多，02 好一些 03 一樣、差不多 04 差一些，05 差很多
00	（缺）	
04	首先，請問您覺得台灣現在的經濟狀況與一年前（民國 92 年）相比，是比較好，還是比較不好，或是差不多？	01 比較好 02 差不多 03 比較不好
08	請問您覺得台灣現在的經濟狀況與一年前相比是比較好、比較不好還是差不多？	01 比較好 02 差不多 03 比較不好
12	您覺得台灣現在的經濟狀況與一年前相比是？	01 比較好 02 比較不好 03 差不多
16	首先，請問您覺得台灣現在的經濟狀況與一年前相比，是比較好、還是比較不好，或是差不多？	01 好很多，02 比較好 03 差不多 04 比較壞，05 壞很多

前瞻型經濟投票

年度	題目	選項
96	您覺得現在我們（台語：咱）整個社會下一年的經濟狀況會變好、或變差，或是一樣？	01 好很多，02 好一些 03 一樣、差不多 04 差一些，05 差很多
00	（缺）	
04	請問您覺得台灣在未來的一年經濟狀況會變好、還是變不好，或是差不多？	01 會變好 02 差不多 03 會變不好
08	您覺得台灣在未來的一年經濟狀況會變好、變不好還是差不多？	01 會變好 02 差不多 03 會變不好
12	您覺得台灣在未來的一年經濟狀況會？	01 會變好 02 會變不好 03 差不多
16	請問您覺得台灣在未來的一年經濟狀況會變好，還是變不好，或是差不多？	01 變很好，02 變好一些 03 差不多 04 變差一些，05 變很差

選舉中最重要的問題

年度	題目	選項
96	在下列問題中，請問您覺得那一項最為重要？	（開放性問題）
00	（缺）	
04	請問您認為這四年來我們國家所面臨（面對）最重要的一個議題是什麼？	（開放性問題）
08	在今年三月的總統選舉中，對您個人而言，您認為最重要的議題是什麼？	（開放性問題）
12	在這次的總統選舉期間，最重要的問題是甚麼？	（開放性問題）
16	在這次的總統選舉期間，我們國家面臨的各種問題都被提出來討論，您認為最重要的問題是什麼？	（開放性問題）

選舉公平不公平

年度	題目	選項
96	（缺）	
00	（缺）	
04	整體而言，請問您認為這次總統大選的過程公不公平？	01 非常公平，02 公平 03 不公平，04 非常不公平
08	整體而言，請問您認為這次總統大選的過程公不公平？	01 非常公平，02 公平 03 不公平，04 非常不公平
12	您認為這次總統大選的過程公不公平？	01 非常公平，02 公平 03 不公平，04 非常不公平
16	（缺）	

二、歷次總統選舉民調資料概況

年份	有效樣本數	主持人	計畫名稱
1996	1196	謝復生	總統選舉選民投票行為之科際整合研究（NSC85-2414-H-004-017Q3）
2000	1181	陳義彥	跨世紀總統選舉中選民投票行為科際整合研究（NSC89-2414-H-004-021SSS）
2004	1823	黃秀端主持，胡佛、陳義彥、劉義周、陳文俊、黃紀、朱雲漢、吳玉山、徐火炎共同主持	2002 年至 2004 年「選舉與民主化調查」三年期研究規劃（III）：民國 93 年總統大選民調案（NSC 92-2420-H-031-004）
2008	1905	游清鑫主持，胡佛、朱雲漢、黃紀、盛杏湲、劉義周、陳陸輝、劉正山、黃信達、黃秀端、莊文忠、吳重禮、徐火炎共同主持	2005 年至 2008 年「選舉與民主化調查」四年期研究規劃」（IV）：2008 年總統選舉面訪計畫案（96-2420-H-004 -017）
2012	1826	朱雲漢主持，胡佛、張佑宗、劉義周、盛杏湲、游清鑫、黃紀、俞振華、陳陸輝、蒙志成、陳光輝、傅恆德、黃信達、黃秀端、廖益興、張傳賢、吳重禮、徐火炎共同主持	2009 年至 2012 年「選舉與民主化調查」三年期研究規劃（3／3）：2012 年總統與立法委員選舉面訪案（NSC 100-2420-H-002-030）
2016	1690	黃紀主持，朱雲漢、盛杏湲、蔡宗漢、陳陸輝、蔡佳泓、俞振華、廖達琪、劉正山、蒙志成、陳光輝、傅恆德、黃信達、黃秀端、莊文忠、吳重禮、徐火炎、杜素豪、詹大千	2012 年至 2016 年「選舉與民主化調查」四年期研究規劃（4／4）：2016 年總統與立法委員選舉面訪案（M O S T101-2420-H-004-034-MY4）

實現與未實現的政治願景

游盈隆

現任財團法人台灣民意基金會董事長。美國北卡羅萊納大學政治學博士、美國傅爾布萊特交換訪問學人，歷任東吳大學政治學系教授、台灣政治學會會長、國民大會憲政顧問、行政院研究發展暨考核委員會副主任委員、民進黨中央黨部副祕書長、行政院大陸委員會特任副主任委員、財團法人海峽交流基金會副董事長及祕書長。

「六次總統大選與台灣民意變遷」是一個很困難也很重要的研究主題，它不但涉及總體層次（macro-level）的台灣政治發展，也涉及個體層次（micro-level）的個人政治態度與意見的形成與改變。從一九九六第一次總統大選開始到現在，超過二十年期間，台灣經歷了六次總統直接民選、六次立委全面改選、四次修憲、凍省（實際上是廢台灣省）、廢國大、三次政黨輪替執政、三次政權和平移轉，那是一個波瀾壯闊政治變革的年代，帶來了前所未有台灣政治景觀的改變。

整體政治變遷的歷史大方向清楚地沿著三大軸線進行：自由化、民主化、本土化（或台灣化）。過程中，統治階級與反對菁英之間的激烈交鋒，不論表現在意識型態、國家認同、公共政策的信念、精神和心理面向，或國會殿堂、政黨競爭、選舉過程、街頭運動和各式媒體場域等等，都呈現非常強烈的碰撞、擠壓、甚至廝殺，幸好，基本上是在不流血衝突中推進的。

要具體充分地了解掌握這二十多年來台灣民意的變遷，確非易事。民意（public opinion），如果被當作「相依變數」（dependent variable），那麼，我們就必須去尋找強有力的「獨立變數」（Independent variables）或「解釋變數」（Explanatory variables），來解釋在那段特定期間民意的狀態與變化。在當代有關民意形成與改變的文獻中，主要的「獨立變數」或「解釋變數」大抵會指向統治階級的思想觀念、主要政黨的意識型態、反對菁英、社會菁英、媒體菁英、政治社會運動或政治社會化的主要機制，但要如何條理分明地去釐清楚民意的形成與轉變，必然是大費周章的事情。

民意作為「相依變數」可以激發無數的研究，產出無數的科學發現，美國近百年來的相關文獻可資證明。民意若作為獨立變數，同樣可以帶動無數的研究，它涉及的就會是古典民主理論的核心命題，已故傑出的美國政治學者道爾（Robert A. Dahl, 1971）曾一語道破，「民主政府應平等對待公民的喜好，並反映在公共政策的制訂與落實」。簡單的說，民主政治就是民意政治，政府應負責任地快速回應民意，那是民主政府必須遵循的責任倫理。但實際上的情形是什麼？台灣不論哪一個政黨執政下的政府，真的有遵循民主政府的責任倫理嗎？重大政治承諾實現了嗎？如未實現，未來演變將如何？非常值得探究。

本文的主要目的是去探討一九九六年台灣第一次總統大選以來到現在，台灣主要民意的形成與改變，以及民意在何種程度上對政府行動與公共政策有所影響。要有系統地處理這一個錯綜複雜的時代現象，如果沒有大量可資依據的經驗資料，根本就是不可能的事。好在，因為我曾主持一九九六年國科會補助的大型研究計畫《民意、選舉與台灣大眾政治：一九九六總統選民的研究》。當年這項研究計畫非常有系統地測量、調查了台灣總統選民的基本政治態度和各項意見，這對今天我這篇論文的幫助是巨大的。除此之外，我將結合多年來藉助「電腦輔助的電話訪問」（CATI）所產生的大量經驗研究資料，這樣一來，才可能讓我們有機會去探討今天的這項主題「六次總統大選與台灣民意變遷」。

總統直選與台灣政治發展

爭議數年的台灣總統選舉方式，直接民選或所謂的「委任直選」，在一九九四年七月國民大會臨時會終於劃下句點，直接民選派獲得最後的勝利。這是一項重大的歷史性決定，背後有數不盡的短期朝野政治勢力的對抗、算計，以及長遠深層的思慮。總統直接民選入憲，國、民兩黨主流派的思考有重疊之處，那就是，台灣澈底民主化，並建立以總統為中心的憲政體制。相異之處是，國民黨內以李登輝總統為首的台灣本土派，希望藉總統直選來根本上擺脫黨內大中國主義守舊勢力的糾纏；反觀民進黨主流力量期盼的則是兩個，一是總統直選是通往政黨輪替與政權和平移轉的終南捷徑，另一個是，總統直選更能突顯台灣是一個主權獨立的國家。

從往後實際的運作與發展來看，當年國、民兩黨權力核心的攜手合作修憲，的確，在一定程度上實現了各自的目標與利益。這可分兩個面向來看：首先，在促進政黨輪替與政權和平移轉方面，二〇〇〇年台灣首次政黨輪替執政，首次政權和平移轉，民進黨首次執掌中央政權，距一九九六年第一次總統直接民選之後才四年之久。之後，每八年出現一次政黨輪替執政現象，共計三次政黨輪替執政與政權和平移轉。反觀民進黨在國會所占席次一直到二〇一六年才首次擁有過半數席次，兩者相差十六年。可見總統直選有助於民進黨提前執政；第二，從建立新國家（nation-building）的角度看，伴隨六次總統直選的是國家認同的大翻轉，二十年間，台灣認同取代了中國認同成為一個具「統攝性」（overarching）主流認同力量。這是台灣歷史發展過程中的第三個奇蹟，認同的奇蹟。

總統直選的推動作為一種政治運動，當然有助於台灣主體性和國民意識的建立；另一方面，當總統直選已經成為定期選舉的制度，每四年一次的總統大選，成為全國人民注目的焦點，主要總統候選人的政治信念、價值觀、人格特質和選戰策略，也會對整體國民意識和社會共識的形成有重大的作用。準此以觀，從李登輝、陳水扁、馬英九到蔡英文四任總統及其主要競爭對手的競選訴求，以及當選後上任的實際施政作為，都對不同階段的台灣社會和人民有不同的影響。

在主要選戰議題方面：

一、一九九六年台灣第一次總統大選是在中共飛彈危機威脅下進行的，主要選戰議題環繞在國家認同、統獨問題、憲政改革、廢國大、廢省（簡化政府層級）、兩岸關係等議題上。四組總統候選人，除了國民黨的李連配，民進黨的彭謝配，還有國民黨非主流派的林郝配和陳王配，都是當年政壇重量級人物。選舉結果，李連配獲五四％選民支持，高票當選。

二、二〇〇〇年台灣第二次總統大選，更是參選爆炸，有五組候選人，除了國民黨連蕭配、民進黨陳呂配、獨立參選人宋張配等三組主要候選人外，還有許朱配、李馮配。主要選戰議題仍集中在國家認同、統獨問題、憲政改革、兩岸關係、全民政府、經濟發展、反黑金、兩性共治、新中間路線、兩國論、興票案等等。結果陳呂配脫穎而出。

三、二〇〇四年台灣第三次總統大選，是國、民兩黨一對一對決的局面，尋求連任的民進黨籍總統陳水扁和副總統呂秀蓮再次搭檔，對手則是國親合作下的連戰與宋楚瑜獲提名為正副總統候選人。主要選戰訴求仍環繞在國家認同、兩岸關係、憲政改革、經濟發展、公民投票。尤其是「強化國防」、「對等談判」兩大公投案主導了選戰的攻防。結果陳呂配贏得最後勝利。

四、二〇〇八年台灣第四次總統大選，仍然是國、民兩黨捉對廝殺的局面，代表民進黨的謝長廷、蘇貞昌，對上代表國民黨的馬英九、蕭萬長。主要選戰訴求：在馬蕭配方面有，「一個中國，各自表述」的九二共識；兩岸「不統、不獨、不武」；兩岸直航；六三三經濟主張；愛台十二建設等經濟議題。在謝蘇配方面，基本上採取了「內政導向」的選戰策略，少談兩岸關係，多談「和解共生，幸福經濟」等議題，這也是民進黨在總統大選時第一次有意地避國家認同、談統獨問題、憲政改革、兩岸關係的一次選舉，儘管當時扁政府全力推動另一項公民投票「台灣加入聯合國」，所謂「入聯公投」，但競選總部並不熱衷此項選戰訴求。結果是馬蕭配贏得一面倒的勝利，是為第二次政黨輪替執政。

五、二〇一二年台灣第五次總統大選，國民黨籍總統馬英九尋求連任，找吳敦義當副總統候選人搭配競選，民進黨提名蔡英文和蘇嘉全為正副總統候選人，親民黨則提名宋楚瑜、林瑞雄為正副總統候選人，兩大一小政黨競爭的局面。馬英九的主要選戰訴求仍環繞在兩岸關係上，如「九二共識」、「不統不獨不武」，以及「黃金十年」等，而蔡陣營試圖避開兩岸議題，主打「內政議題」，包括《十年政綱》、「台灣第一女總統」、「大聯合政府」、「非核家園」、「縮短貧富差距」、「房價高漲」、「青年貧窮」、「財政惡化」等一般公共政策問題。結果是國民黨馬吳配連任成功。

淺談台灣民意變遷的四個基本面向：當民意作為一個相依變數

六、二〇一六年台灣第六次總統大選，民進黨提名蔡英文、陳建仁，國民黨提名朱立倫、王如玄，親民黨提名宋楚瑜、徐欣瑩，為正副總統候選人，仍然是兩大一小三黨競爭的局面。主要的選戰訴求包括兩岸關係、憲政改革、能源、教育改革、年金改革、經濟發展、司法改革、財稅、住宅、青年、原住民等相關議題。結果是民進黨的蔡陳配大勝，完成第三次政黨輪替執政。

民族認同：中國認同 VS 台灣認同

台灣人與中國人的自我認同定位，牽涉到的是一種民族的想像。就像是 Benedict Anderson（1983:6）所描述的，「民族是一種想像的政治命運共同體，並想像其為有限的和有主權的。」台灣人是一種民族的想像，中國人也是一種民族的想像。作為一種民族的想像，最簡單的思考是，台灣人指的是生活在台澎金馬及其附屬島嶼的兩千三百萬居民，不分本省外省，不分漢人原住民，不分先來後到，都是台灣人。而中國人作為一種民族的想像，則是指除了在台灣的兩千三百萬人之外，還包括中國大陸的十三億五千萬人。台灣人和中國人不一樣，但各有各的主權。

回到台灣的民族認同，讓我們暫時撇開是非對錯問題，從較簡單的經驗性問題出發，台灣當前民族認同的狀態為何？台灣認同力量有多大？是上升中還是沒落中？中國認同的力量有多大？是上升中還是沒落中？既是台灣人也是中國人還有多少？是上升中還是沒落中？就讓我們從這些具體而微的問題開始，一探台灣重大民意的趨勢與變遷。

（一）當前台灣人的民族認同：測量與發現

表一呈現了二〇一六年五月台灣人民的民族認同狀況，在台灣一千八百多萬成年人當中，八〇・八％自認為自己是台灣人，八・一％自認為自己是中國人，七・六％自認為自己既是台灣人也是中國人，三・五％不知道、其他或拒答。換言之，台灣的民族認同到了二〇一六年呈現了一面倒的狀況，台灣認同取得了壓倒性的優勢，台灣認同者的數量已經是中國認同者的十倍。

（二）台灣民族認同的轉變：從分歧到共識

表二和圖一、圖二具體呈現了過去二十六年來台灣內部兩種民族認同力量的消長。現簡要敘述如下。

首先，在表二台灣認同者方面，從一九九六到二〇一六年，二十年間台灣認同者增加了四十一・二個百分點。這無疑是一個革命性的大躍進。如果從一九九一年算起，一九九一年台灣人認同僅占一三・五％，一九九三年成長一倍達二六・八％，一九九六年再躍升十三個百分點達三九・六％，一九九九年四三・五％，二〇〇二年五〇・二％，二〇〇五到二〇〇八年上升並維持到六〇％左右，二〇一一年七三・七％，二〇一六年八〇・八％，創下了一個新的歷史記錄。

表一：台灣人民的民族認同（2016）

民族認同	百分比
台灣人	80.8
既是台灣人也是中國人	7.6
中國人	8.1
其他、不知道、拒答	3.5
樣本總數=1089	

表二：二十六年來台灣人民的民族認同（百分比）

民族認同	1991	1993	1996	2006	2008	2011	2016
台灣人	13.5	26.8	39.6	60.2	60.8	73.7	80.8
既是台灣人也是中國人	73.1	33.8	43.1	17.8	20.6	11.0	7.6
中國人	12.9	33.1	14.8	17.3	9.0	8.6	8.1
不知道	0.5	5.7	2.6	4.7	9.5	6.6	3.5
樣本總數	1567	1398	1406	1149	2476	1623	1089

第二，在中國認同者方面，從一九九六到二〇一六年，二十年間中國認同者減少了約六．七個百分點。如果從一九九一年算起，則二十五年間下滑四．八個百分點。一九九一年中國認同者占一二．九％，一九九三年急遽成長約二十個百分點達三三．一％，一九九六年又大幅下滑十八個百分點，只剩一四．八％，一九九九年上升八個百分點，到達二二．九％，自此一路下滑，到馬英九政府時期，只剩下個位數。

第三，在台灣與中國雙重認同者當中，從一九九六到二〇一六年，二十年間雙重認同者減少了約三五．五個百分點。如果

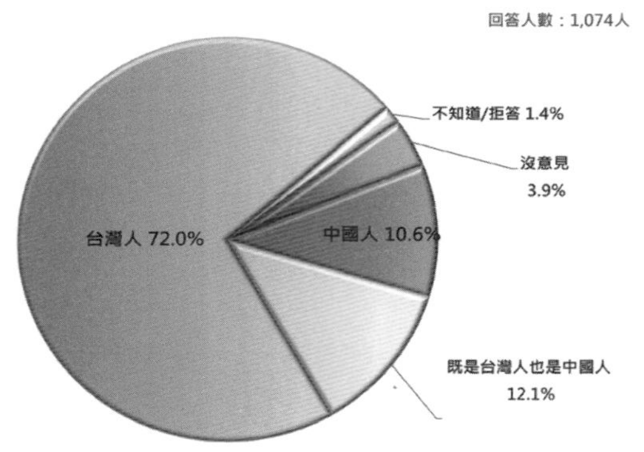

圖一：台灣人的民族認同（2017）

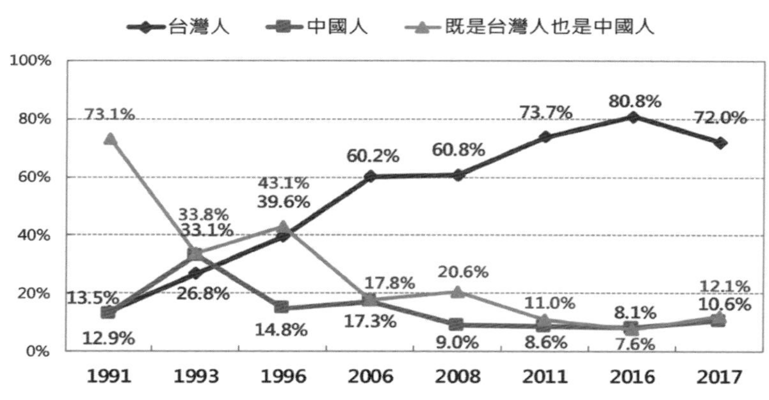

圖二：台灣人的民族認同（1991-2017）

從一九九一年算起，則是下降了六十五．五個百分點。因為一九九一年具有台灣與中國雙重認同者多達七三．一％，但隨著大環境的推移，島內與兩岸的政治角力加劇，從一九九三年急遽下滑約四十個百分點，一九九六年第一次台灣總統大選過後，又爬升了約十個百分點，達四三．一％，一九九九年再下滑十三個百分點，從此以後就一路走跌，到了二〇一六年五月只剩個位數，七．六％。

不過，根據二〇一七年最新的民調發現，圖一中台灣人認同下降了八．八個百分點，中國人認同上升二．五個百分點，雙重認同者也上升四．五個百分點。這真是一個奇特的景象。為何民進黨重返執政一年多後出現這種台灣認同倒退的現象？這究竟和蔡英文總統的領導方式有什麼樣的關聯性？令人非常好奇。圖二代表的是從一九九一到二〇一七年台灣人民族認同的長期趨勢，這個趨勢圖顯示二〇一七年的現在，台灣人認同已倒退到二〇一一年左右的水平，這是一個非常不尋常的現象，值得做更進一步的探討。

我們究應如何理解這一巨大轉變的出現？我在二十年前曾對台灣認同問題做出以下的觀察與提問，「台灣人與中國人的認同之爭，是當前台灣政治上最根本的問題。它未來如何演變，將重大地決定台灣的命運。台灣人與中國人的認同之爭，一方面是理念之爭，另一方面則是一場超級的政治角力。結果究竟何種認同將脫穎而出，壓倒另一種認同？」（游盈隆，一九九六：一〇五）我所說的「超級政治角力」指的正是當時象徵台灣本土勢力的民進黨，和「國民黨外來政權」之間的角力。二十年後的今天，台灣社會已經經歷過六次總統大選、六次立委選舉，其中包括了三次政黨輪替執政，時至今日，結果已經很清楚，台灣認同獲得壓倒性的勝利。當我們回顧過去四分之一世紀兩種民族認同的競爭時，經驗證據顯示了台灣人「民族認同」轉變規模之大，速度之快，已完全超出一般人可以想像的範圍。

回顧上個世紀一九九〇年代初期，台灣正處於解嚴後逐漸脫離威權統治的年代，自由化與民主化的浪潮不斷湧現，本土化的聲音和力量也逐漸由小變大，但相對於中國認同聲勢之浩大，台灣認同的力量是非常微弱的。很明顯地，台灣認同與中國認同是互斥的、競爭中的兩種民族認同。如今出現這種大規模的認同移轉，新主流民族認同的形成，反映的是一種來自社會內部真正的「寧靜革命」，一個大時代的轉變。它標示出過去三十年，台灣社會所經歷不流血的民主轉型的過程與結果，從兩蔣威權統治的中國化到政治自由化、民主化、本土化，到澈底的打從內心的台灣化。這是一個心理層面的民族認同大轉化（great transformation）。

國家選擇：兩岸統一 vs 台灣獨立

統獨傾向和民族認同有非常密切的關係。民族認同是一種民族的想像，統獨傾向其實就是更明白的國家選擇。選擇兩岸統一，表示是願意成為一個更大規模國家的一部分；選擇台灣獨立則表示不願成為另一個國家的一部分，希望自己當家作主，成為一個主權獨立自主的新國家。整體來講，台灣自二次世界大戰結束，尤其是一九四九年以後，統治階級和反對菁英之間有關統獨的爭議與衝突未曾稍歇，一直延續迄今。

一九九一年民進黨正式通過《台獨黨綱》，為台灣內部與海峽兩岸正式掀起了統獨論戰，戰火一直延燒到今天，始終沒停過。必須指出的是，這場統獨大戰並不僅限於兩個主要政黨領袖和追隨者之間，因為統獨爭議隨著政黨的選舉競爭，尤其是總統與國會選舉，已擴散到民間社會和全體選民。統獨之爭不僅出現在選舉過程、國會殿堂、街頭抗爭、政論節目，也出現在公私各種人際互動的場合，同事間、同學間、朋友間、夫妻間、父子間、兄弟間、姊妹間等等。面對台灣的未來，人們開始想我應該選擇什麼？台灣獨立？兩岸統一？還是維持現狀？

的確，在台灣，統獨問題就像是美國的種族問題一樣，隱而不顯，但每天都隨著政治、社會、經濟生活的脈動出現在各式各樣的場合。美國的種族問題伴隨著美國獨立建國迄今依然頑強地存在，依然是美國政治過程的顯著議題，只是展現的方式隨著時代的進步而有不同。台灣的統獨問題也有類似的狀況，會隨著政治、社會、經濟發展而逐漸進化，從來沒有消失過，即便是主要政黨的總統候選人基於選戰策略考量不主動碰觸這項議題，它仍然是今天兩岸關係發展過程中最具爆炸性的議題。

讓我們來談一個經驗性的問題，究竟當前台灣人民的統獨傾向為何？有多少人主張台灣獨立？有多少人主張兩岸統一？有多少人主張要永遠維持不統不獨的現狀？更重要的，自從一九九一年民進黨《台獨黨綱》出爐以後，迄今為止，台灣獨立的支持者是增加了？還是減少了？兩岸統一的支持者是增加了？還是減少了？維持現狀的支持者是增加了？還是減少了？這些問題和答案，是我們要嚴肅面對的，因為對這些現象的無知或誤判，會帶來可怕的災難。

（一）當前台灣人的統獨傾向

先談測量的問題。過去二十五年，我不間斷地研究並觀察台灣人民統獨傾向的演變。我使用的統獨傾向的測量方式在一九九六年第一次全國性總統選民研究時就固定化了。我是這麼問的，「國內對於台灣前途問題有很多爭論，有人認為兩岸統一比較好，也有人認為台灣獨立比較好。請問您的意見是怎樣？台灣獨立或兩岸統一？」

表三呈現了二〇一六年五月台灣人民整體的統獨傾向，有五一．二%主張未來台灣獨立比較好，一四．九%認為兩岸統一比較好，二四．六%認為維持現狀比較好，沒意見、不知道、拒答合占九．三%。顯然，當前在統獨傾向的議題上，已經有超過半數的台灣人民主張未來台灣要獨立，居次的是主張維持不統不獨的現狀，主張未來兩岸要統一的人，相形之下，是最少數的一群，只有一成五。

表四以更細緻的方式呈現台灣人民的統獨傾向。統獨問題在台灣一直是極端敏感的政治問題，尤其是上個世紀九〇年代，許多人當被問到這個問題時，會閃躲，不願正面回應，乾脆回答說是贊成維持現狀，但其實內心真正的想法並非如此。為解決這個問題，我們針對那些回答說未來要「維持現狀」的人，進一步追問，「如果現狀無法維持，您的選擇是什麼？獨立或統一？」

表四就呈現這樣的結果：當現狀無法維持時，有四二．六%選擇台灣獨立，二六．七%選擇兩岸統一，三〇．七%選擇永遠維持現狀。

表五根據這一項資料再重新計算台灣人民的統獨傾向，結果是六一．七%選擇台灣獨立，二一．五%選擇兩岸統一，七．五%選擇永遠維持現狀，九．三%不知道、沒意見、拒答。這樣的數字透露了什麼意義？簡單的說，第一，戳破了台灣人民七、八成以上都主張要永遠維持現狀的謊言或迷思。第二，目前台灣獨派（主張未來要獨立的人）已經接近是統派（主張兩岸統一的人）的三

表三：2016台灣人民的統獨傾向

統獨傾向	百分比
台灣獨立	51.2
兩岸統一	14.9
永遠維持現狀	24.6
沒意見、不知道、拒答	9.3
樣本總數=1089	100%

表四：如果現狀無法維持，您的選擇是？

統獨傾向	百分比
台灣獨立	42.6
兩岸統一	26.7
永遠維持現狀	30.7
樣本總數=268	100%

表五：2016台灣人民的統獨傾向（追問現狀如無法維持後的重新加總）

統獨傾向	百分比
台灣獨立	61.7%
兩岸統一	21.5%
永遠維持現狀	7.5%
沒意見、不知道、拒答	9.3
樣本總數=1089	100%

倍，精確一點講，則是二．八七倍。

（二）台灣人民統獨傾向的大轉變

統獨傾向代表著一種國家的選擇，獨或統都意味著一種集體的政治期望，或一種集體的政治抱負；這種集體政治期望或抱負的核心意涵是盼望追求主權獨立的國家地位。

表六與圖三呈現了過去二十五年來台灣人民統獨傾向的演變。這可分三點加以說明。

第一，就統的趨勢來看，從一九九一到二〇一六這二十六年間，贊成未來兩岸統一的人減少了三十．四個百分點，這無疑是一個巨大的轉變。一九九一年本來有高達四五．三%的人主張兩岸統一，但五年後，經過兩次國會選舉，和台灣第一次總統大選及台海飛彈危機過後，大幅下降了三十一．三個百分點，只剩一四%，到了歷史新低點；十年之後，二〇〇六年上升近七．八個百分點，達二一．八%，這有其整體兩岸政經形勢的背景；二〇〇八年又往下掉了約四個百分點，只剩一七%；到二〇一一年，主張未來兩岸統一的人上升了兩個百分點，到一九．三%；五年後的今天，第三次政黨輪替執政之

表六：台灣選民的統獨傾向（1991-2016）

統獨傾向	1991	1996	2006	2008	2011	2016
台灣獨立	12.5	20.5	33.1	38.5	38.4	51.2
維持現狀	25.3	53.2	26.9	26.7	25.9	24.6
兩岸統一	45.3	14.0	21.8	17.0	19.3	14.9
沒意見、不知道、拒答	16.5	12.3	18.2	17.9	16.5	9.3
樣本總數	1608	1299	1149	2476	1680	1089

後，則只剩一四．九%。但無論有幾個百分點的上下變化，整體而言，自一九九六年以後，在台灣成年人當中，贊成未來兩岸統一的比例從未高過兩成二。

第二，就獨的趨勢來看，從一九九一到二〇一六這二十六年間，贊成台灣未來要獨立的人增加了三十八．七個百分點，這是一個更巨大的轉變。一九九一年只有一二．五%的人主張未來台灣要獨立，五年後，經過兩次國會選舉，和第一次總統大選及台海飛彈危機過後，主張未來台灣要獨立的人增加約八個百分點；十年之後，二〇〇六年再往上提升十二．六個百分點，這主要應和一九九九年李登輝的兩國論，以及二〇〇〇年政黨輪替陳水扁主政有關；到二〇〇八年，又再往上提升五個百分點，達到三八．五%；二〇一一年的調查顯示，三八．四%的人主張未來台灣要獨立，維持了二〇〇八年的水準，但沒有再往上衝高；但到了二〇一六年，在民進黨完全執政後，再往上提升了

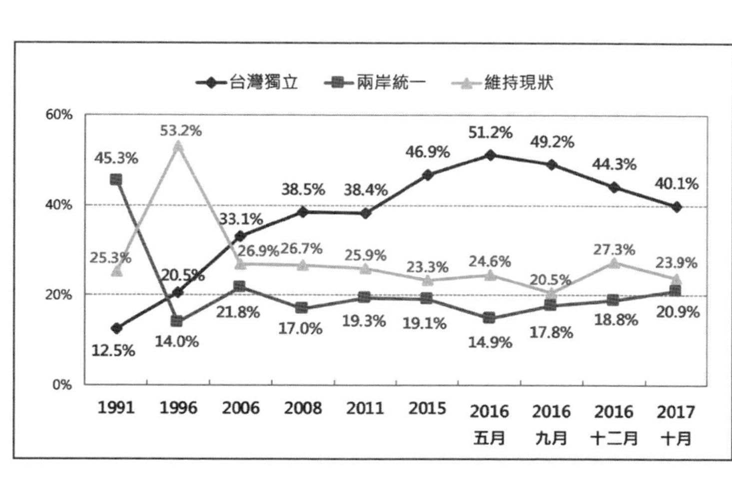

圖三：台灣人民整體統獨傾向（1991-2016）

十二・八個百分點，創下了新的歷史記錄。

第三，在現狀派（主張維持現狀的人）方面，從一九九一到二〇一六這二十六年間，除了一九九六急遽上升到五三・二%外，竟然沒有明顯增減，大約都維持在二五%左右。這非常具體的顯示了一個事實，那就是，「維持現狀」從來都不是多數台灣人民對台灣未來的憧憬，除了在一九九六年台海飛彈危機和第一次總統大選過後的若干年。

面對台灣人民統獨傾向的世紀大轉變，我們該如何去理解？是什麼因素造成這樣的轉變？總統直選制度本身是否是一個重要因素？這值得做嚴肅的、更有系統的探討。

關於兩岸關係的幾個根本問題

（一）關於命運共同體問題

在民族主義（nationalism）的相關論述中，我們常聽到諸如「血濃於水、禍福相倚、同甘共苦、休戚與共」之類的話語，這尤其常見諸於中國領導人口中。例如，二〇一五年一月新加坡馬習會，習近平的開場白就提到「……不管兩岸同胞經歷多少風雨，有過多長時間的隔絕，沒有任何力量能夠把我們分開，因為我們是打斷骨頭連著心的同胞，是血濃於水的一家人。」有人聽了為之動容，有人聽了毫無感覺。習近平這番感性告白究竟在當時感動了多少台灣人？不得而知。但我們技術上可以實際去測量兩岸同胞這種「休戚與共」的感覺，並無問題。

事實上，我們曾在一九九六年總統大選那一年夏天，針對兩岸之間是否存在「血濃於水，休戚與共」的問題做過調查，而這個問題的設計主要是來自胡佛教授，中央研究院院士。我們問，「有人說：『台灣人與大陸人都是炎黃子孫，所以大陸十三億人的苦難也是我們的苦難』請問您贊不贊成？」結果發現：七%非常贊成，三八．六%還算贊成，三三．二%不太贊成，六%一點也不贊成，一三．二%沒意見、不知道，〇．二%拒答。換言之，一九九六年有約四成六的人和對岸有休戚與共的感覺，但三成九沒那種感覺。請參見表七。

表七：關於台灣人和海峽對岸「休戚與共」的感覺（1996／2016）

態度傾向	1996	2016	增或減
非常贊成	7.0%	8.5%	+1.5%
還算贊成	38.6%	21.8%	-16.8%
不太贊成	33.2%	30.6%	-2.6%
一點也不贊成	6.0%	28.8%	+22.8%
沒意見、不知道、拒答	13.4%	10.1%	-3.3%
樣本總數	1406	1081	

表八：關於台灣人對「祖國統一」的態度傾向（1996／2016）

態度傾向	1996	2016	增或減
非常贊成	7.5%	6.4%	-1.1%
還算贊成	37.3%	12.6%	-24.7%
不太贊成	29.4%	30.2%	+0.8%
一點也不贊成	7.8%	38.2%	+30.4%
沒意見、不知道、拒答	18.0%	12.6%	-5.4%
樣本總數	1406	1081	

二〇一六年九月，我們用同樣的問題，重複測量一次。結果顯示八．五%非常贊成，二一．八%還算贊成，三〇．六%不太贊成，二八．八%一點也不贊成，一〇%沒意見、不知道，〇．一%拒答。換句話說，時至二〇一六年，有三成左右的人仍和對岸有「休戚與共」的感覺，但有近六成的人沒有那種感覺。簡單地說，二十年之後，和對岸有休戚與共感覺的人減少了一成六，而沒感覺的人多了三成。這個轉變無疑是巨大的。

（二）關於「祖國統一」的問題

根據我們一九九六年台灣總統選民的研究，我們曾設計一道有關「祖國統一」的題目，這個題目是這麼問的，「有人說，『不管台灣與大陸的生活方式有多大差異，我們都要耐心的加以克服，完成祖國統一的神聖任務』，請問您贊不贊成？」結果發現：七．五%非常贊成，三七．三%還算贊成，二九．四%不太贊成，七．八%一點也不贊成，一五．六%沒意見、不知道，二．三%拒答。換言之，一九九六年有四成五的人贊成「祖國統一」，三成七反對；贊成的人比反對的人多約七．六個百分點。請參見表八。

二十年後，二〇一六年九月，我們用同樣的問題作重複的測量，結果顯示六．四%非常贊成，一二．六%還算贊成，三〇．二%不太贊成，三八．二%一點也不贊成，一二．六%沒意見、不知道、拒答。換句話說，今天在台灣約莫有一成九的人還贊成所謂「祖國統一」，不論現在兩岸生活方式的差異有多大；但同時有六成八的人反對這樣的主張；反對的人比贊成的人多四九．四%。

二十年間，台灣人民基本政治態度確實產生了極大的轉變，它的政治效應為何？值得深思。

（三）關於一中原則問題

「兩岸同屬一中」這個所謂「九二共識」的核心意涵，台灣人民是怎麼看的？至關重要。二〇一二年大選期間，我就針對這個問題問受訪者，「中共總書記胡錦濤常講：『台灣與中國大陸同屬一個中國』，請問您同不同意？」結果顯示三．三％非常同意，一二．九％還算同意，二六．九％不太同意，四三．七％一點也不同意，一三．一％不知道。換言之，有高達七〇．六％的台灣人民不同意「兩岸同屬一中」的主張，而且有高達四成四的人強烈反對。同時，贊成的人只有一成六。

二〇一六年五二〇蔡英文總統就職後，我們問了同樣的問題，「中國國家主席習近平說：『台灣與大陸同屬一個中國』，請問您贊不贊成這樣的主張？」結果發現三．四％非常贊成，一二．七％還算贊成，三五．六％不太贊成，四二．九％一點也不贊成，五．五％不知道。換言之，有

表九：關於台灣人對「一中原則」的態度傾向（2011／2016）

態度傾向	2011	2016	增或減
非常贊成	3.3%	3.4%	+0.1%
還算贊成	12.9%	12.7%	+0.2%
不太贊成	26.9%	35.6%	+8.7%
一點也不贊成	43.7%	42.9%	-0.8%
沒意見、不知道、拒答	13.2%	5.5%	-7.7%
樣本總數	1623	1081	

高達七八・五％的台灣人民不贊成「兩岸同屬一中」的主張，而且有高達四成三的人強烈反對。同時，贊成的人只有一成六。這個發現顯示，中共當局的核心利益主張和今日台灣民意幾乎完全背道而馳。請參見表九。

（四）關於「九二共識」的爭議

「九二共識」在二〇一二年總統大選是一個熱門的選戰議題，馬英九陣營力倡「九二共識」，而蔡英文堅持「九二共識既不存在，何來承認或接受」。因此我也針對這個議題作了調查，我們問，「最近長榮集團總裁張榮發針對兩岸關係公開對外講：『沒有九二共識，台灣就完了』，請問您贊不贊成他這項看法？」結果發現一〇・七％非常贊成，一八・二％還算贊成，二四・二％不太贊成，二四・七％一點也不贊成，二二・三％沒意見、不知道、拒答。換言之，二〇一二年，在全體台灣成年人中，有四成九的人不認為「九二共識」的存在有那麼重要；但有兩成九的人基本上贊成「沒有九二共識，台灣就完了」。

的確，馬英九總統八年任期，兩岸唱和「九二共識」，可說是喊的震天價響，但二〇一六年總統大選過後，台灣人民又是怎麼看待所謂的「九二共識」呢？我們問，「有人說：『沒有九二共識，台灣就完了』，請問您同不同意這樣的說法？」結果顯示三・四％非常同意，八・九％還算同意，三九％不太同意，三九・二％一點也不同意，九・五％不知道。換言之，在今日的台灣，有近八成的人不認為所謂的「九二共識」的存在與否有那麼重要；只有一成二的人認為「沒有九二共識，台灣就完了」。這已經是台灣社會內部一項重要的共識，人們已普遍認為所謂的「九二共識」其實無足輕重。這個重要的發現，值得所有關心兩岸關係的人士重視並深入思考。請參見表十。

（五）關於「台灣是不是一個國家」的認知問題

台灣是不是一個國家？或者說，台灣是不是一個主權獨立的國家？這樣的問題，每隔一段時間就會被提出來。坦白講，這是一個具爭議性、不容易回答的問題（contestious question），也是很傷台灣人感情的問題。絕大多數的台灣人面對這一個問題大概都會不假思索的回答「台灣當然是一個國家」，但坦白講，這問題記憶中並不曾被研究過。所以我們納入二〇一六年九月調查項目。

我們問，「有人說：『台灣不是一個主權獨立的國家』，請問您贊不贊成？」結果顯示六％非常贊成，一〇．六％還算贊成，三三．六％不太贊成，四一．一％一點也不贊成，八．五％沒意見、不知道，〇．二％拒答。換言之，只有一成七贊成，但有高達七成五反對。

進一步的交叉分顯示，反對「台灣不是一個主權獨立的國家」的人，跨越了性別、年齡、省籍、教育、政黨、統獨

表十：關於台灣人對「九二共識」的態度傾向（2012／2016）

態度傾向	2012	2016	增或減
非常贊成	10.7%	3.4%	-7.3%
還算贊成	18.2%	8.9%	-9.3%
不太贊成	24.2%	39.0%	+14.8%
一點也不贊成	24.7%	39.2%	+13.5%
沒意見、不知道、拒答	22.3%	9.5%	-12.8%
樣本總數	1646	1801	

歧異，形成了很顯著的台灣社會共識。相形之下，贊成「台灣不是一個主權獨立的國家」的人屬於微弱的少數。

對外關係方面

（一）關於台灣加入聯合國的問題

「台灣加入聯合國」一直是個具高度政治敏感性的問題，不論在國內或國外。二〇〇八年總統大選期間，台灣社會內部還引爆一場公投大戰，綠藍雙方各自推出一個不同的版本，一方主張以台灣名義加入聯合國（簡稱入聯公投），另一方主張以中華民國名義重返聯合國（簡稱返聯公投），美中兩大國繃緊神經，屏息以對。結果兩案都因為沒有達到法定的全體公民的半數，而宣告無效。但此一議題並不因此而消失無蹤。我們在二〇一六年 六月針對「台灣加入聯合國」議題作了調查，這次調查特別使用四道題來測量民意的動向。

第一，台灣究竟應不應積極爭取加入聯合國？我們問，「在台灣，有人認為：『為提升台灣國際地位和尊嚴，台灣應積極爭取加入聯合國』，請問您贊不贊成？」結果顯示五四%非常贊成，三〇．八%還算贊成，七．四%不太贊成，三．一%一點也不贊成，四．七%不知道。換句話說，在台灣有高達八成五的人贊成台灣應積極爭取加入聯合國，反對的人只有一成左右。值得注意的是，非常贊成的人就達到五成四，這種強度在一般民意反應中極為罕見。

第二，如果中共強烈反對，是否還要繼續推動加入聯合國？我們問，「不論我們（咱）用台灣或中華民國名義加入聯合國，中共都會強烈反對。在這種情況下，您是否仍贊成台灣要加入聯合國？」結果顯示四九．八％非常贊成，三二．九％還算贊成，七．七％不太贊成，四．二％一點也不贊成，五．五％不知道。換言之，即便在中國強烈反對下，仍有高達八成三的台灣人民贊成要繼續推動加入聯合國，而只有一成二反對。

第三，如果美國強烈反對，是否還要繼續推動加入聯合國？我們問，「近十年來，美國明確表示不支持台灣加入聯合國，在這種情況下，您是否仍贊成台灣要加入聯合國？」結果顯示四五．五％非常贊成，三二．九％還算贊成，九．八％不太贊成，五％一點也不贊成，六．八％不知道。換句話說，即使美國強烈反對，仍有高達近八成的台灣人民贊成台灣加入聯合國，只有一成五的人反對。

第四，在美中兩大國強烈反對下，蔡英文政府應不應積極推動台灣加入聯合國？我們問，「在美國與中國都強烈反對下，您認為蔡英文政府應不應該積極推動台灣加入聯合國？」結果顯示七六．八％認為應該，一五％認為不應該，八．三％不知道。這清楚顯示了超過四分之三的台灣人民，渴望台灣有朝一日成為聯合國會員國，即使美中兩大國強烈反對，即使國際情勢再怎麼困難，都期盼蔡英文新政府能有所作為，積極推動台灣加入聯合國。

（二）關於台灣在國際正式場合的官方名稱問題

台灣在國際正式場合的官方名稱或稱謂問題，在台灣一直是個惱人的問題。目前比較廣泛使用的名稱是「中華台北」，源自於一九八一年的奧運模式。在何種程度上，台灣人民能接受以「中華台北」作為台灣的官方名稱？台灣人民偏愛什麼名稱來代表台灣？又，台灣海峽兩岸雙方應如何互稱對方？也是極為敏感的爭議性問題。針對這些重要的問題，我們也做了調查，並獲得許多寶貴的發現。

第一，在何種程度上，台灣人民接受以「中華台北」作為台灣的官方名稱？我們問，「台灣目前參與國際組織、會議或活動（如奧運、亞運、世界衛生組織等等）的對外正式名稱大多是『中華台北』，請問，您接不接受這樣的名稱來代表台灣？」結果顯示九．一％非常接受，四〇％還算接受，二六．一％不太接受，一九．三％一點都不接受，五．四％不知道。換言之，近半數的台灣人民尚能忍受「中華台北」的名稱，但不接受者也高達四成五，顯示反對者眾，而且強烈支持者僅占不到全體台灣人民一成的比例。

第二，什麼名稱是最好用來代表台灣的官方名稱？我們問，「您覺得我們（咱）國家參與國際組織、會議或活動的正式名稱，最好是用什麼？中華台北、中華民國或台灣？」結果顯示八．七％中華台北，三一％中華民國，五三．四％台灣，六．九％不知道。換言之，如果讓台灣人民能自由選擇，台灣將是最受歡迎的名稱，中華民國其次，中華台北只有不到一成。

第三，台灣官方應如何稱呼台灣海峽對岸？我們問，「最近蔡英文總統以『中國大陸』稱呼對岸，引起各界關注（注意）。請問，您認為我國官方稱呼對岸，最適當的名稱是什麼？是『中國大陸』，還是『中國』？」結果顯示四二．七％中國大陸，四二．七％中國，四．九％兩者都可以，九．九％不知道／其他。由此可見，在官方如何正式稱呼對岸這一問題上，台灣人民分持兩種不同立場，看法嚴重分歧。

（三）台灣人民對目前國際地位和外交處境的看法如何

台灣新總統蔡英文即將起程前往巴拿馬等中南美洲國家訪問，這次出訪也必將和以往多位台灣總統出訪一樣備受國內外矚目。但台灣人民高票選出的新總統內心對人民的期待，究竟有多深刻的體會和認識？不得而知。台灣人民對目前台灣的國際地位和外交處境滿不滿意？是一個值得探討的問題。

我們問，「整體來講，您對台灣目前的國際地位和外交處境，滿不滿意？」結果顯示三・三％非常滿意，二八・三％還算滿意，四一・三％不太滿意，二〇・一％一點也不滿意，七％不知道。換言之，在台灣，有超過六成的人對目前台灣的國際地位和外交處境不滿意，只有約三分之一多的人表示滿意

結論：實現與未實現的政治願景

一九八七年七月十五日台灣解除戒嚴，象徵長達三十八年的威權統治解凍，政治自由化時代的來臨。一九九一年國大全面改選，一九九二年二屆立委全面改選到一九九六年第一次總統直接民選象徵台灣全面民主化。從一九九六年第一次總統直接民選開始到現在已超過二十年，前後共經歷了六次總統選舉。時至今日，台灣已經是一個貨真價實的民主政治體系，它具有以下特質：一定程度的公民與政治自由、定期且自由的選舉、有意義的政黨競爭、穩定的法治與憲政體系。

然而，今日台灣雖已擁有可比美西方先進民主國家的「選舉民主」（electoral democracy），但

直接民主的相關機制仍有待建立，鳥籠公投法修法仍遙遙無期；更重要的是，當台灣認同，作為一種集體的民族認同，已經達到四分之三的共識，傾向台灣獨立的比例也超過半數以上，意味著兩千三百萬台灣人主觀上已經具備成熟的「集體性政治期望與抱負」，希望有朝一日能建立名實相符的主權獨立國家，並可以加入聯合國，成為國際社會的重要成員。然而，客觀上，台灣只是一個事實上的，而非法理上的、主權獨立的國家；在國際政治上，台灣不是一個國家的名稱，而是一個地理名詞，因此台灣今天要加入聯合國仍困難重重；民進黨雖然在一九九一年通過《台獨黨綱》，二〇〇七年通過《正常國家決議文》，宣示要追求正名制憲，到目前為止，仍只是一個煽情的政治號召，沒有實施的具體時間表，儘管民進黨現在已經重返執政，並掌握立法院絕大多數的席次。

台灣成為一個名實相符的主權獨立國家，有健全的憲政體制，有完備的直接民主制度，成為有尊嚴的國際社會的正式成員，已經是台灣絕大多數人民期盼實現的政治願景，這是台灣三十年政治自由化與民主化的開花結果，也可以說是六次總統大選實際運作的結果。但礙於國際與兩岸政治的現實，不論藍或綠執政，這樣的主流民意都未能獲得積極正面的回應，這就是今日台灣民主政治最大的諷刺、扭曲與無奈。

海嘯政治

柯文哲

現任台北市長。台灣大學臨床醫學研究所醫學博士，歷任台灣大學醫學院教授、台大醫院創傷醫學部主任。

劉義周和游盈隆兩位教授的文章我都讀過了，來講一下我的心得。

今天談的是台灣人的民族認同、國家認同，這是個很沉重的題目。當然，用過去二十年的時間六次總統大選的數據來做分析，趨勢大概都相同，問題是數字差很多。不管如何，台灣人的認同在過去二十年是急速上升，其實，真正要問的是Why。我個人的解讀有兩個，一個是接觸，什麼意思？柯文哲在台北市以外的民調比在台北市高，Why？因為你每天打開電視看，覺得這個人很有趣，可是，要是你是台北市民在路邊亂停車，馬上就會接到一張罰單。好不容易看到一個停車位停進去，又有一個人跑出來跟你收費，這時候你就會開始圈圈叉叉柯文哲。我的意思是說，柯文哲在台北市以外的地區民調更高是因為距離的美感。以前在中國國民黨統治台灣的時代，長江、黃河，山川壯麗，讓很多人對中國有很多憧憬。而你知道台灣的認同感是什麼時候出現？我猜如果把「兩岸的交流量」量化的話，再去算「台灣人認同」，這兩個相關係數應該會很高。什麼意思？就是越交流，你會發現有越大的不一樣。以前你沒有跟大陸交流，你不會知道你跟它不一樣；跟它交流之後，你才會發現它跟我們真的是不同的，所以第一個是交流。

還有一個坦白講出來就不好意思了，叫豬隊友。我在當市長後跟大陸方面有接觸，發現他們對馬英九非常地不滿，為什麼？因為馬英九主政的時期，台獨的傾向愈來愈高，但是仔細一看，蔡英文上去後，台獨傾向又開始下降了，所以這叫做豬隊友效應。

在過去二十年，台灣人的意識在台灣這個島上一直在上升。我認為兩個原因。一個是交流產生的，因為交流才發現我跟他不一樣；一個是豬隊友效應。所以我一直認為如果真的要鞏固台灣的本土意識、台灣優先，還是台灣自己要做好，台灣強了問題就解決，台灣不強，還是會被磁吸效應吸進去，還是沒辦法解決，這是我的看法。

最後再花一點時間，我最近出了個題目給我的幕僚，我說如果今天是二〇一六年一月十五號晚上十一點，你在YouTube發現周子瑜的那支影片，一小時的點閱率超過二十萬。若你是國民黨文化傳播委員會的主任委員，你怎麼辦？第一個幕僚說「算了，回家睡覺」。我說「不可以這麼沒有志氣」。那支影片二十四小時點閱數有五百萬，至少讓國民黨掉了五席立委。我要跟大家講，我們來到一個新的時代，這個新的時代蠻可怕的。這次的世界大學運動會將來如果寫檢討報告，講它為什麼會成功，當然成功有很多理由，運氣好是一個理由，颱風剛好都轉向，這個不是我們能力能解決的。坦白講，台北市的公務員都很優秀，基本盤都顧得很好，車子都開出去了，吃飯也沒有拉肚子，這公務員該做的基本盤都有做。

但是有兩個事情是沒有想到的突發事件，一個是開幕時候的反年改抗爭，還有一個，是十二個字，「王八蛋」、「你和那些反年改團體」，三個字加上九個字共十二個字，在瞬間扭轉那個世大運。在講出那十二個字之前，門票才賣四成，講完那十二個字之後，突然賣到八成八，突然賣了幾十萬張票。以前我們常常在批評台灣叫淺碟政治、淺碟經濟、淺碟文化，我現在提出一個新名詞，更可怕，叫做海嘯政治。那十二個字當然扭轉了世大運，老實講，我這幾天回家都在打坐反省一件事，在浪頭上當然很爽，但要是你在浪頭的對面，你該怎麼辦？我最近想到這個都不寒而慄，所以我們要有敬天畏天的感覺。周子瑜那支影片二十四小時點閱率有五百萬，如果在當天晚上你突然遇到，你該怎麼抵抗？反年改團體在開幕的時候鬧一下，第二天到第三天那十二個字以大數據的眼光來看，真的很可怕，十九個小時點讚數是四十八萬。

所以當我們處在一個網路的世界，台灣的政治陷入一個極端的不穩定，我們的民主政治現在變得非常地脆弱，用英文來說「very fragile」，處在一個如此不穩定的政治的時候，到底作為一個執政者，該怎麼去面對這樣的一個問題？不應該讓整個國家的政治陷入這麼不穩定的結構裡面，這是作為一個政治從事者該去思考的。你在浪頭上你是受益者，當然非常爽；但是偶爾你要想，如果你是站在浪的對面你該怎麼辦，你也是瞬間被毀滅。但不管你是受益者或受害者，網路世界下這種不穩定的政治結構，的確需要我們再去思考看看，是否需要修正？這是純粹從讀了兩位教授的大作後我的想法。在兩岸關係上，基本上我是主張更熱烈、更密切地交流，交流對台灣沒有妨礙。從數據上看來，交流對鞏固台灣本土意識沒有妨礙。這是我的想法，謝謝各位。

第五篇

總統直選與兩岸關係

總統直選制度對兩岸關係的影響

蘇起

現任台北論壇基金會董事長、政治大學國家發展研究所名譽教授。美國哥倫比亞大學政治學博士，歷任美國哈佛大學科學與國際研究中心研究員、政治大學國際關係研究中心研究員及外交學系教授、中國政治學會祕書長、行政院新聞局局長、總統府副祕書長、行政院陸委會主任委員、立法委員、國家安全會議祕書長。

總統直選符合民主原則，把台灣的民主化往前推進了一大步。但二十年的實踐也暴露了幾個大問題，尤其在兩岸關係上。問題根源在於權力超大、責任超輕、領先就贏。

問題根源有三，其中兩個與修憲後的總統權力設計有關，另一個與直選制度的設計有關。二十年前中華民國總統的權力雖大，仍受到行政院長及國民大會的牽制。他對人的領導與事的指揮，常常是透過黨主席的身分才能貫徹。幾次修憲後，總統的權力大幅擴張。行政院長淪為總統的幕僚長，而國民大會更走入歷史，不復存在。黨主席的身分也不再必要。國、民兩黨都曾有總統不兼黨主席的先例。一九九六年以後的「總統直選」更給大幅擴權的總統添加更大更亮的政治及道德光芒，使得他（她）的地位遠遠凌駕於其他政治人物之上。

不誇張地說，今天中華民國總統的權力不只超過內閣制（如英日）的首相，甚至超過實施總統制的美國總統。如所周知，內閣制的首相身兼國會議員，不論人事、預算、政策，都受到其他政黨的牽制，即使同黨議員都隨時虎視眈眈，準備取而代之，因此首相本人很難恣意妄為，必須經常全方位協調。美國的總統制則是建立在三權既分立又制衡，而地方政府又高度自治的基礎上。白宮主人的人事權、預算權、締約權、戰爭權雖然都大於內閣制的首相，但他的這些權力都受到國會參眾兩院及司法部門經常且巨大的掣肘。所以行政立法的協調也是每天的必要功課。

在台灣，我們的總統幸運得多。他（她）可以隨意任命行政院長及部次長，並掌握全部的軍事及外交大權，不受任何節制。表面上我們像西方國家一樣是三權或五權分立，但行政以外的幾權不但先天不足，而且後天失調，對總統的制衡非常有限。我們甚至常常看到總統假藉某種名義，蠢蠢欲動想要掌控其他幾權。如果安倍晉三首相，或川普（Donald J. Trump）總統知道台灣最高首長的權力如此之大，恐怕都會羨慕不已。從這個意義上看，台灣直選總統以後的制度，尤其是經過二十年的實踐證明，大概只能用「大總統制」來形容。

更讓外國領袖忌妒的是，我們的總統不但權力超大，而且責任超輕。選民對他（她）唯一的節制就是四年一次的總統大選。在長達四年的任期內，總統不需要像內閣制的首相經常需到國會去報告並與國會議員辯論，也不需要像美國總統那樣常常召開記者會，針對重大法案、重大政策、重大事件，或外國元首訪問，向媒體及民眾說明並回答質疑。換句話說，我們的總統具有元首崇高的權威，也有最高行政首長的權力，卻完全可以躲起來從幕後操縱全國政策，不必面對立法院、媒體及民眾的監督。這在全球民主國家中，即使不是獨一無二，也極為罕見。

至於直選制度，現行的設計是「領先就贏」，不需要得票超過投票人的半數，更不需要像歐洲有的國家那樣的兩次投票。這就使得台灣的總統大選競爭變得像「百米賽跑」，參選人爭先恐後，只贏幾票也是贏。這就使得政黨間只有競爭與猜忌，沒有任何協調或合作。倘若贏者以不及半數的少數票或以極些微的差距獲勝，敗者不可能口服心服。台灣二十年政壇充滿冤冤相報的戾氣，拖垮原本蓬勃發展的經濟，這個制度有負起一定的責任。

影響一：助長民粹、惡化民主

這三因素對兩岸關係產生了以下五個衝擊。第一，中華民國總統既然是全台灣最大的「爽缺」。多少英雄豪傑十年磨一劍，都為了逐鹿總統大選，以便贏者全拿，連爽四年。過去二十年我們看到總統大選手段愈來愈辛辣，連參與者自己都不諱言進行「割喉戰」，偶爾甚至還出現名揚國際、史無前例的難看手段，只為了贏得選舉。可見贏者全拿的果實是多麼甜蜜。

為了勝選，最價廉物美的手段就是炒作民粹。很多人會問，台灣一沒有西方社會的大量外來移民，二沒有像歐美那麼嚴重的貧富差距，三沒有宗教衝突，四沒有種族對抗，五沒有震撼人心的恐怖事件，為什麼台灣會民粹當道，而且出現得遠早於當前歐美的民粹？民粹的根源到底在哪裡？筆者的淺見是，我們的民粹很大部分是人為的。因為「大總統制」使得總統職位無比誘人。為了勝選，而且只需領先一丁點就可以贏，那麼充滿情緒及議題張力的兩岸關係當然是最好的炒作題材。

所以過去六次總統直選，兩岸關係每次都在競選過程中占據關鍵位置，從來沒有缺席或弱化。一次又一次的大選，各方操作兩岸議題的手法也愈來愈熟練，操作的人幾乎上癮，完全不顧選戰言行對台灣內部安定或選後兩岸關係的傷害，也完全不顧這種民粹已經讓台灣的民主化背上惡名。台灣常以民主化而感到驕傲，但曾幾何時許多外國朋友及愈來愈多的大陸民眾都對台灣的民粹亂象大搖其頭，甚至看成負面教材。換句話說，我們在兩岸及國際社會中的道德形象已經因為民粹而嚴重受傷。

影響二：沒有「台灣共識」及「兩岸共識」

連帶的，正因為大選爭奪太過激烈，參選各方常常澈底撕破臉，選後當然很難平心靜氣面對彼此，更談不上攜手合作共建台灣的未來。輸的一方永遠在想如何打贏下次的選戰，而贏的一方就專注想如何永遠執政下去。這種激烈爭奪就把原本國內的「人民內部的矛盾」，變成「敵我的矛盾」。筆者敢斷言，其嚴重的程度甚至超過今天美國的藍（民主黨）紅（共和黨）的鴻溝。

反映在兩岸關係上，沒有藍綠和解，當然就不可能有「台灣共識」。一九九八年筆者曾應邀出席民進黨第一次的「中國政策」研討會。作為唯一國民黨籍的參與人，筆者向民進黨建議「三步走」。一、在民進黨內部先凝聚黨內的兩岸共識；二、進一步與國民黨協調出「台灣共識」；三、兩岸設法協商出雙方均能接受的「兩岸共識」。迄今這三步可說一步也沒有跨出去。其中「台灣共識」的無蹤無影，恰好旁證了台灣近二十年的藍綠分裂是多麼嚴重。既然「台灣共識」不存在，當然也不可能透過兩岸協商產生「兩岸共識」。兩岸和平安定自然十分脆弱。

影響三：民粹綁架政策彈性

贏了大選的人就真的能夠隨心所欲了嗎？也不見得。民粹的弔詭是，利用民粹的人反過來也被民粹綁架。今天兩岸關係如此緊張，東亞局勢日益加溫，朝鮮半島一日數變，而一向保護台灣的美國愈來愈自顧不暇，反而海峽對岸的中國大陸繼續維持它多年的高度經濟成長、政治穩定，與戰略定力。面對此一新局，包括安倍晉三的日本與文在寅的南韓在內的幾乎所有東亞國家，都採取最保險的「避險」（hedging）政策。也就是說，不在美中之間絕對的選邊站，大致安全依靠美國經濟聯結中國大陸。唯一的例外就是台灣，一面倒地親美日、遠中國。為什麼？難道台灣自覺實力已經大到、或勇氣已經十足到可以不見棺材不流淚的地步？筆者相信，除了若干意識型態強烈的人士外，執政黨內部多的是能夠務實審時度勢的高手。但他們不幸被自己成功營造出來的民粹氛圍所綁架，而失掉了適度調整政策的彈性。更不幸的是，整個台灣都被綁架，還必須承擔後果。

影響四：恣意妄為的總統

此外，總統在兩岸關係上可以恣意妄為，不受國內任何力量的節制。最好的例子就是「兩國論」、「正名」、「制憲」、「公投」、「入聯」等。當時在野黨即使占到立法院多數，也無能阻擋這些地動山搖的新政策的推行。它們後來胎死腹中，不是中華民國的制度或台灣的民主化發揮了制衡的作用，而是外部的兩個大國赤裸裸地出手干預。

類似的災難如在國外發生，許多人會開始從制度面反省改進。譬如美國從甘迺迪（John F. Kennedy）時期就一步步被拖進越戰的泥淖，十幾年戰事讓美國精疲力盡。為避免美國再度被總統乾綱獨斷在未經國會授權的情況下拖進類似的困境，就在一九七三年通過《戰爭權力法》（*War Powers Act*），規定總統可以應急短期出兵，但如超過九十天就必須獲得國會的明示授權。反觀台灣，地動山搖後，不曾在制度面做出任何檢討及防止總統濫權的補強設計。台灣民眾高度自傲於民主化，也享受可以直選總統帶來的滿足感。但他們選出新總統後「由他（她）玩四年」的消極放縱態度，卻很可能讓台灣再度歷經驚心動魄的衝擊。

影響五：不透明、言行不一的總統

總統在攸關國家命運及前途的兩岸關係上，可以「說一套、做一套」，是「大總統制」產生的另一結果。任何人都可看出，冷戰時期的台灣是「可以說（統一），不能做」，而現在則是「可以做（獨立），不能說」。筆者曾稱此為台灣的「精神分裂」病態。今天台灣的言與行不僅分離，而且分離到大家見怪不怪的程度，放眼今天的民主國家，恐怕是只此一家，別無分號。

一般民主國家都會要求政府施政必須透明（transparency）、負責（accountability）。所以總統（或首相）必須經常面對國會及媒體的質問；他們的政策及行政措施必須有一套明確的、前後一致的、完整而相互呼應的說法支撐。尤其在類似兩岸關係這樣的重大政策，絕對不可能用幾句模糊語言、幾個文件就蒙混過去。但台灣的「大總統制」並不要求透明，也不要求負責。總統絕大部分時間都可以神隱。他（她）每年只有幾個固定場合需要講話（如元旦、國慶、就職紀念日等）；他（她）還可以任意取消這個講話。其他時間他（她）完全不須去立法院備詢，也不必召開記者會說明他（她）的政策或理念。他（她）還有完全的自由選擇他（她）想出席的場合及時間。任何人（包括記者）想要近身，或在某個場合「巧遇」都極度困難。

這個「說一套、做一套」的奇特現象，在兩岸關係甚至整體對外關係上，自然產生了「不透明」的後果；「不透明」就造成猜忌；而猜忌就容易招致反制。受傷的又是我們的國家利益。目前猜忌最嚴重的當然是對岸的中國大陸。隨著兩岸心結的加深，關係日益緊張，將來爆發衝突的可能性只會上升，不會降低。其次就是國內民眾。總統的支持者基於「默契」，不會刻意深究總統為何言行不一。但絕大多數的非支持者心懷猜忌，絕非台灣之福。人類歷史上極少出現小國對抗大國最後能夠順利勝出的例子。如果小國內部自己還嚴重分裂，小國還能倖存者幾希矣！

結語

平心靜氣地說，總統直選本身不是罪惡；它是民主化的好事。但它「領先就贏」的設計助長了惡意競爭，產生少數可能凌駕多數的後果。更大的問題是權大責任輕的「大總統制」。「總統直選」與「大總統制」配套在一起，不幸就扭曲了民主，創造了獨裁，還衝擊了內部的安定團結及兩岸的安全穩定。

我們設想，如果「總統直選」不是領先就贏，而是設有一定的當選門檻；再如果今天總統只是總統，不是「大總統」，必須領受各種國內力量的牽制；他（她）當選後不是贏者全拿，而是彼此共享；他（她）必須扛起與權力相對等的責任，經常面對立法院、媒體、民眾的質詢。如能這樣，大選競爭還會割喉割到斷？各黨會否彼此多點忍讓？「敵我矛盾」會否轉回成「人民內部的矛盾」？同時預留了選後兩岸和平相處的空間？

或許值得大家思考。

總統直選制度與兩岸關係的發展

陳忠信

現任亞太和平研究基金會副董事長。東海大學數學系學士，歷任《美麗島雜誌》主編、《自主早報》主筆、民進黨中國事務部首任主任、立法委員、國家安全會議副祕書長、代祕書長。

一九九六年三月二十三日，台灣人民第一次以直接投票的方式選出中華民國的總統。這是台灣民主化的重要里程碑。

從日本殖民統治時代，一直到國民黨戒嚴統治時代，爭取由人民自治的訴求，一直沒有中斷。如二十世紀二〇、三〇年代的「議會設置請願運動」等抗日運動的努力，如彭明敏師生三人在一九六四年提出的《台灣自救運動宣言》，就呼籲「遵循民主常軌，由普選產生國家元首」，一直到民進黨成立、蔣經國去世，「總統直接民選」一直是當時在野勢力最重要的政治訴求。一九九二年四月十九日，民進黨發起「總統直選大遊行」，並占領忠孝西路三天二夜後被強制驅離，是此運動訴求的最高峰。四年後，訴求成真。

可以說，「總統直接民選」是台灣歷史發展「本土化、現實化、民主化」之總體趨勢的具體呈現。這個發展趨勢是相對於蔣氏政權「移居、過客、威權」之性格形成的，其核心關注點是蔣家政權在台灣的統治正當性，特別是蔣介石以《臨時條款》來達到總統終身制、國會萬年化之後。因此，當我們看待總統直接民選後產生了什麼樣的重大影響這個議題時，不應侷限於「總統直接民選」這單一的事件，而應著眼於以「總統直接民選」為輻輳之總體發展趨勢。

大約在二十世紀八〇年代之前，兩岸是隔絕的，敵我對峙的，「漢賊不兩立」。這種敵對態勢，除了針對對岸共產政權之外，也針對生活在台灣的人民，每一個人跟中國大陸的可能關係都要受到戒嚴戡亂體制的嚴密監視管制。從現實上來說，不管是從國際形勢、民主正當性等角度來看，甚至人民的日常生活，都處在不正常的狀態。比方說，兩岸不准往來就造成的許多人倫隔絕，這種狀況的長期存在，除了以威權政治權力強力壓制外，能否正常持續下去，非常讓人懷疑。在這種背景下，以「總統直接民選」這一心理訴求為核心焦點的民主化訴求，指向一個大方向，那就是「正常化」，政治秩序的正常化。從內政到對外，包括兩岸關係，都是如此。許多改革在自由化、民主化的訴求中欲迎還拒地啟動。兩岸也從你死我活的國共內戰逐漸變成沒有煙硝的國共內戰，緩慢地朝向「本土化、現實化、民主化」的方向發展，從人倫隔絕逐步發展到社會、文化、經濟的密切往來交流。

一九七九年美中建交，北京改採和平統一政策，並展開對台（基本上以國民黨高層為主要對象）招手的統戰攻勢。當時，兩岸仍隔絕，蔣經國對此高懸「三不政策」（不接觸、不談判、不妥協）。當日之情境，可以一九八二年七月二十四日〈廖承志致蔣經國先生信〉及八月十七日蔣宋美齡的回函〈給廖承志公開信〉，見其一斑。

信中，作為國民黨元老廖仲愷之子、蔣家故舊的廖承志，殷殷動之以情，對蔣一再聲言的「不接觸、不談判、不妥協」，「期期以為不可」，套交情說「世交深情，於公於私，理當進言」。進而責之以民族大義，引蔣氏「要把孝順的心，擴大為民族感情，去敬愛民族，奉獻於國家」之言，說「誠哉斯言，盍不實踐於統一大業！就國家民族而論，蔣氏兩代對歷史有所交代；就吾弟個人而言，可謂忠孝兩全。否則，吾弟身後事何以自了。尚望三思。」甚且責之以春秋大義，說「吾弟一生坎坷，決非命運安排，一切操之在己。千秋功罪，繫於一念之間。」殷殷勸說國共再度合作，兩岸談判統一。

國民黨方面則由旅居美國的蔣宋美齡以長輩身分，家書口吻，發表一封〈給廖承志公開信〉，開篇先說蔣經國「負有對我中華民國賡續之職責，故其一再聲言『不接觸，不談判，不妥協』，乃是表達我中華民國、中華民族及中國國民黨浩然正氣使之然也。」接著娓娓細述早年與其先翁廖仲愷及夫人之患難交誼，推尊「仲愷先生始終是總理之忠實信徒」，委婉責廖承志「有虧孝道」，望其三思此意。最後從文革期間廖承志亦遭鬥爭切入，長篇列述毛共之暴政，盡顯長輩開導子侄之態，最後要其「敝帚自珍，幡然來歸，以承父志，淡泊改觀，養頤天年」，「回頭是岸」，拒絕了國共和談之議。

國共高層的「漢賊大義」可以說得冠冕堂皇，然而，底層的現實完全不是這樣，在現實化、民主化的大趨勢下，一些事態如伏流般在底層醞釀著。一九八六年，逐漸成長的黨外民主運動力量集結成立民主進步黨，挑戰戒嚴時期的禁忌——黨禁。晚年的蔣經國雖然相當關切組黨相關情事，但沒有如前一般採取強力鎮壓措施。據李登輝的筆記，蔣經國向李表示：「此時此地，不能以憤怒態度輕率採取激烈的行動，引起社會不安情形。應採取溫和態度，以人民國家的安定為念頭處理事情。有關十二人小組，因嚴（家淦）先生住院，請本人主持會議，並對組黨問題，不違反國策、憲法規定內，可研究組黨的可能性。暫以祕密進行。」（李登輝著，《見證台灣：蔣經國總統與我》，一九八六年九月三十日，頁一八六—一八九）

李登輝後來補充說，黨外公政會在圓山飯店宣布組黨，「當時在國民黨內沒人敢講話，都要看蔣經國的態度，他認為不要輕率處理，也不禁止他們組黨。」當時沒有處理民進黨組黨問題，主要就是根據蔣的這一態度。

最大的禁忌突破了。從一九七〇年代中壢事件後社會開始反抗國家機器以後，許多過去被黨國機器壓制，現在逐漸蓄積能量的社會力開始冒頭，從各方面衝擊黨國機器的威權控制。大約從黨禁突破前後，國家體制與社會的關係的變化明顯加快，自由的縫隙出現了。最能表現這種變化的是社會上各種自力救濟的抗議活動和社會運動風潮的快速擴張。以一九八六年為例，人民請願與集會遊行有一二一〇次，一九八七年增加到一八三五次，而當年就出現了六七六次自力救濟事件。

在這一大背景下，其中有一股力量推動了兩岸的破冰。一九八七年四月，一群承受國共內戰摧殘、背負人倫悲情的來台老兵，挺身反抗「禁止與匪區親人聯繫」的禁令，在部分民進黨人與人道主義知識分子的聲援下，組成「外省人返鄉探親促進會」，他們身穿寫著「想家」二字的白上衣，穿梭於街頭，訴求返鄉探親，他們向社會訴求，「我們已沉默了四十年」、「想回家，怎麼辦」、「抓我來當兵，送我回家去」、「回家的時候到了」。

這些在今天回顧仍然令人動容的街頭呼喊，最終促成了「開放探親」的政策實踐。一九八七年十月十五日，在蔣經國的直接指示下，國民黨政府正式宣布自十一月二日起，除現役軍人及現任公職人員外，凡在大陸有三等親以內親屬者，可以向紅十字會登記赴大陸探親。隔年一月十四日，「外省人返鄉探親促進會」會長何文德帶領會內老兵二十多人一同返鄉，並祭拜黃陵。兩岸不能往來接觸的堅冰慢慢開始融化。

關於返鄉探親問題，李登輝在前引書一九八七年九月二十一日有一些記載，他說當日他向蔣經國報告相關開會情形及處理結果，蔣指示「不必加限制條件，儘量放寬為原則，方可收號召效果。如有問題，在處理上去想辦法。」李登輝不認為民間之返鄉探親運動影響了政策之開放，他說「我認為他們的影響力有限」。但從他的敘述中卻可反證返鄉運動對決策之壓力，他說「關於此次大陸探親問題為宣傳意義大於實質意義」，他受命研究此問題時「不知從何著手」，其他人亦然，蔣除了探親措施，「並沒有更具體長遠的兩岸規劃」。開放探親是為了號召、為了爭取民心，也就是他講的「宣傳意義大於實質意義」，這難道不就是影響政策的壓力？然而，就個別老兵而言，探親豈只是「宣傳意義」？應該說，在黨國「宣傳意義」的考量下，老兵實現了他們返鄉探親這一活生生的「實質意義」。

開放探親以後，兩岸的閘門就不由自主地打開了，各方面的交流往來次第開展，層面涵蓋了經濟、社會、文化、學術……從零星、片斷的交流，逐漸加溫發展為全面性的交流。兩岸朝著「正常化」的大方向發展。

＊＊＊

然而，雖然兩岸在經濟、社會、文化、學術等方面的交流，朝著「正常化」的大方向發展、奔流，但在上層政治層面的互動上，卻遠比這些層面複雜錯綜，險阻叢生，有如深水下的岩礁、冰山。

眾所周知，兩岸問題之產生，沿自國共內戰。國共兩大權力集團經歷激烈的政治軍事鬥爭後，共軍席捲長江南北，蔣介石倉皇辭廟敗走台灣。一九四九年十月，毛澤東在北平宣告成立中華人民共和國；十二月，中華民國政府播遷台北。台海兩岸分裂對峙的政治態勢初步形成。次年，韓戰爆發，美國第七艦隊巡弋台灣海峽，台海兩岸分裂對峙的態勢進一步固定形成。儘管從傳統政權更迭的眼光來看，這是蔣家政權偏安一隅，但從戰後冷戰地緣戰略態勢來看，這個敗退的政權是一個與毛澤東剛剛宣告成立之中華人民共和國互不統屬，由內外形勢逐漸形塑的實存國家，一個「意外的國度」。其後，在東西冷戰態勢下，雖經許多國內外形勢的變遷，包括一九七一年聯合國《二七五八號決議》使中華人民共和國取代中華民國，兩岸在政治上的戰略態勢異位，但兩岸分裂對峙的態勢一直沒有改變。

到了一九七九年，華盛頓與北京建交，蔣經國雖仍以「三不政策」因應北京的和平統一攻勢，但隨著台灣內部民主化運動、老兵返鄉探親等社會運動的興起，蔣本人應該也感受到他自己說的「時代在變、環境在變、潮流也在變」，所以容忍民進黨的成立，開始著手準備解除全世界最久的戒嚴、開放老兵返鄉探親等措施。李登輝補充他跟蔣晚年的談話記錄，指出「蔣經國宣布解除戒嚴，原因是擋不住潮流……他覺得國民黨要在台灣生存，一定要民主化和本土化……在這種情況下，他愈來愈覺得這樣下去不行，一定得改變。」他不清楚蔣對民主化有沒有一套完整的規劃，但蔣確實是在思考解除戒嚴、解除黨禁、組黨等等這些大方向，他說如果當時蔣沒有提起解除戒嚴的事情，國民黨內是沒有人敢提議的。

一九八七年七月，戒嚴解除。半年後，蔣經國去世，強人政治告終。李登輝在保守的國民黨權力集團環伺之下繼任總統，逐步啟動以「正常化」為主軸的政治改革。過去四十年來的政治秩序，是在非正常的動員戡亂體制下運作的，是一種以「動員戡亂」為名，由上到下的威權秩序。現實政治社會的發展使得這狀態跟現實嚴重脫節，必須有所調整，朝向「正常化」調整，否則無以因應日益增長的各種矛盾緊張。一九九〇年六月，因應野百合學運抗爭，李登輝召開國是會議，以解決重大憲政爭議。在長達六天的國是會議中，首度邀請在野力量（包括海外黑名單人士、剛獲特赦的政治異議人士）「共商國是」。最後達成包括回歸正常憲政體制、終止動員戡亂時期、廢除《動員戡亂時期臨時條款》、設置非官方的兩岸中介機構等共識，並在後續的修憲、修法中逐步終結「動員戡亂體制」，邁出建構正常民主憲政體制的第一步。儘管這個轉型是分期付款式的，受到現實舊勢力乃至外在力量很大的牽絆，但它總算沿著「本土化、現實化、民主化」之總體趨勢向前邁出了民主化、正常化很關鍵的一步。

問題來了。要終結「動員戡亂體制」，一方面當然是內政上要回歸《憲法》，建構正常的民主憲政秩序，那就是進行國會全面改選、總統直接民選、調整動員戡亂法制等等這些改革；另一方面，也是最重要的，在關鍵性的兩岸關係上，意味著在政治上不再將對岸的政權定位為「叛亂團體」，希望終結敵對狀態，建構穩定的和平互動架構。那麼，四十年來處於敵對狀態的對岸政權，二十年前取代中華民國成為聯合國常任理事國的中華人民共和國、掌握政權的中國共產黨，又該怎麼定位？兩岸之間又是怎麼樣的關係？開放探親以來兩岸間不斷擴大的民間往來所衍生的諸多問題，又該如何規範？

這些錯綜複雜的問題，必然是終結「動員戡亂體制」的過程中必須立刻面對的問題，也是要繼續推動民主化、建構正常化之政治秩序的台灣，無法不面對的問題。

落實到現實政治，面對這些問題，必須同時面對來自內外兩方面的問題。在內部，長期浸淫在反共思維下的國民黨老舊保守勢力，無論在現實利益上或意識型態思維上，都跟舊的體制有著唇齒相依的關聯，他們對這樣的改革是怎麼想的，必須面對。從相關文獻可以看到，即使當時參贊相關轉型工作的一些人，也仍然有著扯不清的戡亂思維殘遺。在外部，兩岸經過半世紀的對峙，互相視對方為「幫」為「匪」，相互猜忌之心很深，互信的基礎也非常脆弱。再者，在民主化過程中，從本土孕育成長、與共產黨從無互動經驗的民進黨，已經日愈成為台灣政黨政治的重要部分，其政治主張，其本土關懷，都成了處理這些問題時不能不考慮的問題，這就更增添了問題的複雜性，挑戰前所未有。

因應這些挑戰，初掌權柄未久的李登輝，在國民黨老舊保守勢力環伺下，只能在當時國民黨權力集團所能忍受的保守基礎上，規劃了一個從國統會、陸委會到白手套海基會的「決策—執行—交流」組織架構，並在一九九〇年十月成立「國家統一委員會」，展開新時期推動兩岸關係的新布局。國統會成立後，很快就在十二月召開的第二次會議中提出一份具戰略性意涵的《國統綱領草案》，並在一九九一年二月通過。翌年八月國統會再通過補充此綱領的《關於「一個中國」的涵義》。這兩份文件，一方面是李登輝初掌權柄，用來凝聚黨內各方勢力、吸納社會意見，以鞏固權力的戰略布局；另一方面，也更重要的，是因應形勢變遷，在終結「動員戡亂體制」以後，規劃新時期兩岸互動關係之政策指導的戰略方針。在《國統綱領》通過四個月後，李登輝自己在國民黨幹部訓練機構革命實踐研究院講話，就清楚指出，「四十幾年的台灣海峽關係完全是以動員戡亂時期作為我們領導的原則，但是在動員戡亂時期終止後，如何規範海峽兩岸的互動，除了《國統綱領》以外，沒有其他可以替代的了。」

這兩份具戰略性意涵之文件，雖然有著時代轉軌的意涵，但仍然沿襲「動員戡亂時期」以來將「國家統一」作為終極的單一目標，並以之為根本之政策原則。這一立場沒有改變，是國策。李登輝在前舉的講話中一再強調這一點，具體而微地說明了當時的時代氛圍。更關鍵性的是，這一文件將對岸政權的定位，作了戰略性的轉軌，由之前動員戡亂時期必須對之「戡亂」消滅的「叛亂組織」，調整為模糊的「政治實體」，並以「在交流中不危及對方的安全與安定，在互惠中不否定對方為政治實體，以建立良性互動關係」這一策略，對抗中共主張「一國兩制」、視台灣為地方政府之謀台企圖。這是戰略性的轉折。

然而，什麼是「政治實體」，兩份文件都模糊帶過未交代，僅在不同近、中、遠三個進程的描述中籠統地分別提到「建立兩岸交流秩序，制訂交流規範、設立中介機構」、「兩岸應建立對等的官方溝通管道」、「成立兩岸統一協商機構」等具有政權功能的機制。但是，這些機制的具體定位還是模模糊糊，沒有講清楚，不能講清楚，也講不清楚。也許這是現實上無可奈何的辦法。總而言之，這是一份很曖昧模糊的妥協性文件，仍然以法統之正統自居，企圖以創造性模糊的戰略定位，以自我主觀的意願片面定位對方，然後透過一些單方構想的路徑圖，即近程（交流互惠階段）—中程（互信合作階段）—遠程（協商統一階段）的路徑設計，希望用時間換取空間，來開展雙方的互動往來。

然而，這種曖昧的模糊策略，在現實上並沒有引來共鳴，也沒有解決問題。因為國統會以「國家統一」為名，以追求「中國的統一」為宗旨，新興的民進黨一開始就拒絕背書，中常會通過決議不參加，原受邀擔任三名副主委之一的黨主席黃信介後來決定不參加，隨後制訂的《國統綱領》也被視為是國民黨一黨表達其政治號召、政治策略之文件。這樣一來，在尋求政治秩序正常化的過程中，這個關鍵性的、戰略性的轉軌問題，就一直陷入內部的紛爭。

至於中共，也許是因為這是單方面主觀設計的路徑圖，也許是基本立場南轅北轍，總的來說，北京並未對這份《國統綱領》給予善意的評價與回應，除了對《國統綱領》標舉的「共同重建一個統一的中國」給予肯定之外，基本上是負面反應的。北京指責台灣仍未放棄反共敵對立場，說《國統綱領》「表面上打著國家統一旗幟，實際上是推行兩個中國、一中一台和對等的政治實體」，說台灣要「以一個獨立的政治實體進入國際社會，謀求外交上所謂的『雙重承認』」。他們批評台灣政府仍然未能放棄「三民主義統一中國」的「目標」，認為「這不是務實明智的選擇，只是一種不切實際的幻想」。

本來，在「動員戡亂體制」下，兩岸都把對方視為是「零和」的敵對鬥爭關係，《國統綱領》的主要著眼點，也是其最重要的時代意義，就是要將之轉軌為「非敵對的」、「非零和的」關係。而囿於舊體制下的種種情結，如所謂的「法統」，以及外在之地緣政治權力結構的掣肘，無法以務實的角度思考這個問題，因此，只好以模糊但非零和的「政治實體」來定位中共政權。然而，在這個關鍵點，北京的反應是強硬的、「零和」的。北京指責《國統綱領》提出「在互惠中不否定對方為政治實體」、「在國際間相互尊重，互不排斥」等主張，實質上是按照「兩個獨立的政治實體」的架構，製造「兩個中國」、「一中一台」，抨擊說這是極不現實的，只是一種不切實際的幻想，鄧小平在內部講話甚至強硬地說，「要好好敲打他們，不要夢想『和平反攻大陸』。要抓住要害，告訴他們『兩個中國』、『一中一台』、『和平演變』、『台獨』等都是行不通的死路一條，只有走『一國兩制』的路才是光明大道。」

這樣的分歧，把兩邊都試圖調整戰略布局所碰到的矛盾完全顯露。這在上述《關於「一個中國」的涵義》這份文件出台後，更明確、更具體地顯露。這份文件的出台，是《國統綱領》標舉「一個中國」原則、採取「政治實體」之模糊定位這樣的策略，在邏輯上不得不然的結果。一九九一年十一月及次年三月，受委託的海基會兩度就有關「文書驗證」及「共同防制海上犯罪」等事項，與中共相關單位商談，北京提出「一個中國原則」的問題，要納入協商文件，台北希望在事務性協商中不必觸及這問題，但北京態度強硬，協商因此觸礁，必須有所處理。更有進者，《國統綱領》中除近程階段提到一次「一個中國」外，全文並沒有對「一個中國」之涵義加以明確界定，究竟台北如何界定「一個中國」？會不會在協商時因北京的堅持而接受籠統的「一個中國」提法，因此被北京的定位吸納過去？為此，國統會研究委員就「在兩岸統一前對『一個中國』的涵義應如何界定」加以研究討論，最後擬了一個草案，並經委員會議激烈討論後作成決議，此即《關於「一個中國」的涵義》，成為後來相關討論時台方的基本立場。

在《國統綱領》中，「國家統一」是國民黨黨國體制及之前動員戡亂時期的意識型態教條，不可能抹掉不提，而在現實上，這也是國共少數僅存的歷史連結，在兩岸嘗試新的連結中，這一點也不可能抹掉不提。但是，當時的國民黨人應該也很清楚，從聯合國《二七五八號決議》以後，「一個中國」符號的詮釋，是比較有利於北京的，因此，在整份八百餘字的《國統綱領》中，提到「國家統一」有十一次，但只有一個地方提到「一個中國」。這或許具體而微地反映了其中的微妙之處。恐怕也因這個微妙之處，在接下來的兩岸協商中，北京一貫要強調「一個中國原則」，台北則希望在所謂事務性協商中不必觸及這個問題，這是後來兩岸協商最大的爭議所在。正因為這些微妙，《國統綱領》中以模糊的「政治實體」來指涉、定位兩岸。但在北京一貫要強調「一個中國原則」的情況下，台北不得不討論，提出一個基本態度，這就是《關於「一個中國」的涵義》的由來。

在這份文件中，原來想留下模糊空間的，被迫攤開講明，所以開宗明義，說海峽兩岸雖然均堅持「一個中國」之原則，但雙方所賦予的涵義不同，「中共當局認為『一個中國』即為『中華人民共和國』，將來統一以後，台灣將成為其轄下的一個『特別行政區』」；而台灣這邊則認為，「『一個中國』應指一九一二年成立迄今之中華民國，其主權及於整個中國，但目前之治權，則僅及於台澎金馬」。這說法有「兩個法統各說各話」的味道，跟從前的講法，法統是零和的、有我無你、勢不兩立，有了很大的轉折。但接下來轉折更大，《關於「一個中國」的涵義》第二點清楚定義兩岸的現狀：「民國三十八年（一九四九）起，中國處於暫時分裂之狀態，由兩個政治實體，分治海峽兩岸，乃為客觀之事實，任何謀求統一之主張，不能忽視此一事實之存在。」

換句說，這決議將模糊的「政治實體」定位，再向明確的方向推進一步，實質上將兩岸定位為「分裂國家」，是由「兩個政治實體，分治海峽兩岸」，並提醒北京，說這是客觀之事實，「任何謀求統一之主張，不能忽視此一事實之存在」。值得一提的，約略在同時立法的《台灣地區與大陸地區人民關係條例》，也是以這種「台灣地區」與「大陸地區」分治的思維去構思的。台北方面所講的當然是事實，問題是這基本上是跟北京主張的「一國兩制」針鋒相對的。矛盾的表面化、明確化是時間早晚而已，是一定會浮上檯面的。

因為有這個關鍵性的分歧，所以在兩岸協商中爭議不斷。最為人所知的是一九九二年在香港的會談，即所謂「九二共識」的公案。

耙梳當年的相關資料，可以很清楚看到，當年北京在策略上採取強調「海峽兩岸均堅持『一個中國』」這個「同」的表述，但對「差異性」這一面則刻意淡化，並在稍後以「在事務性協商中不涉及『一個中國』的涵義上的分歧」的說詞，將這個差異「暫時」存而不論，先確定「兩岸均堅持一個中國的原則」再說。所以，當年海協會關於這爭議的口頭表述是，「海峽兩岸均堅持一個中國的原則，努力謀求國家的統一，但在海峽兩岸的事務性協商中，不涉及『一個中國』的政治涵義。」

至於台北方面，雖然勉強說「雙方雖均堅持『一個中國』的原則」，但著重要強調的是「差異」，即「但對於一個中國的涵義，認知各有不同」。時任陸委會副主委的馬英九在香港會談不算破裂但陷入嚴重僵局之際發表談話，表達台北的立場說，「在一個中國的原則問題上，中共如果想用模糊的概念把我們吃掉，我們是絕對不會接受的，我方不能接受不加註說明的『一個中國』原則」(引自方鵬程,《台灣海基會的故事》,頁八二)。這說法很清楚反應出,當時的國民黨人理解,如果只談「一個中國」而不加註說明,那在現實上是要被吃掉的。因為,從《二七五八號決議》以後,「一個中國」符號的指涉,是向北京傾斜的,國際政治的現實本來就是殘酷的。但要像《關於「一個中國」的涵義》那樣界定,那邏輯的必然是分裂的兩個國家,而且還殘存著零和之法統殘遺,甚至還停留在反攻大陸時期,等待「王師北定中原日」。

一九九二年的香港會談,雖然在雙方各有打算的情形下,暫時把這個根本的分歧擱在一邊,陸續進行了包括一九九三年辜汪新加坡會談在內的一系列商談互動,並試著建立「制度性的協商」。然而,在兩岸關係定位上的根本歧見,不要說解決,連比較貼切的相互理解都還很欠缺,所以只要一點風吹草動,兩岸的緊張立刻突顯。後來,無論是李登輝康乃爾之行、一九九六年首度總統直選,還是「中華民國在台灣」等說法,北京幾乎都視為是對「一個中國」的背棄、挑戰,因而,兩岸風波一直不斷。

風波最大的是一九九九年七月九日,李登輝接受德國之聲採訪時表示,中華人民共和國一九四九年成立以來,從來沒有統治過台澎金馬,而台灣「一九九一年修憲以來,已經將兩岸關係定位在國家與國家,至少是特殊的國與國關係,而非一合法政府、一叛亂團體,或是一中央政府、一地方政府的內部關係。」這就是所謂「特殊的國與國關係」的風波,海協會長汪道涵取消原訂秋天訪台之計畫,並且中斷海協會與海基會之往來。就像李登輝十一天後在國際扶輪社演講時說的,提出兩岸關係定位在「特殊的國與國關係」的主要考量,是為即將展開的政治談判尋求新的定位。這是國共兩黨重新定位兩岸關係之過招,將歧異最明白展現的極致。

接下來就是二〇〇〇年政黨輪替，民進黨執政。於是，海峽多事。

＊＊＊

一九九四年七月，經由委任派與直選派之激烈政治角力，第三次修憲將前二次《憲法增修條文》全盤調整修正，並議決通過，同年八月一日由總統公布，是為第三次《憲法增修條文》，確定總統、副總統改由人民直接選舉產生，而不再由國大代表間接選舉產生。這是一九九六年三月台灣人民第一次以直接投票選舉總統的由來。

在台灣，總統直接由人民產生，有著很深遠的政治、社會、文化意涵。前此，台灣經歷半世紀的殖民統治，然後是近四十年的戒嚴統治。到這時，才在民主化的進程中，有了選舉總統的機會。這意謂前此「動員戡亂非常體制」邁向「民主憲政體制」這一正常化之轉型基本上已經完成，它大大強化了政治體制之民主正當性與合法性，更由於直選產生之新總統具有最廣泛的直接民意基礎，無形中象徵著主權與政治中心。儘管一九四七年原來的《中華民國憲法》基本上是內閣制的架構，體制上也有著很強烈的內閣制要素，但因甫一「行憲」，戡亂體制之《動員戡亂臨時條款》立刻淩駕其上，現實上，實質權力運作以總統為中心，兩代「蔣總統」才是真正的權力中心。現在總統直選了，由於當選的總統有著最廣泛的民意基礎，加上傳統東方政治文化「首出庶物」的思想意識，現實的政治社會心理大抵也都認可總統有著最大的政治權力。儘管這仍有一些憲政上的問題，現實政治運作上卻延續過去的政治習慣，但卻又可以補強權力集中在總統的正當性。

在直選之前，繼承威權殘遺體制並啟動正常化轉型的李登輝，在直選後，立刻挾飛彈威嚇下仍獲得過半選票之強大民意基礎，繼續推動進一步的相關改革。仿照一九九〇年召開「國是會議」以凝聚朝野改革共識的做法，李登輝再一次籌備召開「國家發展會議」，廣邀朝野各黨各界人士參加，並規劃了詳細的幕僚作業，且史無前例地邀請在野黨參與幕僚前置作業。

國發會的召開，是這一波邁向正常化之轉型的改革最重要的攻頂，影響相當深遠。從強人政治告終，正常化的轉型啟動，夾雜著權力利益、意識型態的諸多分歧，各黨各界在許多基本問題上確實存在著歧異對立。在這樣的背景下，李登輝在首次直選總統就職演說中承諾，「將盡快責成政府，針對國家未來發展的重要課題，廣邀各界意見領袖與代表，共商大計，建立共識，開創新局。」隨後，各項籌備工作如火如荼展開，經過近三個月的籌備，一個由具有特殊歷史地位之首任民選總統召集，具有一定程度之政黨協商意味的大型會議終於順利召開、落幕，獲致豐富之成果。在憲政改革、兩岸關係、經濟發展三個分組中，共獲致一百九十二項共同意見。以下僅對兩岸關係分組略加著墨。

正如前述，從解嚴、終止動員戡亂以來，「調整非常體制，走向正常化」是民主改革工程的主軸。李總統在國家發展會議開幕典禮也說，「過去幾年來，（在政治改革方面）全國上下一步一腳印，循序漸進，度過了多少艱辛困頓，化解了多少危疑震撼，終於奠定了今天『主權在民』的民主宏規」，在走出動員戡亂的威權體制後，「主權在民」往往成為人民最優先的關切。在兩岸組的三十六項共同意見中，歸納其主軸，可以看出，各項共同意見無不環繞「獨立主權」展開，也無不聚焦在「獨立主權」這個核心上。環繞著這一點，儘管對許多具體的措施、作為該如何，有分歧的意見，但在這核心問題上，卻有著高度的共識。

然而，從事後看，與會各方對「獨立主權」這一主軸雖有高度共識，但其意涵為何，如何呈現這意涵等等，從籌備階段之幕僚作業就一直有一些爭議。一直到正式會議仍然意見交錯，會議主持人之一的許信良提議，由國、民、新三黨各推出席代表一人及學者專家一人共六人，組成協商小組，根據正式會議前之《兩岸關係議題專題》綜合研討會之討論內容及會前專題研究報告，進行協商，撰擬「初步共識草案」，再提交全體出席人員討論、修正通過。從這個過程，印證這次會議有著濃厚的政黨協商意涵。

兩岸議題，也跟當時重大問題一樣，朝野各黨都有自己的立場，甚且有相當的差異。因此，如果要形成一定之共識，各方都要有相當之妥協忍讓。因此，當時在野的民、新兩黨代表都強調，這些共識之達成，必須是以在野黨及具代表性之各界人士能充分參與未來關於兩岸之重大決策為前提。國民黨的代表對此意見不表異議。

因此，後來大會正式達成之三十六項「共同意見」中，首先標舉「為整合國內各界對兩岸關係之意見，俾凝聚共識，政府未來關於兩岸之重大決策，應強化在野黨及具代表性之各界人士充分參與之機制」，並與最後一項「建議總統另設兩岸關係決策之諮詢機構，其成員應包括在野政黨及具代表性之各界人士」相呼應。

這一共同意見很快獲得國民黨的正面回應，李登輝總統在閉幕典禮致詞時，除了再一次強調召開國發會的目的，「是為了凝聚社會的共識」，說當前也是一個「溝通協商」的時代，在推動改革的過程，不能採取「擅專獨斷」的做法，而必須透過溝通協商，凝聚改革的共識。最後，他回應「兩岸關係組」在總結報告中的建議，宣告「總統府將成立國家發展諮詢機構，暫設憲政體制、經濟發展和兩岸關係三個研究諮詢小組，必要時也可增設其他研究諮詢小組，適時邀請政黨及社會各界代表，針對國家發展的重要課題，進行研討協商，凝聚共識，共謀最佳對策。」

然而，很可惜的，不知道什麼原因，一直到二〇〇〇年政黨輪替，這個諮詢機構並沒有設立。國發會之前，類似最高決策諮詢機構之「國統會」，因最大在野黨民進黨不參與，以及其他原因，大約在一九九二年第九次會議後，基本上已處於閒置狀態，有如例行之應卯，角色及功能大大弱化，與剛成立時不可同日而語。正因此，在野力量之爭取參與兩岸決策，建議設置諮詢機構，是有其現實背景的。

政黨輪替後，民進黨的陳水扁接任總統，一方面，朝小野大，泛藍陣營在立法院占優勢；另一方面，北京要求新總統在兩岸政策上必須承認「一個中國」原則，以致兩岸關係陷入低迷，籠罩在低氣壓中。在台灣內部，剛失掉總統大位但還掌握立法權的國民黨，對這形勢採取一種近乎隔岸觀火的姿態，等著看新總統怎麼出招，朝野對兩岸關係政策幾乎各唱各的調。

政黨輪替前，藍營之兩岸政策基本上主張「一個中國」原則，但其解釋跟北京又有所不同，環繞著九二會談有一些糾纏不清的爭執，而綠營則拒斥「一個中國」原則。在這一混沌的形勢下，當時任陸委會主委的蘇起，在新總統就職前在一場國際研討會中用中文及英文，提出一個新的名詞，「九二共識」，後來成為此後兩岸政治論述上一個被「類型化」的爭議性名詞。蘇起在二〇〇三年出版的回憶性論述《危險的邊緣：從兩國論到一邊一國》，以及二〇一四年將此書擴充增補的《兩岸波濤二十年紀實》中，對此一前因後果都有詳細的描述。

蘇起說他的提議是希望用「創意的模糊」設計，給兩岸關係找到一個新的妥協基礎。他希望把北京、台北藍綠雙方這三方的立場都包裝在一起，「讓三種立場可以繼續各自表述，但他們有個共同的包裝。三方面只要認可這個共同包裝，就有彼此妥協的基礎。」他解釋說，「用『共識』，因為『共識』是個模糊的政治名詞，沒有法律的意涵……將來只要說『回到九二共識』，然後中共就可以繼續講他那套，台灣可以講我們這套，大家都過得去。這其中的要害，是讓不想提『一個中國』的人可以不去提它。這應該可以滿足民進黨新政府的需要。」（參見《兩岸波濤二十年紀實》，頁一五〇—一五四）

蘇起苦心孤詣地尋求解套之道，但事後看來，不但沒有達到解套之效，反而因現實政治上國、共、民三方相互之間不同程度的互疑，形成一爭議的中心。其原因很多，但蘇起原先構想時一些自己想當然爾的考量，未始不是重要因素之一。比如說，蘇起認為，用「共識」是因為它是個模糊的政治名詞，沒有法律的意涵。確實，「共識」是個模糊的政治名詞，沒有法律的意涵。但正因此，其所牽扯的政治心理意涵恐怕才是問題的要害，特別是牽扯各方有著強烈互疑的情況下更是如此。前引馬英九任陸委會副主委時說的「我方不能接受不加註說明的『一個中國』原則」最能說明這一點。蘇起所創造出來的「九二共識」的要害，其實就是以各方都接受「不加註說明的『一個中國』原則」為核心，然後各取所需，自我解釋。然而，正如已故海基會首任董事長辜振甫先生在身後出版的授權傳記《勁寒梅香：辜振甫人生紀實》所說的，「『共識』必須是經過雙方當面討論之後，所得出的共同接納的意見。事實上，一九九二年的香港會談，雙方確實無法接納對方的各項建議方案，因此會談沒有具體結論。」所以他認為「與其用『共識』來表達一九九二年的結果，不如用『相互諒解』（mutual understanding）或『附和』（accord）更能貼近事實。」確實，從比較貼近歷史事實的狀態出發找解套之方，雖然路徑會更多艱，但應該會比較踏實而長遠。

新政府沒有採取蘇起所創造的路徑，原因並不是蘇起所說的，「這顯示陳水扁似乎很早就放棄在兩岸間搭建新的和解橋梁。他的政策基調似乎鎖定對抗與排斥，以便最終建構『一邊一國』的新格局。」蘇起的論述是立基於一個暫時性的狀態，即原則上各方都接受一個在現實政治、特別是現實國際政治上，偏向北京有利的提法，即「一個中國」原則，而暫時不論己方不被其他方認可之立場，即不論所謂「各表」，或馬英九所說的，要加註說明的「一個中國」原則。這樣的立論基礎當然無法被新政府接受。

為了處理相關問題，並且緩和情勢，陳總統就任後，公布《跨黨派小組設置要點》，設立任務編組性質的「跨黨派小組」，邀請李遠哲擔任召集人，後來提出「三個認知，四個建議」，強調「中華民國與中華人民共和國互不隸屬、互不代表。中華民國已經建立民主體制，改變現狀必須經由民主程序取得人民的同意。」並且建議「依據《中華民國憲法》增進兩岸關係，處理兩岸爭議及回應對岸『一個中國』的主張」，以及「建立新機制或調整現有機制，以持續整合國內各政黨及社會各方對國家發展與兩岸關係之意見」。後者大有賡續國發會共同意見「強化在野黨及具代表性之各界人士充分參與之機制」之意。可惜由於泛藍陣營的抵制，此建議空留紙上聲。「跨黨派小組」本身也大約在提出《三個認知，四個建議》後，慢慢無疾而終。

二〇〇四年，陳水扁連任，國內外政局仍然動盪不安，為緩和朝野之對立，陳總統在就職演說中宣示，他將在他二〇〇〇年就職演說所揭櫫的原則和承諾之基礎上，進一步邀集朝野政黨及社會各界共同參與，成立「兩岸和平發展委員會」，凝聚朝野的智慧與全民的共識，擬訂「兩岸和平發展綱領」，共同策進兩岸和平穩定、永續發展的新關係。

這項宣示，雖經當時的國安會積極進行幕僚規劃作業，並展開探詢包括前跨黨派小組召集人李遠哲等重要意見領袖及非綠營政界人士之意見，草擬《兩岸和平發展委員會設置要點》，然當時因選舉紛爭導致朝野之間關係緊張，經初步非正式接觸，沒有得到在野陣營方面正面積極之回應，親民黨立院黨團且擬具《維護中華民國民主法制，台灣人民當家作主，促進海峽兩岸和平法》草案，交付立法院內政委員會審查，後來並改由國民黨團、親民黨團共同提案。由此可見當時朝野、藍綠分歧爭議之大。後來，「兩岸和平發展委員會」之設立被迫擱置，當然也談不上「兩岸和平發展綱領」之擬訂了，而藍營之《促進海峽兩岸和平法》也因爭議無共識沒有完成立法。

二〇〇八年政黨再輪替後，這個議題就歸入歷史檔案了。從政黨輪替前一直到政黨輪替執政，我們都可以看到要求建立台灣內部朝野共識之呼籲，但卻始終建立不起來。為更了解何以致此，也許有必要再回頭看看國發會一些具關鍵性意涵之「共同意見」及其歧異。

兩岸關係中，不只我們內部各黨派之間，而且兩岸之間最敏感、最棘手的議題，也是分歧最大的當然是兩岸的定位問題。對這個問題，國發會協商小組討論非常激烈。他們討論後同意，當前兩岸的事實狀態是，一九一二年以來，中華民國是一個主權獨立的國家，一九四九年以後，中華人民共和國亦成為一個主權國家。但是，這兩者之間的關係要怎麼定位？在評估各種可能的定位方式及各黨的立場後，小組決定建議，從一九七〇年代「one nation, two states」這一「布朗德（Willy Brandt）主義」模式思考，它從存在「兩個政府」這個歷史事實出發，在事實狀態的基礎上，依主權國的地位，《聯合國憲章》中一切國家主權平等的普遍性原則，互相尊重對方為國際法中的主體地位，但同時因現實政治的考慮，規避相互間的「國際承認」，彼此間不以外國關係對待。小組討論時認為，這樣既能照顧到國、民兩黨強調「存在兩個主權國家」的事實狀態，也能照顧到國、新兩黨追求國家統一的立場，或許也可以考慮到兩岸非外國關係，留下一些法理的聯繫可能，所以，小組建議這樣表述：「多數人認為，一九一二年以來，中華民國即為一主權國家；一九四九年以來，中華人民共和國亦成為一主權國家，雙方互不隸屬，但彼此間並非外國關係。」「在基本定位上，各黨對於兩岸關係未來發展方向有不同意見，而現階段在處理兩岸關係上，多數人認為『準國際關係』較妥。」

協商小組很冷靜地認知到，這樣的表述極具敏感性、爭議性，果然，在向大會報告後即引發相當爭議。事後回顧，大部分爭議所持的說詞，其實是回到自身本來的立場，換句話說，是回到協商前的本尊，而不是從溝通理性出發去尋求妥協、共識。比方說，新黨有代表表示不能接受「中華人民共和國亦成為一主權國家」，亦不能接受把「中華民國」與「中華人民共和國」並列，說這有「兩個中國」之嫌。又比如說，有國民黨的代表提議把「一九四九年以來，中華人民共和國亦成為一主權國家」，修改為「中華人民共和國政府亦成為一現實有效統治的政府」，或回到國統會「兩個對等的政治實體」的表述方式。而民進黨也有代表不能接受「彼此間並非外國關係」的說法，強調兩者的關係是國際關係。

這些說詞其實都只是回到自身原來的立場。如果這樣，那這一旨在尋求共識的會議就算失敗了，又回到「盍各言爾志」各說各話了。因此，擔任會議共同主席之一的許信良乃提議，刪除還不能達成共識的部分，僅就有共識的部分加以表述，結果，這一最關鍵、最敏感的「兩岸定位」問題，最後遂這樣表述：「自一九一二年起，中華民國即為一主權國家；自一九四九年中共政府建立後，兩岸即成為兩個對等政治實體。但由於兩岸關係錯綜複雜，且各黨對於其未來發展方向仍有不同意見，因此，必須以最大耐心與智慧尋求共識。」

這一表述最後在正式會議中通過，成為三十六條共同意見的第二條。

回顧相關文獻，協商小組最先提出來的建議確實比起現實有些超前，無法為與會者完全接受，但為顧全尋求共識之前提，經各方妥協，回到相對保守，基本上回到國統會「對等政治實體」這一更一般、更模糊的定位表述。但不管怎麼樣，當時各黨都願意在現實基礎上就敏感問題坦承協商，求同存異，尋求共識。這是那次會議最可貴的精神。這精神很清楚貫串在其他敏感性相對比較低的具體問題上，如經貿策略。

國發會的召開，其實是特殊時空下的產物。一方面是整個國家正在經歷從動員戡亂之非常體制，過渡到民主憲政體制之正常體制，在這一正常化的過程中，李登輝以其承續威權體制遺緒，又首次承受全民選舉之付託的特殊歷史地位，針對當前國家社會發展所面臨長久有分歧的重大問題，召開具政治協商性質之會議，其本身就深具歷史意義。另一方面，正因這段歷程是一個艱辛的正常化歷程，除憲政體制等內部問題，更有如何重新定位兩岸之現實的問題，這就除了尋求內部妥協共識外，更須尋求兩岸間某種相互的妥協、相互的忍讓，這比起憲政、經濟發展議題，更具敏感性。

＊＊＊

國發會後，相關改革工程陸續進行，如精簡行政層級的凍省等，兩岸間也因彼此的互信不足，衍生許多風波，其中最大的是上文已提及之「特殊國與國關係」的風波。

接著是政黨輪替，風波不斷，兩岸緊張情勢一時沒有緩解，終陳水扁總統兩任八年，以民間白手套包裝的官方往來中斷。但總的來說，經貿、社會往來仍然持續成長，金馬小三通、大陸人民來台觀光等陸續實現，雙向、對飛、不中停的春節包機，乃至假日包機陸續實施，並常態化辦理，為兩岸直航奠定堅實基礎。然而，兩岸政治關係仍然緊張僵持。可是，在這種情況下，反倒是胡連會、胡宋會等之類不具官方性質之渠道絡繹於途，為基礎已很脆弱的民共關係添上更破壞性的因素，惡性循環地為未來的兩岸關係埋下惡因子。

就像本文開頭所指出的，「總統直接民選」是台灣歷史發展「本土化、現實化、民主化」之總體趨勢的具體呈現。這個總體趨勢在一九七〇年代熬過嚴寒的軍事戒嚴統治時期，冬天過了，台灣社會迎來驚蟄競飛的年代。一九八〇年代以後，歷經政治自由化、民主化，台灣的民主政治轉型逐步推動。

在台灣，民主化要摧毀的是軍事威權體制，而這一體制賴以宣稱正當性的基礎是中共這一「叛亂團體」的「竊國」，所以要「動員戡亂」。但從一九七一年聯大通過《二七五八號決議》後，「動員戡亂」的支柱已搖搖欲墜，其後在台灣社會之社會運動、民主運動的持續衝擊下，長達三十八年的戒嚴解除，動員戡亂時期終止，《動員戡亂時期臨時條款》廢止，一連串從動員戡亂體制向民主憲政體制轉型的政治正常化持續進行，「總統直接民選」即是其中一個重大的環結。

在這一連串的政治發展中，由於無法再視中共為「叛亂團體」，否則動員戡亂時期的終止就顯得很奇怪。這一來，兩岸關係的定位就變成一個重大的問題。換言之，除非有很特殊的原因與共識，民主化的一個很大的可能結果將是兩岸關係的正常化。然而，兩岸關係的正常化並不必然解決兩岸定位問題，特別是加進國共內戰爭奪正統的歷史因素，以及台灣民主化的現實因素，乃至國際政治體制、地緣戰略關係等外在因素後，使得這個問題更加錯綜複雜。台灣自總統民選以後，以民選總統之民意正當性基礎所形塑的權力基礎，使總統在兩岸關係問題的處理上，有著最關鍵性的權力，扮演著最關鍵性的角色。這是我們在過去近三十年所看到的。

相對於對岸仍處於政治決策極權的體制（他們自己稱這是「民主集中」），台灣從威權向民主轉型中的體制，除了舊體制的殘遺，以及正在學步建立的民主決策體制之外，以總統直接選舉為核心之民主轉軌工程中也有著一些很值得珍惜的經驗，那就是不管基於什麼樣的動機，朝野都曾試圖建立以協商尋求國家社會長遠方向或長遠政治秩序之「大妥協」共識的機制。

這種透過協商尋求國家社會長遠方向或長遠政治秩序之「大妥協」共識的機制，不管在民主化歷程還沒走完的內部問題上，還是仍然還沒有奠下和平發展之堅實基礎的兩岸關係，特別是兩岸定位上，都很需要這樣的機制，這樣的精神。這樣崎嶇難行的小徑，台灣內部的轉型走過，兩岸也跌跌撞撞地彷彿有過相仿的機制面貌。只不知今後會不會還有這樣的精神、機制出現的空間？

民選總統的責任

張善政

時任台灣大哥大基金會董事長、智網聯盟總綱會長、國家生技醫療產業策進會會長，東吳大學、交通大學相關學院客座講座教授。美國康乃爾大學土木工程博士，歷任台灣大學土木工程學系教授、國科會國家高速電腦中心主任、科技部長、行政院政務委員，行政院副院長、院長。

關於至於總統直選制度對兩岸關係的影響，總統直選是我們民主政治正常化的結果，台灣的人口二千多萬也不多，要做總統直選在基礎上也不是問題，總統直選應該是民意反映一個非常好的方式。但在總統直選過程所有討論的議題中，最敏感的就為兩岸關係。兩岸關係最讓人覺得困難的是，任何一位總統，兩任八年的時間大概也沒有辦法解決，這個問題是需要幾十年慢慢來解決的。

不論是要獨立或者是要統一，在總統競選階段吵了半天，在當選四年或八年的期間也是沒有辦法去解決。這個時候回頭來想，在選舉的階段吵這樣的題目，對於民間的感情是蠻傷的。當然最好能有一個共識的方向，然對於這樣的共識該如何形成，目前還看不出來。我們期待的是，為政者或競選總統者能夠發揮智慧，屏棄意識型態，從務實角度替台灣尋求千百年定位的坦途。

換句話說，這是一個接力賽跑，每一棒的總統都有責任把民眾帶向一個能夠維持兩岸良好互動關係，而且又讓台灣能夠在國家認同與國際地位上有更進一步穩定發展的境界。

我對九二共識的看法

蘇起

「九二共識」在政治上扮演了一定階段性的作用，對穩定兩岸關係是有幫助的，我想這一點很多人也沒辦法否認。但在過程當中被一部分的人給醜化了，當被醜化到一個程度的時候，我也不會去哀悼它。「九二共識」從本質上來看，我想各位都能理解，它是國民黨跟共產黨之間一個相互信任基礎，而用這個名詞來象徵，然而這個名詞隨著國民黨的力量下去了，敗選了，國民黨跟共產黨之間的「九二共識」這個基礎沒有了，政治本來就是這麼變化的，都有其階段性任務。

現階段，我也希望民進黨的朋友們能夠告訴我們，關於現在民進黨執政，它跟共產黨之間有沒有任何交流的基礎？有沒有互動的基礎？如果沒有，那這就是民進黨該努力的。「九二共識」它有作用也有貢獻，可能過去了，大陸現在仍然捨不得，但在台灣，現在民進黨該跟我們說明，如何跟大陸建立一個溝通的基礎。目前依我看來，問題很大，大陸跟台灣目前看起來就是「Yes or No」，大陸說「one China」，台灣是中國的一部分，而全世界所有的國家都說「Yes, one China」，唯有民進黨說「No」。所以現在民進黨該在「Yes與No」之間搭一個橋梁。

所謂「九二共識」，這是一個模糊的名詞，當年我設計本來是為了二〇〇〇年民進黨要上台而設計的。而我稱當時的國民黨為「Yes, But」，就是「Yes, One China, But，我的解釋跟你不一樣」。所以國民黨跟共產黨從「Yes」與「Yes, But」之間，我將它包裝起來，我們就一中各表。民進黨假使是「No」進來的話，說不定可以將「Yes」、「Yes, But」與「No」全部包在一起，假使大家都承認這個新名詞的話，那麼「Yes」與「No」都在裡邊也就過關了。但當時我沒想到的是，共產黨喜歡這個新的名詞，而民進黨不喜歡這個新的名詞。那麼現在民進黨必須告訴我們，它的「No」跟共產黨的「Yes」中間要用什麼樣的東西來做一個搭橋，沒有搭橋的話，兩邊就沒有辦法溝通。

全世界現在唯一跟大陸沒有溝通的就是台灣，全世界現在都很緊張，朝鮮問題已經讓全世界很緊張，假使有一天台灣海峽的問題延燒起來的話，連解決的辦法都不知道，只因為雙方都沒有溝通。這對我們的經濟也會有所影響，對於投資者來說，假使政治不安定的話，投資的人不投資了，消費的人也不消費了，那麼經濟要如何變好？因此，政府有責任必須給人民一個答案。所以我不會特別哀悼九二共識，歷史上有其作用，那就夠了。

第六篇

民選總統的憲政規範與實際權力的運作

府院權力關係的理論與實況

江宜樺

現任中正大學戰略暨國際事務研究所紫荊講座教授、財團法人長風文教基金會董事長，時任香港城市大學公共政策學系教授。美國耶魯大學政治學博士，歷任台灣大學政治學系教授、副教務長兼教學發展中心主任，行政院研考會主任委員、內政部長，行政副院長、院長，總統府資政。

本文將討論中華民國憲政上極為關鍵的一個問題，亦即總統跟行政院長之間的權力關係，並就《憲法》的規範以及實際的運作提出一些反省。由於本人對這個課題的發言，容易被外界朝不同方向解讀，因此在還沒進入實質內容之前，希望能先做兩點說明：

第一，當我們在討論國家的憲政制度時，難免會引用一些實例或具體事實加以闡釋，否則沒有辦法論證為什麼會有這樣的觀點。但是本文接下來所要闡述的主張，並非只根據個人擔任行政院長期間，也就是二〇一三到二〇一四年的經驗，而是包含過去更長時期的觀察。若只從個人一年十個月的經驗來看國家憲政結構的問題，那就太窄化了這個課題在歷史以及憲政上的重要性。換言之，本文將從《中華民國憲法》原先設計的憲政關係、修憲後的總統直選以及府院之間的關係等，數十年間所出現的各種情況與經驗，以一個政治學者的角度來反省這些經驗並分享個人的想法。

第二點要說明的是，目前我在香港城市大學任教，同時也擔任財團法人長風文教基金會的負責人，但是以下所講述的內容，跟我所屬的機構完全無關，純粹是自己作為一個關心台灣憲政發展的學者，在這個問題所做的觀察跟思考。

我國《憲法》所規定的府院關係

本文以「府院權力關係的理論與實況」作為主題，第一部分將說明在《憲法》條文中有關我國總統及行政院長彼此關係的規範，以下將以《憲法》中關於府院關係幾個比較關鍵的條文，來作為開始討論的基礎；但是，這些規範在實際運作時，不見得是依照條文運作。

第一，我國《憲法》規定，總統是由人民直接選出，也就是總統直選。而行政院長並沒有經過選舉，是由總統任命。總統任命行政院長，在修憲後毋須立法院行使閣揆同意權；換句話說，總統想要任命誰，只要由總統發布，就已經生效，並不需要經過國會多數的同意。在此同時，大家比較忽略的是：總統任命閣揆也不需要行政院院長自己副署。

或許有些人會覺得總統任命閣揆當然不需要閣揆本人副署，但原先一九四七年《中華民國憲法》設計是朝向內閣制的做法。所謂內閣制的做法，就是總統不管要發布什麼樣的法律跟命令，一律都要獲得行政院長的副署，在某些情況下，甚至還要有部會首長的副署。這種副署制度，就是學理上所講內閣制的特徵，代表閣揆才是國家政策的實質負責人。因此，即使是行政院長本身的任命案，如果沒有經過他自己本人簽名，總統是不能夠對外公布的。內閣制國家在實際運作上，真正掌權、決定所有人事、法律以及預算的人是閣揆。在我們《憲法》設計中，原本也有規定所有的命令都要經過行政院長副署，但是經過修憲之後，《憲法增修條文》已明訂哪幾種案子不需要行政院長副署，其中一項即包括行政院長的任命案。這些規定使我國變成偏向總統制的國家，而不是內閣制的國家。

第二，每隔一段時間，行政院會進行內閣改組或重新任命人事。依據我國《憲法》規定，各部會首長或政務官是由行政院長提請總統任命，因此依照《憲法》條文的文字，任命部會首長的權力是在行政院長；但是事實上，要不要同意讓這個人擔任部會首長的決定權是在總統。通常行政院長會先跟總統商量，徵得總統同意後，才會對外公布人事。有些時候，甚至是總統主動決定新任部會首長的人選，再由行政院長進行作業。

第三，我國《憲法》規定，總統是國家元首，由全國人民選舉產生。但《憲法》同時也規定，行政院是全國最高行政機關，因此有人認為行政院長是全國最高行政首長。然而一位是國家元首，另一位則是最高行政首長，在實際行使行政權時，什麼時候由總統展現他作為國家最高領導人的決定權？什麼時候又是由行政院長來拍板定案？這是個很有趣的問題。

第四點，我國《憲法》規定，總統統率三軍，負責國家安全，也就是國防、外交、兩岸關係。在這些事務上，總統甚至有國家安全會議作為他的決策幕僚機關。相較而言，行政院長沒有決定國家安全事務的權力。

第五點，立法院在每個會期開議時，行政院長會向立法院做施政報告並接受質詢。行政院希望立法院幫忙通過的法案，都會先在每週四上午由行政院長主持的行政院院會通過，決定這些議案究竟要不要以行政院的名義送請立法院審議。依據《憲法》規定，總統不可以主持或出席行政院院會。也就是說，我們國家所有的重大法案包括預算案等，都是由行政院決定，這是我國《憲法》彰顯行政院作為最高行政機關的規定。

最後，立法院有倒閣的權力，也就是所謂不信任案投票，而行政院相對擁有解散國會的權力。就憲政體制而言，內閣制國家的國會議員若覺得這個內閣做得不好，或這個總理做得令人不滿意，或完全不能同意某個政策，他們可以發起不信任案。一旦不信任案獲得多數國會議員支持通過，就代表倒閣。這個內閣的總理及內閣首長必須總辭，總辭後將重新舉行選舉，並依據新的國會生態重新組成內閣。因此，內閣制國家為了要對抗國會對於行政部門的倒閣權，行政部門相對擁有解散國會的權力。最近日本的安倍晉三首相已經宣布解散國會，日本即將再舉行大選，也就是說，內閣制的首相可以判斷什麼時機對行政部門最有利，主動解散國會，進行國會改選，希望改選之後的結果，能夠讓他自己所屬的政黨獲得更多的席次，甚至藉此改組內閣。

但是在台灣，行政院對立法院的解散國會權力，是一種被動的權力，沒有辦法像安倍首相一樣，在他認為最恰當的時機，宣布解散國會。它必須要等到國會對它提出了不信任案，才可以在這個時候進行防禦的作為。

就我國憲政體制設計而言，立法部分屬於準內閣制的設計，但並不完全像標準的內閣制國家，讓行政跟立法之間有一個平衡的對抗權力。行政部分，總統跟行政院長分享了國家大政的治理權，只是這個治理權的分際究竟要如何決定？兩者之間的權力關係為何？這是我們關心的重點。

府院關係的實際運作

府院關係的實際運作情況，如果就我國憲政幾十年來的發展來看，有幾點是已經確定的。

第一，由於行政院長的任命不需要立法院的同意，所以即使立法院的多數黨與總統不是隸屬同一政黨，總統也可以任命他屬意的人選去擔任行政院長。而我們將這種類型的政府及行政院，稱為少數政府，因為它沒有辦法獲得立法院多數的支持。但這一點跟內閣制國家不一樣的地方在於，內閣制國家如果沒辦法在議會裡面獲得多數席次支持，這個被任命且不受支持的閣揆，到國會進行施政報告或提出預算時，將被嚴重杯葛，甚至可由議會行使不信任案，要求這個人下台。而在我國現行制度中，總統可以不管是不是被國會抵制，堅持任命一個他信任的人來擔任行政院長。

第二，先前提到副署與內閣人事的決定，儘管我國《憲法》規定，行政院的所有政務官，包括副院長、祕書長、政務委員、部會首長等，是由行政院長提請總統任命，但是實際上這些人事大多由總統決定，並在私下徵詢行政院長意見時，表達希望由誰來擔任某某部長或政務委員。由於行政院長也是由總統任命的，因此他通常會接受總統的意見。當然，有時候一個總統也會尊重行政院長的意見，而讓行政院長擁有比較多的人事決定權。

從修憲以來的實際情況觀察，行政院長通常沒有真正決定整個內閣人事的權力。反而由於總統直選制度的關係，可能比較多的內閣閣員，跟總統會比較熟悉，並由總統邀請加入內閣。因為在台灣，總統大選往往歷時一年多到兩年，在這段時間裡，總統候選人的競選班底、政策小組、地方人脈等等，往往就會成為總統當選人網羅政務官的主要來源。這些政務官既然是跟著總統當選而入閣的，他們就跟總統有比較密切的關係，反而不見得會跟總統任命的行政院長有特別密切的關係。

儘管《憲法》規定行政院長提請總統任命閣員，但實際上大部分內閣閣員，可能超過一半或甚至三分之二，都是由總統決定，然後再經由行政院長提請任命完成。這樣的實際運作將會造成一個很大的問題，就是行政院長所帶領的部會首長，並不是他自己熟悉的人馬，但他們卻必須形成一個團隊，去跟立法院進行預算及法案的攻防。

第三，關於總統跟行政院長權責劃分。根據《憲法增修條文》規定，總統負責國家安全，並可以在總統府下設置國家安全會議，會議由總統主持。實質上，總統真正會管的事情，絕對不限於所謂的國家安全。過去，我們把兩岸、國防、外交等，界定為國家安全的範疇。但是總統是民選產生，民眾對於總統有很高的期待，總統本身也有強烈的使命感，所以任何一個民選總統都會在總統府裡面，成立各種常設性或臨時性的小組，來協助其做決策。

舉例來講，蔡英文當選總統後，總統府除了國家安全會議之外，還有人權諮詢委員會、國家年金改革委員會、司法改革國是會議籌備委員會，以及原住民族歷史正義與轉型正義委員會等等。試問，這些組織的成立，跟兩岸、國防、外交有關嗎？答案當然是無關。像原住民的轉型正義、國內的司法改革，甚至年金改革，怎麼會跟國防、外交等大政方針有關呢？

另外一個實際情況是，總統在處理兩岸、國防、外交等領域時，可能會發現這個領域所碰到的具體議題，同時也牽涉到經濟、教育、農業、勞工等等議題，因而也跟兩岸、國防、外交發生關聯。例如，是否承認中國大陸的學歷，而讓兩岸之間的學術交流更加熱絡？這件事情看似教育議題，但因為牽涉兩岸教育學術交流，又會變成是兩岸的問題。同樣的，我們在與美國談判是否開放含有萊克多巴胺（Ractopamine）牛肉或者是瘦肉精豬肉時，原本看似農業的問題，但一旦作為台美關係談判議題時，又涉及到外交議題。所以透過兩岸、國防、外交的廣義解釋，就已經涵蓋到很多傳統上不單純是兩岸、國防、外交的議題，而變成是跨許多部會的問題。

但是比這一點更麻煩的是，有時候一件事情與兩岸、國防、外交沾不上邊，但是它本身可能構成一個「國安」問題，無論是剛才所提的年金制度，或者是巨大天災之後的救災工作，或者是像少子化所造成的人口危機，或者是青年的就業問題、產業發展等問題。試問，這些議題哪一樣沒有變成總統親自去召開會議或者是成立特別小組來討論？所以，實際發展的結果，就是總統絕對不只是處理兩岸、國防、外交等領域的問題。

相對而言，行政院長負責什麼？行政院長依慣例負責兩岸、國防、外交以外的事情。但在實際運作上，行政院長必須帶領所有部會首長，包括國防部長、外交部長、陸委會主委，到立法院去接受質詢，並扮演爭取預算通過以及為法案辯護的總其成者。舉例來講，最近發生李明哲被控顛覆中共政權事件，立法委員一定關心行政院的立場與作為，以及政府要如何協助家屬等等，難道行政院長可以不回答國會議員的質詢嗎？又譬如去年發生雄三飛彈打穿漁船事件，造成軒然大波，這是非常嚴肅的事情，甚而可能引發兩岸軍事衝突。但是要到立法院面對立法委員的憤怒與質詢的，仍然是行政院長，而不是總統，也不會是國安會祕書長。以外交來講，像去年有幾個國家跟台灣斷交，其中以巴拿馬為最大的斷交國。台巴之間斷交，當然是屬於外交事務，可是最後仍然是立法委員在立法院質問行政院長，而不是來請總統來國會報告。

就剛才所舉的三個例子而言，行政院長雖然依慣例不處理兩岸、國防、外交，但是在實務上必須要回答關於兩岸、國防、外交的方針或政府立場。而這也就混淆了我們一直想辦法要按照《憲法》去劃定的那條分界線，亦即總統負責國家安全、行政院長負責其他的內政事務。

在實務運作上，行政院名義上是全國最高行政機關，但是總統府也經常在開會。總統府除了國家安全會議，還有其他各種會議，而且報紙上常常用一個大家都已經耳熟能詳，幾乎成為現代成語的一句話，叫做「拍板定案」。媒體最喜歡追蹤的是，一大堆官員進了總統府，然後等官員們出來之後紛紛去採訪，明天報紙頭條就是總統拍板定案決定了什麼。請問在這種情況下，全國最高行政機關，究竟是在行政院還是總統府？如果總統拍板定案的政策，不是兩岸、國防、外交，而是經濟產業、一例一休，甚至於如何提振體育風氣、如何落實同性婚姻，這些事情變成全部都在總統府拍板定案，我們國家的體制不是相當混淆嗎？

為什麼會有這樣的落差？追本溯源，其實跟本次會議的主題有很大的關係。我們的總統經過修憲後，是由民眾直接選舉產生。總統既然為全民選出，他在競選時曾提出各項政見及承諾，當選之後一定關心這些承諾有沒有被兌現以及兌現速度如何。相對的，他所任命的行政院長，並沒有經過選戰的洗禮，也沒有在任命時經過代表民意的國會同意任命，就這兩個層面而言，行政院長缺乏直接的、間接的民意基礎。他雖然負責擬訂國家的施政方針，但是他要做的事情是經過競選的總統要求他執行的。從這個角度來看，相信很多人都會同意，我們現在行政院長的角色，其實比較像是總統的執行長，就是所謂CEO角色。總統希望行政院長做什麼，行政院長就盡力來協助總統完成。

但許多憲政學者或法學素養深厚的專家，對於此一結論，大概不太能夠認同。因為按照《中華民國憲法》規定，全國最高行政機關是行政院，所以常常有人主張行政院長應該擔起責任，按照《憲法》的規定行使職責，扮演一個比總統更強勢的政治角色。但是以剛剛分析的權力關係來看，這樣的期待是永遠不可能實現。事實上，民選總統大概也不會根據這樣的標準來找行政院長。

府院關係運作的困境

在說明《憲法》規定跟實際運作之間的落差後，接著要進一步說明的是運作上的困境。

第一，總統有權決定國家所有的重要政策，可是總統並不需要到國會去報告跟答詢。相對的，行政院長必須向國會負責，但有時候這個政策並不見得是行政院決定的。這種權責之間的落差，一直是社會各界所關心的問題。

第二，由於大部分內閣閣員並不是由院長決定，因此閣揆未必熟悉閣員的才能或短處，也未必能夠有效地領導內閣。舉例來講，最近內閣改組，行政院三長換人，政府對外一直強調變更幅度很大，但是如果仔細去看各部會的情況，就知道變動很小。整個行政院包括政務委員在內，大約有四十位左右的部會首長，但真正在這次改組裡連動到的首長，應該不超過三位。換句話說，還有多達三十五位以上的部會首長是原來的總統跟原來的行政院長共同決定的。那麼請問現在剛上台的行政院長，能夠有多少的施展空間？如果行政院長要任用他真正熟悉並信任的人才，可能必須等到下一次內閣改組，不論時間點是在明年初或明年中。等到他有機會進行比較大規模的改組，這個行政院才能夠按照院長的意志去做事。

第三，當部會首長跟總統關係太過密切時，總統可能會直接聯繫部會首長，這叫做越級指揮；而部會首長如果跟總統關係太密切，常常直接向總統報告他的想法，這可能會構成越級報告。如果一個政策是在他們兩個都講好後，再由部長或總統去告訴行政院長，那行政院長的角色就會相當尷尬，這也是我們制度所造成的問題。

第四，如果部會首長非常清楚憲政分際及行政倫理，他會發現在我們的體制中，他必須經常在跟總統報告後馬上回頭向行政院長報告，這是一件非常辛苦的事情。如果某些重大政策在醞釀及討論過程中，這兩位長官的意見不一樣，例如近來傳出總統跟行政院長對於一例一休的議題看法不同，則負責這個業務的部會首長，將會陷入兩難之境。

第五，總統府有一個國家安全會議，裡面有好幾位國安諮詢委員，位階等同於部會首長的層級。他們在行使職權的時候，不像部會首長那樣必須向立法院報告，所以當國安諮詢委員指揮行政院的文官體系，甚至要求某部會的次長到國安會開會，並決定行政部門國安相關政策該如何做時，很可能會侵犯到行政院院長跟部長首長的權責。但是這種事情外界通常看不到，因為國安會運作基本上是比較低調且保密，國安諮詢委員也不用向立法院負責，外界通常不會知道某件事情背後有國安會的影子在裡面。

第六，總統具有任期保障，但行政院長跟部會首長並沒有任期保障。所以如果總統任期還沒到，但施政滿意度不好的時候，有任期保障的人不必要下台，而通常由沒有任期保障的部會首長跟行政院長來下台負責。像最近這一次的內閣改組，是否具有上述性質，各位可以看輿論的分析就知道。在這裡我們不妨以南韓為例，因為南韓同樣是有一個總統、一個總理，但是當南韓總統的閨蜜門醜聞不斷擴大時，身陷風暴的總統並未辭職，反而是南韓總理先被迫辭職下台。到底是誰犯了閨蜜門錯誤已經不重要，反正要有人下台負責，而總理比較容易被拿來當擋箭牌。這種體制一定會有類似這樣的問題，在實行雙首長制的國家都是如此。

最後一點，我們剛剛所講的情況是假設總統跟國會多數黨隸屬於同一個政黨，譬如說像現在民進黨當政。但是如果總統所屬政黨在國會只有少數，那麼剛剛所講的每一個問題的嚴重性，都將增加一倍以上。它之所以會變得更複雜，是因為反對黨身為國會多數，絕對不會配合總統的意願。如果總統執意任命同黨的人擔任院長，這個院長到立法院只是炮灰，像陳水扁總統任內大部分的情況。但是如果總統遵照《憲法》精神任命多數黨的領袖擔任行政院長，而這個強勢的院長不理會總統的意志，國家政務一定是亂成一團。那個情形我們實際上還沒有碰到，碰到了我們絕對是寸步難行。

結論

以上這些問題，個人認為必須透過修憲來解決。

首先，我們的《憲法》被歸納為半總統制，因為有另外一個行政首長；或者是叫做雙首長制，因為看起來兩個人權力都不小。但實際上根據剛剛所做的分析，個人認為我國憲政體制屬於「超級總統制」，或者是蘇起先生提到的「大總統制」。換句話說，比一般總統制的總統權力更大的一種制度。這是我對於這個制度定位的了解。

第二，「超級總統制」的運作困難以及可能引發的憲政危機其實是不小的。如果說在還沒有發生憲政危機之前，我們能夠從容的將它修改成總統制或內閣制，我認為都會比現行的制度來得可行。但是如果要改成總統制，那就一定要廢除掉行政院以及行政院長這個機關跟職位，然後由總統直接領導各部會，向國會負責，這是權責相符的一種做法。相反地，如果要改成內閣制的話，那麼總統就不宜再由全民直選產生，而必須盡可能把它改成是象徵性虛位元首；而政府的實際領導人是行政院長，他跟各部會首長都必須先經過選舉當選為國會議員，再來組成內閣，像英國或德國那樣。

這兩種憲政制度，理論上各有利弊，並沒有何種制度較為優越的必然性。從實務上來講，全世界那麼多國家，也可以看到這兩種制度各有運作良好跟運作不好的例子。但若以我國現有的政治文化及跟地方縣市議會運作經驗來看，個人認為，也許改成總統制會比較容易一點。因為其所涉及到的變動，跟我們一般民眾對政治制度、憲政制度的調適跟了解，可能都會比較少。若改成內閣制，內閣制本身沒有問題，但是民眾調適的時間會比較長一點。

如果問及個人立場會選擇總統制或內閣制，我認為，關鍵在於我們究竟要不要堅持「總統直選」制度。如果民眾非常在意總統要由民眾直接選舉產生，那就乾脆改成總統制；如果民眾希望權責分明，並且願意放棄直選總統的權利，那就準備改成內閣制，我也沒意見。因此，如果要修憲的話，一定要先想清楚朝哪邊走，千萬不要將憲政體制一方面修得像內閣制，譬如說行政院長任命必須經過立法院同意、行政院長可以主動解散立法院，但另外一方面又要求保留總統直選，這樣只會治絲益棼，最後產生一個仍然有極大權力基礎的直選總統，同時又產生了一個必須按照內閣制邏輯運行、擁有實權的內閣總理，那將會是我國憲政的大災難。至於有人主張反正先啟動修憲再說，不管是修一條或兩條都無所謂，這是「為修憲而修憲」，只為博取憲改美名，但沒有中心思想，完全不負責任，不值得我們浪費時間批評。

台灣採行雙首長制的爭辯與實踐*

許信良

現任亞太和平研究基金會董事長、新興民族文教基金會董事長。英國愛丁堡大學哲學研究所碩士，歷任《大學雜誌》創辦人、台灣省議員、桃園縣長、《美麗島》雜誌社社長、民主進步黨主席、總統府資政。

國是會議與總統直選

一九九〇年六月，黃信介主席和張俊宏祕書長領導的民進黨中央，參與了國民黨李登輝總統

* 這兩天，黃煌雄先生主持的台灣研究基金會，在國家圖書館舉辦被稱為「最狂的研討會」，研討總統直選與憲政體制的相關問題。這是我在這次研討會提出的書面論文。我在口頭報告時特別指出，台灣的民主不但是台灣歷史的大事，也是人類歷史的大事。因為台灣的民主讓傳統的中華文明脫胎換骨，成為不但不會和當代西方文明互相衝突，而且可以拯救當代西方文明的新文明。台灣的民主讓台灣成為「最美的是人」的新文明社會。而台灣民主的外溢效應，正在改變中國大陸，因而也正在改變整個世界。

召集的國是會議，積極主導整個會議的進程，最後讓會議通過了民進黨所希望達成的結論。

民進黨在這個會議正式提出了總統由全民直選的主張。總統直選和國會全面改選，是一九八〇年代的台灣民主運動最主要的兩項具體的政治改革訴求。在一九九〇年的國是會議，由於國會全面改選已經是當時的國民黨政府同意接受的改革，民進黨因此集中努力要讓會議接受總統直選。

在這次會議之後，國民黨並不打算就此接受會議的結論，支持總統直選。在會議之後成立的「國民黨憲政改革策劃小組」，成員包括當時的行政院副院長施啟揚和行政院研考會主委馬英九，仍建議總統選舉方式採「委任直選」。這就是為什麼在一九九一年四月進行的第一次修憲以及一九九二年三月進行的第二次修憲，雖然強化了總統的職權，卻並未修改總統的選舉方式。

是民進黨的激烈抗爭和堅決意志，讓兼任國民黨主席的李登輝總統在最後關頭選擇支持總統直選。就在第二次修憲會議舉行期間，民進黨於一九九二年四月十九日發動了數萬群眾占據台北火車站附近的街頭，準備作無限期的抗爭活動，要求國民大會通過總統直選的《憲法增修條文》。這是一場非常慘烈的抗爭，所有民進黨的領導者都在大雨滂沱中夜宿街頭，而群眾則與軍警衝突不斷。這個活動持續六天五夜之後，被國民黨政府動用軍警強行解散，但是它所召喚起來的人民支持總統直選的力量已經勢不可擋。

民進黨的憲改小組會議

國民黨政府於一九八七年解除了在台灣施行長達四十年的戒嚴。作為台灣民主運動領航者的民進黨，在此之後關注的焦點，逐漸從結束舊體制的抗爭轉移到規劃新體制的建構。為了凝聚黨內對參加國是會議的意見，也為了準備提出民進黨本身的憲法版本，從一九九〇年四月到六月，民進黨中央組織了十場密集的憲政小組會議，由政策中心主任黃煌雄擔任召集人。這可能是台灣歷史上最認真的關於憲政問題的討論。幾乎此後二十年民進黨所有的領導菁英都參加了這個盛會。

總統直選很快成為與會者的共識，但是，並非沒有反對的聲音。反對來自兩方面，主張內閣制的憲法和政治學者認為虛位元首不必直選，而擔心政治強人再現的民進黨人則憂慮總統直選會助長這個趨勢。老牌自由主義者傅正表達得最為直白：「基本上，我還是主張內閣制比較民主。我覺得李登輝的胃口愈來愈大，將來再配合民進黨主張總統制的話，他權力愈來愈大，我看將來不得了。我想應該把他拉一點下來，可能好一點。民進黨當初主張總統直選應該有一個很大的背景，因為由老代表來選總統根本沒有民意，所以才主張總統直選。」

屏東縣長蘇貞昌也呼應傅正的看法：「民進黨會提出總統直選及民間的呼聲有一前提，那就是總統是由老代表選出，這才是最重要的問題。如果將來的設計已進入到國會全面改選，產生的代表再去選出虛位總統，那民間還會不會對總統民選有那麼殷切的需求，這是值得觀察的。如果總統由民選產生，那絕對不是虛位元首。設計一個虛位的元首，這比較合《憲法》精神。」

至於支持總統直選的理由，那就多了。首先，這是《民進黨黨綱》的主張。其次，這是民意強烈的盼望。再來，這是國民主權的實現。最後也是最重要的，這是能讓民進黨早日執政的最有力手段。

張俊宏的滔滔雄辯

對於最後一項理由，才華橫溢的黨祕書長張俊宏展開了古希臘式的滔滔雄辯，「我不是為了民進黨的執政，而是為民主政治體制的運作，需要有反對黨執政的機會。反對黨有執政的機會，民主才會上軌道，所以才一直在設計讓民進黨有執政的機會，不是偏愛民進黨，而是偏愛民主。讓國民黨有在野的機會對它的體質絕對有幫助的。」

「我不否認民進黨在議會中也有可能得到政權。但實行總統制或總統直選也好，並不否定原有從議會取得政權的機會，而是開拓另一個戰場。如果增加第二個機會將影響到第一個機會，這就需要衡量，如果增加第二個機會不但不會影響第一個，反而增加第一個機會的可能性，那我們要不要否定這種機會？我相信選立委在國會成多數比選總統難，選總統容易，這個道理和選縣長一樣，選議員反而比選縣長困難。台灣長久以來的選舉給我們一個經驗，層級越低我們越難選，層級越高越好選。原因只在於國民黨作票買票。我們要當選，只有把作票買票壓到最低，我們才有辦法當選。層級越高的選舉越難作票買票，尤其是一對一的首長選舉，要防止他們作票買票比選民意代表容易。原因是群眾運動。這是我們四十年來防止國民黨作票買票的戰略，這是很危險但很有效的方法。把群眾運動搞到狂熱會使作票買票的人膽寒。縣長選舉是大家關注的，我們從這裡得到一個啟示：縣長選舉會狂熱，狂熱可以防止買票，而總統選舉的狂熱，是百倍於縣長選舉，這是可以預想而知的。而有對手的總統選舉，全民的狂熱，可能是把現在敗壞到極點的選風加以改善的轉機；說不定選總統比選縣長、民代都容易！」

張俊宏的這番言論，是針對呂秀蓮認為民進黨在結構全面改革的國會選戰贏得過半的機會，不會少於贏得直選總統的觀點，所做的回答。大多數的與會者贊同張俊宏的看法。這連不贊成總統直選的傅正也同意張俊宏的大膽預言，民進黨極有可能在李登輝之後從總統直選贏得執政。

十年後讓這個預言成真的，是一位剛當選立委的年輕與會者陳水扁律師。他對這個預言的興趣，遠遠超過對體制的爭辯。他在小組會議有了結論之後，簡單地說了幾句嘉許的話：「基本上總是採取美國式的，就是三權分立及總統民選。我一向主張這樣，不論是階段性、一貫性或是策略性，民進黨才有機會執政。今天大家有這樣的看法，我很高興。」

總統直選雖已定案，支持內閣制的聲音並未因此息鼓。在民進黨內支持內閣制的力量遠比反對總統直選的力量頑強。絕大多數關心憲改的法政學者支持內閣制，大抵出於學理的成見。著名的台大憲法教授李鴻禧曾經在一場研討會上說，「我是教憲法的，我不知道有比內閣制更好的制度。」

小組會議的參與者多數能夠接受的論點，是認為內閣制比總統制更能鞏固民主，防止獨裁。針對這個論點，張俊宏也有非常精彩的批駁，「總統制不必然導致獨裁。內閣制是行政和立法的結合，是高效能政府機器的設計，反而是比總統制更容易創造獨裁者的設計。總統制根據孟德斯鳩（Montesquieu）三權分立的理論設計，把政府當成『必需之惡』，要想辦法牽制它；定期選舉、國會、司法的牽制，它是防止獨裁者的一種設計。如果是擔心獨裁者，我倒覺得總統制是防止，而內閣制是創造獨裁者的設計。」

相較於支持內閣制，支持美式總統制輕鬆很多，似乎大可不必論證。台灣的政治和知識菁英，對屬於美國的事物很少會提出質疑，尤其當一九九〇年蘇聯集團崩解、美國威望如日當中的時候。就像陳永興醫師所說：「我去美國參加四場的國是座談會，裡面也有作問卷調查表，百分之七、八十都贊成總統制。這很自然除了現實政治上的考慮，另外就是他們感覺在美國社會這個制度沒什麼大問題。」

所以，在四月二十日舉行的第二次憲政小組會議，就決定接受美式總統制作為民進黨版憲法《民主大憲章》中央政制的依據。但是，由於民進黨的立委們不贊成廢掉行政院，而憲政小組召集人黃煌雄也一再強調立法院和行政院的互動仍是台灣政治發展的中心，應該和總統直選一樣成為新中央政制的兩大支柱，因此，經過六場會議之後，憲政小組最初提出的《民主大憲章草案》是總統制和內閣制的「混合制」。

簡單說，這個草案雖然增強了總統在《中華民國憲法》本文中關於總統的職權，卻並不改變《中華民國憲法》原來就具有內閣制精神的行政和立法關係的設計。最重要的是，行政院長的任命仍需經國會同意。

我在那年的五月二十日，經特赦出獄，開始參加這項研討。

在六月十六日舉行的第一次憲政小組擴大會議上，很多人批評這個混合制，認為要麼採總統制，要麼採內閣制，不要拼裝。我支持總統直選，但不支持總統制，也不支持內閣制。我極力主張法國第五共和式的雙首長制。

對總統制和內閣制的批判

我認為憲政體制最重要的是要可以運作，而總統制和內閣制都很難在台灣運作。

美式總統制可以在美國運作，是因為美國的政治文化有尊重三權分立的傳統。美國體制的精神是行政、立法和司法三權既分立又互相制衡。如果沒有尊重分立的憲政傳統，制衡就會造成癱瘓，就會動彈不得。依據《美國憲法》，總統的重要人事任命都需經過參院同意。總統和參院多數不屬同黨，在美國歷史上屢見不鮮。如果參議員沒有尊重行政分立的憲政傳統，黨同伐異，以政黨立場行使同意權，美國的總統制根本無法運作。

黨同伐異正是台灣的政治文化，如何能採行美式總統制？一個在國會屬於少數黨的總統，如果採行美式總統制，只能坐困總統府，連一個部長都無法任命。

台灣不適於採行內閣制，因為內閣制要能運作得好，需要成熟的政黨政治，需要嚴格的政黨紀律。台灣並不存在這樣的條件。英國的制度，是內閣制的典範。英國國會的下院是英國的政治中心。英國的國會大廈富麗堂皇，但下院的議事堂卻只是一個簡樸狹窄的小房間。絕大多數下院議員在議事堂裡連坐位都沒有，更不用說發言權了；他們只是搖旗吶喊的政黨投票部隊；他們絕不被容許在投票時缺席，也絕不被容許公開發表和所屬政黨立場不一致的談話。

這就是國會至上的英國國會的傳統和文化。我們的立法委員們學得來嗎？就因為有那樣嚴格的政黨紀律，所以，只要在國會有一席多數，就能保證穩定執政，不被倒閣。這就是內閣制成功運作所需要的條件。

英國政黨所以能維持嚴格的黨紀，是因為英國社會已經成熟到能選黨不選人，沒有人能不靠政黨提名當選國會議員。在台灣，政治人物還主要依靠個人條件和個人經營而當選。這就很難有嚴格的黨紀。

法國第五共和的雙首長制正是為解決法國內閣制的歷史困境而設計的。傳統上，法國也是屬於國會中心的內閣制國家。在第四共和時期，法國政黨林立，政局不穩，以致政府無力解決國家面臨的重大問題。從一九四六到一九五八年的第四共和十二年期間，法國經歷了十六位內閣總理，政府的平均壽命只有半年。

第五共和雙首長制維持了總理對國會負責的舊傳統，但創造了總統成為憲政運作中心的新體制。除了給總統在國防、外交、維護憲政運作和司法正義這些特別責任的專屬權力，更給總統不經國會同意任命總理的行政領導權。透過這項權力的行使，不但可以確保在國會出問題時政府運作的順暢，也可以確保總統領導國家的意志可以受到政府必須的尊重。

我力爭以法國第五共和的雙首長制作為藍本，設計《民主大憲章》的中央政制。《民主大憲章》的最後版本，完全實現了這個想法：總統不但任命行政院長，主持行政院會議，並且還得解散國會。

我一直相信，法國的雙首長制是最適合台灣國情，最能在台灣有效運作的中央政治體制。一九九四年八月舉行的第三次修憲，雖然終於完成了總統直選，卻並未取消立法院對行政院長任命的同意權。對於這樣的結果，我是非常失望的。

兩黨合作修憲

一九九六年，我第二次擔任民進黨主席，忽然接到國民黨李登輝主席希望再度合作修憲的提議，真是大喜過望。因為國民黨開出的修憲項目清單，清一色是民進黨長期的政治訴求。這個清單包括，取消行政院長任命的立法院同意權、凍省、廢除國民大會、廢除鄉、鎮市，以及停止與此相關的五項選舉。

由於國民黨中央和民進黨中央的充分合作，這些重大的進步改革訴求，除了廢除國民大會外，都成為當年十二月舉行的國家發展會議通過的結論。可以想見，反對的聲浪從四面八方撲來！

民進黨中央根據國發會的結論，提出以法國第五共和的雙首長制作為藍本的中央政制版本，參加一九九七年六、七月舉行的第四次修憲。黨內的反對意見和一九九〇年為制訂《民主大憲章》時的討論大同小異，但強烈許多。原因是這時民進黨在立法院的力量也遠比一九九〇年時強大許多。

我親自帶領一個包括祕書長邱義仁、政策會執行長郭正亮、中國事務部主任陳忠信、文宣部主任陳文茜在內的憲改小組，為堅定地護衛民進黨的修憲立場作理論準備。

一九九七年五月三十日，以張俊宏、姚嘉文、林濁水、郭正亮四人的名義，發表了一篇題為〈不要成為反改革的歷史罪人〉的文章，對民進黨的修憲主張作了非常有力的說明。這篇文章指出當時的中央體制必將成為政局亂源。主因有三，「首先，現行《憲法》賦予民選總統的職權明顯不足，與台灣人民的期待落差太大，將使民選總統與憲政體制不斷爆發衝突。目前的李登輝總統所以並未產生困擾，是因為他身兼國民黨主席，仍可透過國民黨的威權體制行使權力，但一旦新任總統不再是國民黨主席，將被迫訴諸體制外手段才能有所作為，因而造成民選總統與憲政體制的衝突。其次，現行《憲法》針對行政與立法的衝突，欠缺化解僵局的機制，一旦政府不為國會或人民信任，並無任何體制內管道可以迫使政府改組。非民選的行政院長即使已經不被信任，竟然還擁有主動覆議權，而覆議必須國會三分之二多數才能否決，更使非民選的行政院長得以三分之一少數維持統治，因而造成行政與立法之間嚴重的權力失衡。最後，現行《憲法》有關國會制度的規定，也有頗多缺失。舉凡質詢、調查、聽證、審計等國會職權，或是完全缺如，或是掛一漏萬，使立法院往往陷入癱瘓政府有餘、卻監督政府不足的矛盾情形。不管是民選總統的權力不足，或是行政與立法的僵局無解和權力失衡，或是國會制度的嚴重疏失，都將成為台灣政局動亂的制度性根源。」

這篇文章也引述著名的法國憲政學者杜瓦傑（Maurice Duverger）的說法，「最好的憲法是適時的作品」。這篇文章作了這樣的論述：「從全球憲政發展的經驗可知，不管是內閣制、雙首長制、總統制，都是民主國家行之有年的良好制度。憲政體制本身並無絕對好壞，體制選擇是否妥當，並不能只分析體制本身的法理邏輯，更應檢視體制是否適合當地的歷史社會條件，例如當事國的國際處境、政黨生態、政治社會文化等等。著名的法國憲政學者杜瓦傑即因此指出，『最好的憲法是適時的作品』。有鑑於台灣當前的國會生態，我們反對內閣制，認為內閣制將導致黑金坐大和政局動盪。我們主張民選總統應有一定實權，成為超然中立的全國領袖。但從全球第三波民主化的經驗可知，新興民主國家必須同時兼顧國家整合與民主鞏固，才能在穩定中求發展。針對中央政府體制改革，民主進步黨因此提出雙首長制和改良式總統制，並認為二者都遠優於蔣介石法統體制。」

這篇文章更詳盡周密地辯護了民進黨版的雙首長制內涵：「長期以來，國內憲法學界往往只以內閣制和總統制為尊，對於雙首長制不但不夠熟悉，而且還充滿各種過時偏見。部分人士甚至積非成是，不但誤以為雙首長制只有法國採用，更把雙首長制等同為因人設制的『戴高樂憲法』，批為憲政異端。最近強力推銷總統制的『民間監督憲改聯盟』，可說是典型代表。」

「我們必須指出，該聯盟對於全球憲政發展的了解不夠周延，仍然停留在早已過時和過度簡化的二分法，對於總統制得以成功的歷史條件也未深入檢討。事實上，總統制作為新興民主國家的憲政選擇，直到最近才開始有成功的例證。一九八四年，全世界約有二十二個民主國家，其中內閣制十五個，雙首長制六個，總統制只有一個美國。隨著全球第三波民主化的展開，至一九九一年，全世界已有四十七個民主國家，其中內閣制二十七個，總統制十二個，雙首長制八個。但須注意的是，不少原本採取總統制的新興民主國家（如波蘭），後來都因為總統與國會的僵局難解，而逐漸轉向雙首長制（目前已經超過十個，而且還在繼續增加之中）。」

「顯然，三種憲政體制都是民主國家行之有年的良好制度，並無所謂絕對優劣，必須就各國特有的歷史條件才能評斷。遺憾的是，該聯盟分明對於全球憲政發展有所疏忽，卻儼然以『知識的傲慢』指責雙首長制的『無知』和『錯誤』。我們無法接受這種欠缺公允和自以為是的分析方式。」

「該聯盟對於雙首長制的偏見誤解，已經簡化到令人難以置信的地步。更離譜的是，他們完全不區分國民黨版和民進黨版，一律予以痛批，對於民進黨版歷經數月的細部研究成果，例如限制總統只有被動解散權，毫無公平對待，嚴重違反了學術討論的基本規範。針對該聯盟的指控，我們將分為三點逐項反駁。首先，他們批評雙首長制將產生『民選皇帝』，認為『總統將成為行政院的太上皇』，這顯然是對雙首長制的天大誤解。畢竟在雙首長制下，總統通常並未直接指揮行政機關，行政機關仍統由行政院長指揮，總統所享有的外交、國防、大陸政策等決策權，依民進黨版只是政治影響，並非行政權力。儘管由總統任命行政院長，但總統並不能任意免職，必須以行政院長的主動請辭為前提。此外，行政院長對於總統命令仍有廣泛的副署權，總統並不能單獨統治。顯而易見，民進黨版雙首長制的總統權力，遠小於總統制的總統權力。」

「不過，由於他們對於國民黨版和民進黨版並未區別，因此一味認為雙首長制將產生超級總統，尤其當府會同黨時為然，這種論調也是似是而非。畢竟即使府會同黨，民進黨版雙首長制下的總統，仍然無法直接或單獨統治。反倒是在總統制下，一旦總攬行政權的總統能夠掌握國會多數，頗易發展出超級總統，如美國新政時期的羅斯福（Theodore Roosevelt）總統，就幾乎成為『民選皇帝』。」

「其次，他們批評雙首長制一旦發生左右共治，將因為行政權分裂而導致政治僵局。事實上，一旦府會不同黨，總統制的府會對峙反而欠缺化解僵局的機制，雙首長制反而可透過解散國會和倒閣，避免府會對峙的長期惡化。顯而易見，一旦府會不同黨，雙首長制比總統制更能提供化解僵局的機制。不過他們又辯稱，一旦府會不同黨，好不容易當選的台灣總統豈有可能自我節制，把大權讓給國會指定的行政院長？至此，他們突然完全不相信體制約束，認為台灣總統必將基於民選實力而與國會多數對抗。問題是，如果台灣總統果真如此無賴，總統制所造成的政治災難恐怕更大。按照他們的邏輯，總統制下的無賴總統將會不斷訴諸否決，試圖只以三分之一的國會席次維持少數統治。」

「最後，他們批評雙首長制『總統有權無責』，認為總統將把行政院長當作代罪羔羊，不站出來直接負責。這種情形固然可能發生，但將取決於總統決策的透明程度，以及行政權劃分的明確程度。依照民進黨版的設計，不管是國安會的例行決策，或是總統職權的明確界定，都試圖避免上述情形的發生。」

「綜合上述，不管是『民選皇帝論』或『政治僵局論』，對雙首長制都無法成立，反倒是總統制反而比較可能產生以上弊端。至於『有權無責論』，雙首長制也未必發生，只要經過類似民進黨版的細緻設計，理應可以避免。從全世界第三波民主化的經驗可知，新興民主國家不但需要國家整合，同時也需要鞏固民主。相較來說，總統制較有利於國家整合，內閣制較有利於民主鞏固，但總統制固然有助於確保國家整合，卻可能因為民主根基不深而導致總統獨裁。而內閣制固然有助於確保民主鞏固，卻可能因為國會素質不良而導致政治腐敗和倒閣頻仍。為了兼顧國家整合和民主鞏固，不少民主國家因此採取綜合內閣制與總統制優點的雙首長制。」

「相對於內閣制，雙首長制較有利於國家整合。民選總統成為全國領導中心，不但可以避免倒閣所造成的政局動盪，同時也能維持必要的改革動力，避免國會黑金勢力完全主導政府。相對於總統制，雙首長制較有利於民主鞏固。總統與行政院長的明確分工，以及行政院長介於府會之間的協調，不但可以避免總統獨裁，維持府會的權力平衡，同時也能避免政治僵局，化解府會的衝突對峙。此外，雙首長制也較有利於總統成為超然中立的全民領袖，只就國家安全事務成為領導中心，不致因為總攬行政而難免涉入黨派之爭。」

李登輝與羅福助

我個人完全贊同這篇文章的所有論點。另外，為了突顯修憲對當時的現實政治的重大意義，我在許多場合更特別強調，贊成或反對取消立法院的閣揆同意權，實際上是支持李登輝主政或支持羅福助主政的選擇。

在一九九七年，黑道「天道盟」的老大羅福助初次當選立法委員，透過他私人對王金平院長的影響力，就成為立法院事實上最有權勢的立法委員。他曾經讓黑道把他討厭的地方政治人物汐止鎮長廖學廣關進放到深山上的狗籠裡，竟能不受司法追究。

當時的台灣，黑金猖獗，黑金勢力幾乎把持所有的地方民意機構。立法院所以還未淪陷，只因為有一個受威權傳統庇佑的兼任國民黨主席的總統。但是，這種源自傳統的威權，正隨著民主化的進展，逐漸消失。如果立法院繼續保有閣揆同意權，自主意識逐漸抬頭的立法院，終必會完全自主地推出多數立委所支持的閣揆，進而完全控制整個行政體系，完全控制整個國家。如果不受節制，與財團關係良好的王金平加上與黑道淵源深厚的羅福助，要長期掌控立法院的多數是不成問題的。黑金正如逐漸甦醒的怪獸，終將不可控制。

《中華民國憲法》的原初設計，就是內閣制。如果不能直接任命閣揆，即使經過三次修憲擴充的總統職權，也終必成空，中華民國總統終究還是虛位元首。因為受到國會支持的可以完全掌控政府預算和人事的閣揆，最後一定可以讓《憲法》規定的總統專屬職權形同虛設。

經過無數次艱辛的協商和折衝，一九九七年夏天舉行的第四次修憲，終於通過了雖不完備，但卻不失法國第五共和雙首長制精神的中央政治體制。修正後的新體制內容包括：一、取消立法院的閣揆同意權，總統直接任命行政院長。二、賦予立法院倒閣權，而總統於立法院倒閣後，得宣告解散立法院。三、當行政院對立法院通過的法案要求覆議時，立法院維持原法案的門檻由出席三分之二改為全體二分之一。四、彈劾總統的提案權由監察院改為立法院行使。

施明德的先見

一九九七年施明德擔任立法委員，非常反對取消立法院的閣揆同意權。在修憲期間，有一次他當面質問我，「如果立法院少數黨總統執意要任命同黨的人擔任行政院長，會怎樣？」我說，「只有瘋子當總統才會不在意憲政運作的順暢，給自己找麻煩。」他接著說，「如果瘋扁當總統，怎麼辦？」我當下無言以對。施主席真有先見之明！其實，陳水扁總統在當政期間能不理國會多數，逕行任命閣揆，正好反證台灣不適宜採行內閣制的客觀歷史情境：台灣的政黨政治尚未發展到成熟階段。一個在國會擁有多數的成熟民主政黨，不可能不敢以倒閣的手段，遂行本身的執政意志。不敢倒閣的國會多數，就不是有執政意志的國會多數，就不是有執政能力的國會多數；換句話說，就不是事實上的國會多數。這樣的政治情境，正好是需要法國第五共和模式雙首長制的政治情境。展望未來，台灣是否還會再次出現像二〇〇〇到二〇〇八年那樣由國會少數單獨執政的政局？我相信這樣的機會是很少的。一方面，台灣的政黨政治正隨公民社會的成熟而漸趨成熟；一方面，總統和國會同時選舉，或選舉時間接近，會讓總統選舉的熱潮直接帶動國會選舉。這就是說，未來不太可能出現總統和國會多數不屬同黨的選舉結果；萬一出現這樣的結果，國會的多數也不太可能容忍少數執政。

《法國第五共和憲法》本來就是法國不世出的政治偉人戴高樂（Charles de Gaulle），以一生的經驗和智慧，為復興法國苦心孤詣構思的政治工程。它讓法國從二戰之後的歐洲病夫逐漸發展成為今日歐盟的核心大國。它的優越自是不言可喻！

戴高樂期待的總統，是能體現國民精神的國家領導者，是能帶領國家走出危機和困境的國家領導者。所以，《第五共和憲法》特別賦予總統「確保對憲法的尊重」、「確保國家的延續和公權機關的正當運作」以及「保護國家獨立、領土完整、和對條約的正當尊重」等重責大任。

這樣的總統當然不會是無所事事、垂拱無為的虛位元首，但也不會是日理萬機、總攬一切的行政首長。過度介入一般政務，反而會無暇也無心成為國家真正的領導者。《第五共和憲法》讓總統任命總理並主持部長會議，並不是要讓總統成為太上總理，而只是要讓總統領導國家的意志受到必須的尊重。所以法國《第五共和憲法》賦予總統的職權，並不是指揮行政的最高權力，而是作為國家領導者的絕對影響力。

雙首長制非雙軌制

所以，我不認為把第五共和的雙首長制理解為雙軌制的說法是正確的。根據這個說法，如果總統擁有國會的多數，雙首長制就朝美式總統制移動，總統成為事實上的最高行政首長；如果總統沒擁有國會的多數，雙首長制就朝內閣制移動，總理成為國家事實上的最高領導人。

我認為這種理解不符《第五共和憲法》設計的原意，也不符第五共和成立以來體制發展的事實。我認為對法國雙首長制的正確理解應該是，無論什麼時候，無論任何情況，總統都是國家最高領導人，總理都是國家最高行政首長。

總統和行政院長分別承擔國家最高領導人和國家最高行政首長的憲政角色，應該也是以法國體制為藍本的台灣現行中央政治體制的精神所在。總統領導整個國家，當然包括領導行政院，但並不直接指揮行政院。行政院的日常政務還是由行政院長全權指揮，受立法院的完全監督。立法院則以行使倒閣權作為最後手段，讓行政院長必須對其完全負責。這就是台灣現行憲政體制所規範的總統和行政院長的憲政權責分際，無論總統是否擁有國會多數，應該都一樣。

總統有權無責?!

那麼，這是不是「總統有權無責」？從一九九〇到今天，一直有人對雙首長制提出這種不公平的指責。「總統由人民直接選舉，當然直接對人民負責，不對立法院負責。」在一九九〇年民進黨召開的憲政小組會議，我就作過這樣的答覆。「對人民負責」，在網路時代，更不是一句空話。有充分資訊的全體人民的監督能力，比起由少數政治菁英組成的國會的監督能力，只會有過之而無不及。網路時代的全體人民的監督，可以說是無時不在，無所不在。監督的成果則直接反映在隨時公布的「總統支持度」民調。

何況，現行憲政體制並沒有讓總統享有被國會監督的「免責權」。《中華民國憲法增修條文》如是規定，「總統、副總統之罷免案，須經全體立法委員四分之一之提議，全體立法委員三分之二之同意後提出。立法院提出總統、副總統彈劾案。立法院對於總統、副總統之彈劾案，須經全體立委二分之一以上之提議，全體立委三分之二以上之決議，聲請司法院大法官審理。」《法國第五共和憲法》沒有關於總統罷免和彈劾的條文，「政府是必需之惡」，必須嚴加防範。這是非常過時的政治理論！這樣看來，還能強說在現行的憲政體制之下總統有權無責？！

總統直選與半總統制憲政運作

吳玉山

現任中央研究院政治學研究所特聘研究員、台灣大學政治學系教授、中央研究院院士。美國加州大學柏克萊分校政治學博士、一九九二年美國政治學會政策研究最佳博士論文獎得主，歷任台灣大學政治學系教授、中央研究院政治學研究所創所所長、中國政治學會理事長。已出版二十一本中英文專書。

半總統制

我國自從於一九九四年完成第三次修憲，確立總統直選以來，迄今已經進行了六次的總統選舉，對於增強總統的權力地位、確立其國家最高領導人的角色產生了重大的影響。不過，總統直選是產生在一個內閣制的憲政架構當中，這就造成了一種特殊的制度組合，在學理上稱為「半總統制」（semi-presidentialism）（Duverger, 1980; Veser, 1997; Horst, et al., 1998；呂炳寬、徐正戎，二〇〇五），在我國一般討論當中稱為「雙首長制」（Blondel, 1992）。半總統制的兩大制度特徵便是總統直選和總理領導內閣對國會負責（Elgie, 1999; 2001; 2004; 2007a; 2007b; 2008; 2011a; 2011b）。前者我國在一九九六年正式開始實行，後者則是在一九九七年第四次修憲的時候藉著賦予國會倒閣權而加以確立。因此從一九九七年開始，我國進入了半總統制。

雖然半總統制是當今最為風行的憲政體制（Elgie and Moestrup, 2007a, 2007b, 2008, 2016; Elgie, Moestrup and Wu, 2011），並且特別受到第三波民主化國家的歡迎，但這是一種「進入容易但運作困難」的制度（Wu, 2007）。造成此種現象的原因，是因為對於新興民主國家而言，總是想要最大程度地實現人民當家作主，因此一方面想要能選舉國會議員，並且透過國會組織政府，並使其對國會負責（這是內閣制的特徵），另一方面又想要直接選舉總統，並使其對人民負責（這是總統制的特徵）。在半總統制中兩種直選與課責機制並存，似乎使得人民的權力極大化，對政府的控制極大化，有助於實現民主，所以大受歡迎。但是因為此一體制同時包含了內閣制和總統制的特徵，也就是又有內閣制的運作軌道，又有總統制的運作軌道，因此便產生了兩軌並存、無法決定孰先孰後的情況，這是在傳統的內閣制或總統制中所不會產生的現象。

具體來說，國家權力中最為關鍵的便是行政權，因此由行政權的掌控和負責可以讓我們界定不同的憲政體制。在內閣制中行政權是掌握在由總理領導的內閣手中，而內閣對國會負責；在總統制中行政權是掌握在總統手中，內閣官員全是總統的僚屬，他們對總統負責。在半總統制當中，由於有兩軌的關係，我們無法清楚地看出究竟是誰掌握最高的行政權，而行政權又是向誰負責。造成這個現象的原因是半總統制有責任內閣的設計，所以可以走總理領導內閣對國會負責的內閣制軌道；但是在同樣的憲政體系當中又有總統直選的安排，這就使得總統具有統治的合法性，容易居於總理和內閣的上位，因此又可以走總統制的軌道。這樣兩軌的設計是半總統制的制度核心，影響所有其他的規定。即使在憲法中把最高行政權歸屬於由總理所領導的內閣，又明訂總理與內閣要對國會負責，一個全民直選、為民所付託的總統還是可能成為國家實際的最高統治者，將總理視為僚屬，並掌控政府的運作，從而造成憲政運作的慣例和憲政規範間的落差，這就是「憲政兩軌制」所造成的影響（吳玉山，二〇一一）。

總之，在半總統制當中國家權力的掌控和負責是不清楚的，有時候「總統制軌」較強，這個體制就運作得像總統制，甚至出現「超級總統制」；有時候「內閣制軌」較強，這個體制就表現得像是內閣制。又有時候兩軌平衡發展，或是兩軌交替運作，甚至相互頡頏，形成半總統制豐富的多樣性（沈有忠、吳玉山，二〇一二）。「憲政兩軌制」與「運作不確定」是半總統制的兩項特色，可以合稱為「不確定的兩軌制」。從制度研究的角度來看，「不確定的兩軌制」影響到制度的抉擇（制度上游）、運作的型態（制度中游）、制度的表現（制度下游），甚至制度的演化（在不同半總統制次類型間切換或移出半總統制）。

半總統制的分類

半總統制有多種運作的可能，學界有提出許多的分類標準（Shugart and Carey, 1992; Shugart, 2005; Skach, 2005）。我們在此可以用是總統還是國會多數決定總理與內閣人事，以及總統和國會多數是不是同屬一個政黨這兩個變項，架構出四種半總統制運作模式。它們分別是準內閣制（quasi-parliamentarism, QP）、換軌共治（alternation/cohabitation, ALT）、分權妥協（compromise, COM），與總統優越（presidential supremacy, PS）（Wu, 2011a；廖達琪、沈有忠、吳玉山，二〇一五；沈有忠、吳玉山，二〇一七）。準內閣制顧名思義便是依內閣制的原則來運作的半總統制。也就是雖然總統是由人民直接選舉產生，並且可能被憲法賦與實際的權力，但是總統在任命總理和組成內閣上，都是尊重國會多數，而並不想要以本身所屬意的人選來領導政府。這樣的總統基本上便如同內閣制下的虛位元首。由於總統虛位，因此不論是府會一致、或是府會不一致，總統都不干預政事。在準內閣制中的國會制的軌道是實的，而總統制的軌道是虛的。西歐多數的半總統制國家（例如愛爾蘭、冰島、奧地利）便是屬於準內閣制的（沈有忠，二〇一一）。

換軌共治是因法國在一九八六年以後出現的三次共治而著名，甚至被錯誤地認為是半總統制的常態。在這種半總統制的次類型之下，府會是否一致會帶來很大的不同。當府會一致時，總統作為國會多數黨的領袖，對於決定總理和內閣的人事有最大的權力，並成為政府的實際最高領導人。總統可以隨時撤換總理、變更政策；而總理既然由總統所任命，又是被總統所領導的國會多數黨所支持，因此是直接對總統負責。然而一旦產生府會不一致的情況，則國家的治理方式開始換軌，總統會任命掌握國會多數的反對黨黨魁為總理並組織內閣，而政府的行政權也就移轉到反對黨的手中。在此種半總統制的型態當中，總統制和內閣制的軌道會隨著總統黨是否掌握國會多數而成為運作的主軸，所以有時像總統制、有時像內閣制（Olivier, et al., 2001）。

分權妥協是指總統在府會一致時主導政事，而在府會不一致時和掌握國會多數的反對黨妥協，達成分割權力的協議。例如特定部會的閣員由總統決定，以確保總統在這些領域仍然享有主控權，至於其他部會則由反對黨掌控。這樣的分權模式可以是規定在憲法當中（例如波蘭在一九九二年制訂的「小憲法」），或是由總統和國會的反對黨視情況商議決定，以組成某種形式的聯合內閣。不論是憲法分權或是協議分權，總統制和內閣制的軌道都是實在的，但是對於政府卻都只有部分的控制能力，所以是一種分享統治權的妥協模式（Wu, 2011b）。

最後總統優越是一種總統意志凌駕一切的半總統制，在實質的運作上很接近總統制。此時雖然政府在形式上仍然必須對國會負責，但是總理的任命以及內閣的組成都是由總統決定，國會基本上無法干預。總理所扮演的只是總統幕僚長的角色，其人選由總統決定、而且對總統負責。總統優越是不分府會一致或是府會不一致的。當總統和國會多數同屬一黨的時候，總統是執政黨的領袖（不論是否有黨魁的名義），並以此號令執政黨的國會議員，因此總理不論如何任命、如何負責，其對象都是總統。在府會不一致的時候，由於總統黨不是國會的多數黨，因此政府會面臨一種兩難的情況，會同時受到總統和國會的壓力。但是在總統優越的模式中，由於一些結構和偶發的因素，國會在實質上不能夠約束總統，而只有接受總統所指定的總理和內閣，也無法用不信任投票使其去職。總統優越和準內閣制恰好相反，不論在府會一致或府會不一致的情況下，總統都放手干預政事，而且還有效地阻擋了政府對國會負責。在主要的半總統制國家當中，俄羅斯聯邦是屬於總統優越的次類型，我國也是（吳玉山，二〇〇〇、二〇〇二）。

我國進入「總統優越型」半總統制

我國的憲政體制一共有六個發展的階段。第一個階段是立憲時的「改良型內閣制」（一九四七—一九四八），第二個階段是《動員戡亂時期臨時條款》下的總統獨裁（一九四八—一九九一），第三個階段是進入半總統制（一九九一—一九九七），第四個階段是「半總統制下的府會一致」（一九九七—二〇〇〇），第五個階段是「半總統制下的府會不一致」，目前是第六個階段，我們又回到了「半總統制下的府會一致」（二〇〇八—）（參見表一）。

我國在一九九七年第四次修憲之後，雖然已經進入了半總統制，但是由於長期由國民黨掌控總統與國會，府會維持一致，因此還看不出來究竟是採取哪一種半總統制的次類型，只知道由於總統在此種情況下對於內閣有決定權（包括李總統對於連戰和蕭萬長的任命），因此不會是採用準

表一：我國憲政演化的各個階段

發展階段	時間	政府體制	總統
第一階段	1947-1948	改良型內閣制	蔣中正
第二階段	1948-1991	總統獨裁 《動員戡亂時期臨時條款》	蔣中正 嚴家淦 蔣經國 李登輝
第三階段	1991-1997	進入半總統制	李登輝
第四階段	1997-2000	半總統制：府會一致	李登輝
第五階段	2000-2008	半總統制：府會不一致	陳水扁
第六階段	2008-	半總統制：府會一致	馬英九 蔡英文

內閣制。決定半總統制次類型的試金石是由選舉所造成的府會不一致，此時總統和國會的意志相左，於是我們可以從觀察內閣組成的方式，來了解體制的偏向。這個情境在二〇〇〇年的總統選舉後來到。在那次總統選舉當中，民進黨的陳水扁獲勝，成為中華民國第十任總統，但是國民黨仍然掌控住立法院的多數席次。此時究竟是由總統決定內閣的組成，還是要尊重立法院的多數，便成為決定憲政體制類型最重要的關鍵。

由於在第四次修憲時，總統是被賦予了行政院長的完全任命權，不需要獲得立法院的同意，因此在制度上總統是可以依據本身的意志來行事的。這樣做的結果，當然可能導致國會的反對，而以不信任的方式迫使新內閣去職。然而此時《憲法》又規定總統可以解散國會，以探詢最新的民意。如果選舉的結果由國會的多數獲勝，則總統自應退讓。所以究竟會由總統、還是國會多數來決定內閣的組成，最後還是要由民意來決定。那麼究竟總統會如何行動，而國會又會如何的反應呢？在當時的政治情況之下，國民黨剛在總統大選中挫敗，政黨的聲望正低，同時「藍營」分裂，宋楚瑜組成了親民黨，與國民黨瓜分泛藍的票源，同時台灣的民眾長期習慣於總統任命閣揆、主導行政，因此一旦總統和國會對決，而最後以新的國會選舉來決定結局，則陳總統一方的勝算頗大。在這樣的情境之下，仍由國民黨所掌控的國會乃決定不挑戰陳總統的閣揆任命權（Liao and Chien, 2005）。

陳總統從唐飛開始，在其八年（二〇〇〇—二〇〇八年，其中二〇〇四年連任成功）的任期之內，一共任命了六位行政院長（唐飛、張俊雄Ⅰ、游錫堃、謝長廷、蘇貞昌、張俊雄Ⅱ），完全沒有徵詢國會的意見。在二〇〇〇年關鍵時候所建立的先例，乃決定了我國半總統制的運作模式為「總統優越」，也就是無論府會是否一致，都是由總統依己意任命內閣，國會無法贊一言（Wu,

2000,2005）。閣揆既然如此任命，當然也就唯總統之命是從（Wu and Tsai, 2011）。此種總統優越的情況在二〇〇八年總統與國會大選，雙雙由國民黨獲勝後，自然也不會改變。由於府會復歸一致（二〇一二年國民黨又在總統和國會大選中獲勝），總統有《憲法》職權、國會多數，和民意支持來任命自己所屬意的行政院長。因此馬英九總統乃先後任命了劉兆玄、吳敦義、陳沖、江宜樺、毛治國與張善政等六位行政院長，而不需要徵求國會的同意。因此我國持續在總統優越的憲政軌道上運作（參見表二）。

總統優越型的半總統制在二〇一六年政黨再次輪替執政時受到了一次相當大的考驗。對於馬英九總統而言，他理想中的憲政體制其實是接近「分工妥協」模式。他在二〇〇七年接受國民黨提名為總統候選人時，便主張如果民進黨在國會選舉中獲勝，則他將會任命民進黨人為行政院長。由於國民黨在接下來的國會和總統大選中都獲得勝利，因以馬總統的承諾無法實現。另一方面，從馬總統在安排內閣和國安人事時總是分批處理，而在前者相當尊重閣揆的意見，在後者則由總統決斷來看，他是頗為堅持總統在國安大政方針（國防、外交、兩岸）上的主導權《憲法增修條款》第二條。因此對於馬總統來說，如果反對黨掌控了國會多數，則固然行政院長之位應該由反對黨人士擔任，可是與國安相關的職位則仍應由總統決定。這就是「分工妥協」的運作模式。可是對於在二〇一二與二〇一六年民進黨的總統候選人蔡英文主席而言，她是以總統制的精神來理解我國的憲政體制，因此不接受由國會多數組閣的看法，而認為應該由新任總統決定內閣人事。這樣相互衝突的兩種意見，到了二〇一六年總統與國會大選過後，就出現了憲政體制運作型態的爭議。

表二：我國半總統制之下的府會互動

總統	立法院多數	府會關係	行政院長	互動模式
李登輝（KMT, 1996/5-2000/5）	泛藍（第三屆，1996/2-1999/1）	一致	連戰（KMT, 1993/2-1997/9）	總統優越*
		一致	蕭萬長（KMT, 1997/9-2000/5）	總統優越*
	泛藍（第四屆，1999/2-2002/1）	一致		總統優越*
陳水扁（DPP, 2000/5-2004/5）		不一致	唐飛（KMT**, 2000/5-2000/10）	總統優越
		不一致	張俊雄（DPP, 2000/10-2002/2）	總統優越
	泛藍（第五屆，2002/2-2005/1）	不一致	游錫堃（DPP, 2002/2-2005/2）	總統優越
陳水扁（DPP, 2004/5-2008/5）		不一致		總統優越
	泛藍（第六屆，2005/2-2008/1）	不一致	謝長廷（DPP, 2005/2-2006/1）	總統優越
	泛藍（第七屆，2008/2-2012/1）	不一致 不一致 不一致	蘇貞昌（DPP, 2006/1-2007/5） 張俊雄（DPP, 2007/5-2008/5）	總統優越 總統優越 總統優越

馬英九（KMT, 2008/5-2012/5）		一致	劉兆玄（KMT, 2008/5-2009/9）	總統優越
		一致	吳敦義（KMT, 2009/9-2012/2）	總統優越
馬英九（KMT, 2012/5-2016/5）	泛藍（第八屆，2012/2-2016/1）	一致 一致	陳冲（KMT, 2012/2-2013/2）	總統優越 總統優越
		一致	江宜樺（KMT, 2013/2-2014/12）	總統優越
	泛綠（第九屆，2016/2-2020/1）	一致 不一致	毛治國（KMT, 2014/12-2016/1） 張善政（KMT, 2016/2-2016/5）	總統優越 總統優越
蔡英文（DPP, 2016/5-）		一致	林全（無黨籍，2016/5-2017/9）	總統優越
		一致	賴清德（DPP, 2017/9-）	總統優越

* 由於是處於府會一致的情況，因而此一時期之總統優越體制並未充分證實，僅能看出我國總統絕非準內閣制下之虛位元首。

** 雖然唐飛為蕭萬長內閣之國防部長，並為國民黨員，但是其任命並非陳水扁總統與國民黨協調之結果，而是陳總統依其職權所為之單獨任命，在政治上係以唐飛之身分來緩和第一次權力交替之緊張，而為一過渡之選擇。

在二〇一六年一月選後到五月新任總統就職間有四個月的時間，此時主張由國會決定內閣人事的馬總統希望由民進黨人組閣，但是蔡英文主席則主張國民黨應以看守內閣的形式繼續執政到她在五月二十日就任時為止，並認為馬總統的主張會造成憲政混亂。由於民進黨拒絕組閣，而國民黨當時的閣揆毛治國又堅持請辭，因此馬總統便以張善政組閣，成為馬總統的第六任閣揆。馬總統還是在國會由反對黨控制的情況之下，決定了由同黨人士所組成的內閣，「總統優越」仍然持續（參見表二）。馬、蔡二人意見的不一致顯現出的便是「分工妥協」和「總統優越」這兩種運作型態的衝突，而最後政府依總統而轉，不依國會而變，則清楚顯示出我國仍然在「總統優越」的半總統制軌道上運作，並沒有依馬總統的主觀意願而改變。

由於民進黨在二〇一六年的總統和國會大選中獲勝，而蔡總統又主張總統決定閣揆和內閣人事，因此從新總統就職後，我國持續實踐總統優越的半總統制。蔡總統到目前為止先後任命了林全和賴清德兩位行政院長，前者的無黨籍身分更進一步體現了總統的個人組閣權是超越國會的政黨席次分配（參見表二）。由於我國持續在總統優越制的軌道上運作，因此這種半總統制次類型的運作問題，也從一九九七年以來的憲政實踐當中充分地顯露出來。

總統優越制的問題

從我國與其他國家具體的憲政實踐當中，可以發現總統優越型的半總統制容易產生三項問題：一、府會一致時總統權力太大；二、府會不一致時形成僵局；三、總統與閣揆關係不清、權責不明。在府會一致時，總統優越制會給予總統極大的權限，一方面透過行政院長控制政府，一方面透過多數黨控制國會，因而可能產生權力氾濫的問題。而當政府力推具三項問題高度爭議性的法案時，由於反對力量無法在建制管道中進行阻擋，因此就容易產生激烈的社會抗爭。在府會不一致時，總統優越制會讓總統還是能夠依照本身的意志來決定政府的人事與重大的政策，而與國會多數產生衝突。由於在這種體制之下國會不會訴諸倒閣的手段，因此府會間的爭議便形成僵局，而導致政府的重大法案無法通過，施政產生困難。總統優越制所容易產生的第三項問題是，總統雖然掌握大權，但是如有施政不當，卻不需要負責，而行政院長雖實為總統僚屬，卻常需要為不是自己決定的政策負責，被總統任意更換，以抒解民怨，因此總統被認為「有權無責」，閣揆卻是「有責無權」。因此，總統優越制無論在府會一致或是府會不一致的情況之下，都有其個別的問題；而不論府會是否一致，又均易造成「權責不符」。在我國確立半總統制總統優越的體制之後，已經出現了陳水扁總統任內（二〇〇〇—二〇〇八）的府會不一致，和馬英九與蔡英文總統任內（二〇〇八—）的府會一致兩種型態。在這兩種時期當中，各自出現了總統優越制的問題。這些問題就是社會各界在二〇一五年呼籲重新進行憲政改革的主要背景。而不論是在馬、陳、蔡各位總統任內，總統決策而閣揆負責的情況也都層出不窮。以下將從這三個面向來討論實行總統優越型半總統制所產生的問題。

陳水扁總統的時代，從其就任第一天開始，到八年後卸任為止，民進黨都沒有在國會中掌握多數席次。在第四屆和第七屆立法院和陳總統任期重疊的期間（二〇〇〇／五—二〇〇二／一、二〇〇八／二、二〇〇八／五），由於國民黨在立法院中據有過半的席次，因此反對黨掌握國會無庸置疑。在第五和第六屆立法院中（二〇〇二／二－二〇〇八／一），由於藍營的分裂，民進黨成為國會中的最大黨，分別占有二二五席中的八七席與八九席，比其他個別政黨都多，但是一方面沒有過半，一方面國民黨、親民黨與新黨等泛藍政黨在這兩屆國會當中分別占有一一五席與一一四席，均超過國會席次的半數，並且較民進黨，或民進黨加上台聯黨的泛綠席次（一〇〇席與一〇一席）為多，因此在第五和第六屆的立法院時期，國會仍然是由反對黨所掌握的。由於國會由反對黨控制，而總統卻依己意任命行政院長，並從而掌握政府，因此造成了少數政府的情況，並帶來了府會間的劇烈衝突。

府會不一致所造成的結果似乎清楚可見。從一九九七到二〇〇〇年，當府會還處於一致狀態之時，內閣的平均存續時間是九九〇天，但是到了府會不一致時期，內閣的更替頻繁，平均存續時間變成只有四八六天。就法案通過的情況而言，如果觀察剛好處於由府會一致轉成府會不一致的第四屆立法院，會發現其第一與第二會期（一九九九／二－二〇〇〇／一）通過了政府所提三〇四件法案中的二二一件，通過率為七二・七%。然而到了同一屆立法院的第三與第四會期（二〇〇〇／二－二〇〇一／一），在政府所提的四七〇件法案當中，只有一八〇件獲得通過，通過率降到只有三八・五%，約為府會一致時期的一半。另外一個可以觀察的現象是政府在記名表決中的獲勝率。同樣在第四屆立法院時期，政府可以在府會一致時贏得一八〇次記名表決中一七七次的勝利（獲勝率九八・三%），但是到了少數政府與府會不一致時期，政府在九六次記名表決當中只能贏得三三次的勝利（獲勝率三四・四%）。後者的獲勝率僅有前者的三分之一。總體而言，政府無法藉由立法來實現其政策目標，而反對黨則透過杯葛政府法案來達到弱化行政部門政績的作用。就具體事例而言，民進黨長期主張廢除核四，又要求以特別預算來採購美國所提供的武器，但是兩者都被反對黨所杯葛，而無法推動。總體而言，在八年的少數政府時期，反對黨無法迫使總統在內閣的人事任命上尊重國會多數，而總統則無法在法案的推動上獲得國會的支持，從而形成一種相互否決的情況。此類狀況就是半總統制研究中認為可能會導致府會劇烈衝突，甚至造成民主崩潰的情境，不過台灣通過了這個嚴峻的考驗，成為總統優越體制中的異例。

相對於府會不一致的時期，在一個新興民主國家當中，當總統和國會多數屬於同黨的時候，總統優越型的半總統制容易產生另一方面的問題，那就是總統是否有可能專擅大權，從而造成「滑回威權」的可能。在這一方面最為顯著的例子便是俄羅斯。台灣自從二〇〇八年以來回歸府會一致，府會間結構性的緊張關係一夕解除。此時馬總統可以藉著直接任命行政院長來掌控內閣，又藉著其執政黨實質領袖的地位控制國會，並擁有民意對強總統的支持，因此形式上的權力極大。在執政初期，馬總統嘗試在總統和行政院長之間採取分工模式，由自己處理國安、兩岸與外交等事務，而由行政院長主理經濟與內政。這樣的分工是出於總統的主動，也隨總統的意志而調整，因此並非對於總統權力的限縮。果然在二〇〇九年八月莫拉克風災後，由於民眾期待總統回到第一線直接領導，並擔負責任，因此馬總統便在許多行政院長權責事務中裁定政策，對政府進行指點，並替換了閣揆，可見總統綜攬權力的大局並無改變，而社會輿論也視為正常。迨二〇〇九年十月，馬總統接任執政國民黨之主席，其對黨政權力的掌控便更進一步。

馬總統在第一任期內雖然遭逢國際金融危機，但其所採行的對應方式與藉由改善兩岸關係來提振台灣經濟的整體策略尚能獲得民眾的肯定，因而在二〇一二年獲得連任成功。然而在第二任期初期（二〇一二—二〇一三年），馬總統急切地推動多項改革方案，包括調漲油電費率、開徵證所稅、進行年金改革、推動募兵制、實施教改方案等，遭到來自國會與社會之甚大阻力，而政府在壓力下多無法堅持，於是除原本反對者外也喪失本有的支持，同時各政策議題相互連結，反對勢力乃不斷增強，輿論持續批判，導致政府之聲望大幅跌落，逐漸已經無法再行推動重大具有爭議性之政策。二〇一三年洪仲丘事件導致輿論沸騰，出現「白衫軍」之公民運動，而政府在民間巨大壓力之下迅速讓步，同意修正軍事審判法，在非戰爭時期將軍人案件由軍事法庭移交一般司法機構審理。洪案設定了一個政府與抗議團體的互動模式，在政府威信低迷之時，社會抗議勢力可以強勢的抗爭手段迫使政府屈服。在此種情境之下，馬政府仍試圖推動ECFA之下的《兩岸服務貿易協議》，受到反對黨和眾多公民團體之抵制，最終釀成二〇一四年春的「太陽花學運」，抗議學生藉著長期占領立法院（三／十八—四／十），成功迫使政府同意先建立兩岸協議監督機制，再以其審查《服貿協議》。太陽花學運甫息，反核四運動又起，政府亦快速做出最大讓步，同意核四停工封存，其命運將來再定。在二〇一四年底之九合一地方選舉中，國民黨遭受極大的挫敗，似預示二〇一六年總統與國會大選之結局。

社會各界對於馬政府在第二任期中之種種施政不當與社會抗爭事件進行檢討，多有認為與現有之憲政體制設計不良相關，因而引發新一波的修憲風潮。一般論述認為總統權力過大，一方面掌控行政，一方面又以執政黨主席的身分控制黨籍立委，強使其支持總統所欲通過的爭議性法案，最終導致社會的抗議風潮。總統有權無責，而行政院長有責無權。因此追本溯源，應該限制總統的獨斷權力。在此即彰顯了半總統制的總統優越型體制在府會一致時所可能造成的影響，而成為反省與修正現制的重要理由。

總統優越制除了府會一致時權力太大、府會不一致時易生僵局之外，還有一個重大的問題，那就是總統和總理之間的關係不易處理。由於半總統制總是有兩軌爭議，而這兩軌就是代表兩種總統和總理之間的關係，因此兩位國家最高領導人之間究竟應該如何相處，就成為此種體制中揮之不去的問題。我國雖然在實踐上採用了總統優越的運作模式，由總統單獨地任命行政院長，並使其對總統負責，但是這和《憲法》的規定並不相符。我國的行政院長為最高行政首長，並對立法院負責，雖然在一九九七年修憲之後，可由總統直接任命，毋須立法院的同意，但是行政院長本身的憲政角色並未改變，因此從法理面而言，自可強調「內閣制軌」方為主軸。特別是總統縱使能夠獨力任命行政院長，但是《憲法》並未給予總統免除行政院長職位的權力。在一九九七年修憲之時，國民黨與民進黨均不贊成給予總統對行政院長的免職權，因此最後通過的修憲版本是給予總統對閣揆的「任命權」，而非「任免權」。因此日後所發展出來的總統任免行政院長的憲政實踐，實在是違反了當時修憲的本意（周育仁，二〇一六）。故而從法理上來說，行政院長既為最高行政首長，對立院負責，又非總統所得任意免職，因此實不應對總統負責，而「總統優越」的憲政實踐，也在法理規範上有其瑕疵。

由於《憲法》並沒有明確規定總統和行政院長之間的關係，而在實務上總統卻常自居於行政院長的長官，因此二者之間如何相處互動，遂成為憲政體制當中極為關鍵的樞紐，和政府是否能夠順暢運作有很大的關聯。在我國《憲法》當中，總統並不參加內閣會議，無法直接號令各部，其決策權主要是集中於國家安全領域，並搭配有國家安全會議（憲法增修條文第二條）。如此說來，總統主導國安相關部門，而與行政院長有所分工是合理的安排，那將會把我國的運作模式導向「分工妥協」，而不是「總統優越」。但是由於在實際政治運作上，總統透過任免行政院長的權力而掌控大局，因此實質上是最高的決策核心。這就使得總統的權力和制度的設計不對稱，總統和行政院長之間的關係也和他們的憲政角色不相符。由於總統不能主持內閣會議，缺乏常態性的政策決定機關，因此勢必需要透過政黨、黨政平台或其他的非正式機制來進行決策，甚至直接一對一地指令部會首長，而此類的渠道較為缺乏規範，因此對於決策的制度化和透明化都產生了不利的影響，並且嚴重地侵犯到內閣中行政院長和部會首長之間的政治倫理，從而影響到總統和行政院長之間的關係。不論是在馬總統的府會一致時期、或是陳總統的府會不一致時期，都五易閣揆，使得政府的平均壽命僅有一年四個月，這對於施政的計畫性、持續性和穩定性都是不利的。

由於總統和行政院長之間的關係缺乏憲政規範，充滿了非正式的成分，因此不免震盪起伏，隨著總統的聲望高低與任期階段，和行政院長的出身背景（官僚／學者VS民選政治人物）與其所擁有的政治資本而變動不居。在我國的憲政體制之下，總統與行政院長之間的關係充分反映了半總統制的內在矛盾與制度彈性。雖然基本上都是在總統優越的次類型下運作，但是二者的實際相處模式隨著每一任的總統和閣揆而有所不同。總統和行政院長關係的不確定性構成了政府高層運作的協調問題，影響到部會在行政層級當中受命與負責的機制，以及政府的行政效率。

總體而言，總統直選是一個劃時代的憲政變動，不過它所代表的意義卻必須放到半總統制的憲政框架中才能夠充分了解。我國所採行的總統優越型半總統制，容易產生「府會一致時總統權力過大」、「府會不一致時易生僵局」，和「總統與閣揆關係不清且浮動性大、權責不明而決策又缺乏透明性」等三大問題。不過此一運作模式，一方面和政治文化相契合（民眾期待強人領導），一方面又受到憲政時刻的政治態勢與關鍵決策所增強（二〇〇〇年第一次府會不一致時的兩黨態勢與陳總統的選擇），已經產生了相當的制度韌性，是不容易改變的。不論是在半總統制本身微調，使其成為准內閣制、換軌共治、分工妥協，或是改為總統制或內閣制，都會出現難以實行（如廢除總統直選），或變更體制後效用有限而後果嚴重的結局（如總統與國會多數黨各據若干內閣席次以分享權力，或採行法國的共治模式）（Kirschke, 2007; Protsyk, 2006）。若是一定要修改憲法，則必須謹慎將事，只有在具有可行性、確認效果顯著，與配套完善的情況之下才適合實行。修憲時需體認到執政黨總希望藉著修憲來鞏固與增強本身的權力，在野黨總希望藉著修憲來提高贏得執政地位的機會，而民眾則可能因為喜惡特定的政治人物而影響到對這些人物所擔任政治職務的看法，從而要求增大或削減不同職務的權力。這些基於本身利益或直覺好惡的看法，都需要經過冷靜的檢視與理性的論辯篩選，才適合納入修改國家憲政體制的過程當中。在此憲政學者應扮演重要的角色，摒除黨派利益與民粹好惡，依據學理與經驗事例，從長遠的觀點來對憲政改革或憲政鞏固進行專業的分析與建言，如此我國的憲政體制才可能有健康的發展。

參考文獻

1. 吳玉山，二〇〇〇，《俄羅斯轉型一九九二－一九九九：一個政治經濟學的分析》，台北：五南。
2. 吳玉山，二〇〇二，〈半總統制下內閣組成與政治穩定：比較俄羅斯、波蘭與中華民國〉，《俄羅斯學報》，二：二二九－二六五。
3. 吳玉山，二〇一一，〈半總統制：全球發展與研究議程〉，《政治科學論叢》，四七（三月）：一－三二。
4. 呂炳寬、徐正戎，二〇〇五，《半總統制的理論與實際》，台北：鼎茂。
5. 沈有忠，二〇一一，〈半總統制下行政體系二元化之內涵〉，《政治科學論叢》，四七（三月）：三三－六四。
6. 沈有忠、吳玉山主編，二〇一二，《權力在哪裡？從多個角度看半總統制》，台北：五南。
7. 沈有忠、吳玉山主編，二〇一七，《半總統制下的權力三角：總統、國會、內閣》，台北：五南。
8. 周育仁，二〇一六，〈從行政與立法互動論台灣民主〉，載於王業立主編，《台灣民主之反思與前瞻》，台北：台灣民主基金會。
9. 廖達琪、沈有忠、吳玉山主編，二〇一五，《半總統制跨洲比較：亞洲與歐洲的對話》，高雄：中山大學出版社。
10. Bahro, Horst, Bernhard H. Bayerlein, and Ernest Veser. 1998. “Duverger ’s Concept: Semi-presidential Governments Revisited. ” *European Journal of Political Research* 34(2): 201-24.
11. Blondel, Jean. 1992. “Dual Leadership in the Contemporary World. ” In Arend Lijphart, ed., *Parliamentary versus Presidential Government*. Oxford: Oxford University Press.
12. Duhamel, Olivier, Marie-Anne Cohendet, Philippe Ardant著，陳瑞樺譯，二〇〇一，《法國為何出現左右共治？歷史、政治、憲法的考察》，台北：貓頭鷹。
13. Duverger, Maurice. 1980. “A New Political System Model: Semi-presidential Government. ” *European Journal of Political Research* 8(2): 165-87.

14. Elgie, Robert. 1999. "The Politics in Semi-presidentialism. " In *Semi-presidentialism in Europe*, ed. Robert Elgie. New York: Oxford University Press.
15. Elgie, Robert. 2001. "'Cohabitation ': Divided Government French Style." In Robert Elgie, ed., *Divided Government in Contemporary Perspective*. Oxford: Oxford University Press, 2001.
16. Elgie, Robert. 2004. "Semi-Presidentialism: Concepts, Consequences and Contesting Explanations." *Political Studies Review* 2: 314-330.
17. Elgie, Robert. 2007a. "Varieties of Semi-presidentialism and Their Impact on Nascent Democracies." *Taiwan Journal of Democracy* 3(2): 53-71.
18. Elgie, Robert. 2007b. "What Is Semi-presidentialism and Where Is It Found?" In *Semi-presidentialism outside Europe: A Comparative Study*, eds. Robert Elgie and Sophia Moestrup. London: Taylor and Francis.
19. Elgie, Robert. 2008. "The Perils of Semi-presidentialism. Are They Exaggerated?" *Democratization* 15(1): 49-66.
20. Elgie, Robert. 2011a. *Semi-Presidentialism: Sub-Types and Democratic Performance*. New York: Oxford University Press.
21. Elgie, Robert. 2011b. "Semi-presidentialism: An Increasingly Common Constitutional Choice." In *Semi-presidentialism and Democracy*, eds. Robert Elgie, Sophia Moestrup, and Yu-Shan Wu. Basingstoke, UK: Palgrave Macmillan.
22. Elgie, Robert and Sophia Moestrup, eds. 2007a. *Semi-presidentialism outside Europe: A Comparative Study*. London: Routledge Press.
23. Elgie, Robert and Sophia Moestrup. 2007b. "The Choice of Semi-presidentialism and Its Consequences." In *Semi-presidentialism outside Europe: A Comparative Study*, eds. Robert Elgie and Sophia Moestrup. London: Routledge.
24. Elgie, Robert, and Sophia Moestrup, eds. 2008. *Semi-Presidentialism in Central and Eastern Europe*. Manchester: Manchester University Press.
25. Elgie, Robert and Sophia Moestrup, eds., 2016. *Semi-Presidentialism in the Caucasus and Central Asia*. Basingstoke, UK: Palgrave Macmillan.

26. Elgie, Robert, Sophia Moestrup, and Yu-Shan Wu, eds. 2011. *Semi-Presidentialism and Democracy*. New York: Palgrave.

27. Kirschke, Linda. 2007. "Semi-presidentialism and the Perils of Power-Sharing in Neopatrimonial States." *Comparative Political Studies* 40(11): 1372-394.

28. Liao, Da-Chi and Herlin Chien. 2005. "Why No Cohabitation in Taiwan?" *China Perspectives* 58: 55-59.

29. Protsyk, Oleh. 2006. "Intra-Executive Competition between President and Prime Minister: Patterns of Institutional Conflict and Cooperation under Semi-presidentialism." *Political Studies* 54(2): 219-44.

30. Shugart, Matthew Soberg and John M. Carey. 1992. *Presidents and Assemblies: Constitutional Design and Electoral Dynamics*. Cambridge: Cambridge University Press.

31. Shugart, Matthew Soberg. 2005. "Semi-presidential Systems: Dual Executive and Mixed Authority Patterns." *French Politics* 3(3): 323-351.

32. Skach, Cindy. 2005. *Borrowing Constitutional Designs: Constitutional Law in Weimar Germany and the French Fifth Republic*. Princeton: Princeton University Press.

33. Veser, Ernst. 1997. "Semi-presidentialism-Duverger's Concept: A New Political System Model." *Journal for Humanities and Social Science*s 11(1): 39-60.

34. Wu, Yu-Shan and Jung-Hsiang Tsai. 2011. "Taiwan: Democratic Consolidation under President-Parliamentarism." In *Semi-presidentialism and Democracy*, eds. Robert Elgie, Sophia Moestrup, and Yu -Shan Wu. Basingstoke, UK: Palgrave Macmillan.

35. Wu, Yu-Shan. 2000. "The ROC's Semi-presidentialism at Work: Unstable Compromise, Not Cohabitation." *Issues and Studies* 36(5): 1-40.

36. Wu, Yu-Shan. 2005. "Appointing the Prime Minister under Incongruence: Taiwan in Comparison with France and Russia." *Taiwan Journal of Democracy* 1(1): 103-32.

37. Wu, Yu-Shan. 2007. "Semi-Presidentialism-East to Choose, Difficult to Operate: The Case of Taiwan." In Robert

Elgie, Sophia Moestrup, eds., *Semi-Presidentialism outside Europe: A Comparative Study*. London: Routledge.

38. Wu, Yu-Shan. 2011a. "Clustering of Semi-Presidentialism: A First Cut." In Robert Elgie, Sophia Moestrup, and Yu-Shan Wu, eds., *Semi-Presidentialism and Democracy*. Basingstoke, UK: Palgrave Macmillan.

39. Wu, Yu-Shan. 2011b. "Exploring the Power-Sharing Mode of Semi-Presidentialism." Paper presented at the 1st IPSA/ECPR Joint Conference, Sao Paulo, February 16-19.

很特別的一場

錢復

現任蔣經國國際學術交流基金會董事長。時任國泰人壽慈善基金會董事長。美國耶魯大學國際關係哲學博士，歷任行政院新聞局局長、駐美代表、行政院經濟建設委員會主任委員、外交部長、國民大會議長、監察院院長。著有《錢復回憶錄》。

謝謝各位參加研討會第四場，第四場很特別，較前面場次與後面場次的時間較長，主講人較多。特別是主講人陣容之堅強，我這個主持人心裡有點心慌，所以我還是要重新說明每位主講人有三十分鐘，屆時有鈴聲，萬一沒有聽到鈴聲，對不起，我會提醒主講人。然後問答，我希望所有提問的朋友，先說我想問哪位主講人，然後直接提問，不要敘述自己的理念，如果有的話，對不起，我也會請你停止。我們三位傑出的主講人，第一位請江宜樺教授，我想江教授不用我們多介紹，不過我提一下，他跟我是耶魯大學先後同學，他在耶魯大學寫博士論文的時候，就是以他最尊敬曾在耶魯大學任教的漢娜．鄂蘭（Hannah Arendt）教授的思想研究為主題。一九七五年這位女教授就過世了。鄂蘭有許多主張，其中一個就是「civil disobedience」，公民反抗。很巧，江教授在擔任行政院長的時候，台灣發生一個很大的公民反抗運動，所以這個真是很巧合的事情。

第二位主講人是我們政界大老，許信良先生，曾經兩度擔任民主進步黨的主席。感謝許主席跟我們的分享，他是主張法國第五共和的雙首長制，正好我們第三位主講人是非常有名的政治學者，吳玉山院士，他是首創中央研究院政治學研究所的人，從一九九九年籌備，二〇〇二年成立政治學研究所，擔任所長。謝謝吳院士的精闢演講，他讓我們知道過去二十一年，我們有二十位行政院長，這是一個嚴重的問題。

第七篇

從台灣民主發展反思總統直選

從民主價值與戰略思維談總統直選在台灣

黃煌雄

台灣大學政治學研究所碩士、美國哈佛大學費正清中心訪問學人（二年）、財團法人台灣研究基金會創辦人，歷任立法委員、國民大會代表、監察委員。民進黨《民主大憲章》研究小組召集人。著有《蔣渭水傳：台灣的孫中山》、《台灣國防變革：一九八二—二〇一六》、《全民健保總體檢》（合著）、《三代台灣人：百年追求的現實與理想》（合著）。

總統直選是台灣民主的分水嶺，開啟台灣民主化的新里程。從一九九六到二〇一六年，台灣已經歷過六次總統大選。在這二十年期間，享有投票權的國民，特別是年輕一代，不管他投過幾次票，內心上，也許認為總統由人民直接選舉產生，是一件天經地義、理所當然的事。其實不然，總統直選在台灣，並非是天上掉下來的禮物，而是有志者基於對政治制度的思考，並經過嚴肅而富有意義的辯論，及一番奮鬥後，才推動落實的。

《民主大憲章》是在國內有關總統選制最舉棋不定的時刻，明確主張「總統由轄區國民直接選舉產生」，這項由當時在野民進黨所提出最堅定有力的憲政主張，從而影響總統直接民選的走向。

一九九〇年六月，李登輝總統召開國是會議，在《民主大憲章》的影響下，達成「總統應由全體公民選舉產生」的共識；一九九二年三月，國民黨三中全會決定中華民國總統自第九任起由自由地區全體選民選舉之；一九九四年七月，國民大會決定中華民國總統產生方式，「由中華民國自由地區全體人民直接選舉之，自中華民國八十五年第九任總統、副總統選舉實施」。

法國第五共和

美國已故總統尼克森（Richard Milhous Nixon）曾說過，戴高樂（Charles de Gaulle）留給法國的最大資產，便是第五共和。戴高樂是法國第五共和的創建者，也是第五共和憲政制度的主導者。

面對第三與第四共和，由議會主導政府組成導致法國政局陷於長期混亂與不安的局面，戴高樂一直堅定認為：應由人民選出的國家元首來選擇政府，而非由「議會」、「黨派」產生；他對憲政的核心思想是，「保存議會制度的同時，加強共和國總統的權力」，「國家元首將是真正掌握政權的首腦」。

一九五八年，因阿爾及利亞事變，戴高樂東山再起，第二度拯救法國，他的主要依賴便是第五共和。「《第五共和憲法》，事實上，是戴高樂和戴布瑞（Michel Debre）（新憲法主稿者）兩人主張的結合」。依新憲規定，「總統維護本憲法之遵行」；「總統確保國家獨立、領土完整及條約之遵守」（第五條）；「總統任命總理」（第八條）；「總統主持國務會議」（第九條）；「總統經諮詢總理及國會兩院議長後，得宣布解散國民議會」（第十二條）；「總統為三軍統帥，主持國防最高會議」（第十五條）；總統享有緊急處分權（第十六條）及發動公民投票權（第十一條）。

戴高樂依據《第五共和憲法》的規定，有效處理了阿爾及利亞問題，但四年之中，卻遭受約三十次左右的暗殺企圖，「人們很難想像還有哪一位現代政治人物經歷過如此密集的暗殺」。一九六二年，戴高樂「為了使法國不是暫時地，而是長期地保持統一、強盛和應有的地位」；也為了在「特殊人物消失後」，仍能維持「制度存在」，並確保「政權的連續、穩定、有效和均衡」，最好的，也是「唯一的辦法就是由人民來選舉共和國的總統」，這樣，他就會是「國家的人」，並「具有真正符合憲法條文賦予的那種重要職權」。戴高樂將人民直接選舉總統提交公民複決，引發一九六二年的政治風暴，卻代表一大「政治創新」，被戴高樂譽為「二十世紀最偉大作家」、代表「國家靈魂」的弗朗索瓦．莫里亞克（Francois Mauriac），即形容戴高樂這項努力，「不是一個夢，這是這位老人不可思議的力量」。

從戴高樂的《希望回憶錄》（*Memoires d'espoir*）和戴高樂長子菲利普．戴高樂（Philippe de Gaulle）所寫《我的父親戴高樂》（*De Gaulle Mon Pere*）二書，均可明白認識到戴高樂對法國總統和總理兩個職位的區別：總統是「國家的元首和法國的領路人」；「國家元首的職務至高無上，內閣總理是第二號職權」；「國家元首肩負國家的命運，擔負長遠的未來和政權的持續，而內閣總理則在日常發生的各種事務中，指揮政府當時的行動，並領導行政機構」；「他（總理）只能是『我（總統）的總理』」，「正像在一條船上，有長期經驗的水手們要求有一個副手在船長旁邊發揮自己的作用一樣，在我們新的共和國中，除了總統專心致力於主要的和永久性的工作之外，行政部門還需要有一個總理來應付日常事務」；國家元首「首先從這些人中選任總理，使其成為僅次於他（總統）的人物」。正如Roger Price在*A Concise History of France*一書所說，「在戴高樂一直持續到一九六九年四月的長時期執政中，憲法文件中很多意義模糊的條款，都由他本人釋清」，「制度變革的進程……創立一種新的政治文化。也許戴高樂最偉大的成就，在於政府最富建設性的期間，建立一個為人民所接受的政治制度。第一次，自從大革命以來，人民普遍支持共和制。」

一九五八年，戴高樂創立第五共和；一九六九年，戴高樂又以本身的引退，維護第五共和，Charles Williams所著《戴高樂》（*The Last Great Frenchman: A Life of General De Gaulle*）一書，被譽為是關於戴高樂傳記中最優秀的作品之一，形容戴高樂是「法蘭西最後一位偉人」。一九七〇年十一月九日，戴高樂逝世，龐畢度（Georges Jean Raymond Pompidou）總統在一分鐘左右全國性演講中說，失去戴高樂的法國，變成一位「寡婦」。

戴高樂及第五共和的投影，是影響一九九〇年代台灣民主工作者在《民主大憲章》討論過程上最重要的元素。

《民主大憲章》

《聯邦論》（*The Federalist Papers*）是一本了解《美國憲法》原始意涵的權威著作，由漢彌爾頓（Alexander Hamilton）、麥迪遜（James Madison）、傑約翰（John Jay）三人，以「帕布里亞斯」（Publius）筆名，在紐約市報紙上公開發表文章，呼籲十三州能夠批准一七八八年九月十七日在費城制憲會議所通過的新憲法草案。這些文章所論述的要旨，正如美國開國元勳，後來也擔任過總統的傑弗遜（Jefferson Davis）所說，一般人在對《美國憲法》「真正意義」發生懷疑時，「習慣上都以它《聯邦論》作為判斷根據，很少有人拒絕或否定它的說法」。《聯邦論》在美國歷史重要政治文獻中的地位，也許僅次於《獨立宣言》和《憲法》本身，「Publius」因而也成為不朽的名字。

從歷史觀點言，要了解一九九〇年代台灣民主工作者推動總統直接民選的心路歷程與論述要旨，《民主大憲章實錄》（下簡稱《實錄》）實是最具有代表性的一本權威著作。可以這麼說，《實錄》與台灣總統直接民選的關係與地位，有如《聯邦論》之於《美國憲法》。但當台灣的總統直選歷經二十年，經過六次選舉，《民主大憲章》已公布二十六年，而全球半總統制研究已蔚然成風之際，令人訝異的是，有關台灣半總統制的研究，雖也如世界思潮一樣風氣大開，但卻幾乎沒有人提及到二十多年前推動台灣總統直選的時空背景與論述內容，甚至幾乎少有人知道有《實錄》這樣一本書，把時空背景抽離掉，把論述內容空洞化，彷彿總統直選是由天上掉下來一般，缺少有如經由《聯邦論》來了解《美國憲法》意涵的深刻體認，這不能不說是當前解讀台灣半總統制的最大缺憾。

《民主大憲章》研究小組（下簡稱研究小組）包括：名譽召集人黃信介，召集人黃煌雄，以及成員張俊宏、呂秀蓮、傅正、張俊雄、蘇貞昌、謝長廷、陳水扁、江鵬堅、尤清、康寧祥，顧問為彭明敏、許信良。其中，陳水扁與呂秀蓮後來兩度擔任中華民國總統與副總統；張俊雄、謝長廷、蘇貞昌先後出任行政院長；江鵬堅、黃信介、許信良、陳水扁、謝長廷、蘇貞昌也先後擔任民進黨主席。在一個僅有十二個人的研究小組中，日後竟有那麼多成員成為國家重要領導人，恐怕是很少有的先例。研究小組不僅工作成員的份量夠，所提出的憲政主張份量更夠，因而引導一九九〇年代才興起的台灣制憲運動的蓬勃開展。

作為研究小組召集人，我在《實錄》這樣寫道，「《民主大憲章》已經正式成為民進黨現階段的憲政改造主張……（它）有五大特色：一、國民主權精神的體現；二、總統為憲政中心；三、相對政治主權的概念；四、引導政黨政治的健全發展；五、人權的充實。」在結論時，我嚴正表示，「參與《民主大憲章》研究小組的成員，以及期間曾貢獻過卓見的人員，有不少曾是國民黨黑牢的座上客，或仍為流亡的政治犯。所以《民主大憲章》實比任何一部基本法或憲草，都更充滿著民主運動史上的血淚與骨肉。謹懷著這種歷史情操，本著愛心與責任感，我們正氣凜然地提出《民主大憲章》，想為苦難的同胞與苦難的國家引導一條光明大道。」

民主價值

J. G. A. Pocock在*The Machiavellian Moment: Florentine Political Thought and the Atlantic Republican Tradition*一書，所提出的「政治創新」，具有兩個意涵，一是從歷史的長河來看，公民人文主義者透過復興亞里斯多德（Aristotle）和古羅馬共和國這兩種傳統，掙脫中世紀的神學，為現代政治開啟新的道路；二是在佛羅倫斯共和國末期，當共和國面臨內憂外患的時候，有些人文共和主義者，特別是馬基維利（Niccolo Machiavelli），提倡採用一些打破常規的激烈手段來替共和國走出新路。這個時刻也就是Pocock所說的「馬基維利時刻」（Machiavellian Moment）。

一九六二年，在第五共和制度下，戴高樂總統主動提出將法蘭西總統直接由人民選舉產生交由公民複決，這是法國歷史上前所未有的創舉，這就是一種「政治創新」，就是所謂「馬基維利時刻」，也是法國的「憲政時刻」。一九九〇年代初，以《民主大憲章》為代表的，主張將中華民國總統改為由人民直接選舉產生，這也是中國歷史上及台灣歷史上前所未有的創舉，這就是一種「政治創新」，就是所謂的「馬基維利時刻」，也是台灣的「憲政時刻」。

《實錄》真實呈現了台灣民主工作者在「憲政時刻」所堅持的民主價值。《民主大憲章》的核心理念，便是突破種種困難，體現國民主權的精神，建立總統由人民直接選舉產生的制度，更確立總統為憲政中心。

法國第三共和六十五年間，有一百多個內閣、八十六位總理；第四共和十二年間，有二十九個內閣、二十七位總理；其中最短命的內閣，僅存在三小時。這種因內閣短命，導致政府無法有效執政，國家無法走上穩定、安全與繁榮之路，正是戴高樂在第五共和期間，決定將總統改由人民直接選舉產生的最主要動力。

台灣的背景則不然。中華民國政府退到台灣以後，中央民意代表，包括國民大會代表，到一九九〇年，已歷經四十年以上沒有全面改選，這些老代表，在「法統」的庇護下，不食人間煙火，與民間脫節，卻仍然代表民意選出中華民國總統。這種完全違背民主原理和世界思潮的做法，隨著民進黨突破黨禁、戒嚴解除之後，幾乎成為全民公敵，變成「二千萬對一千個人」的戰爭。因此，總統直選的浪潮，在台灣民主運動過程上，雖然起步較晚（約在一九八五年左右），卻來勢洶湧，幾年之間，更發展成為帶動台灣民主運動的關鍵力量。研究小組成員在《實錄》所留下的紀錄，既是順應這種思潮的見證，也展現他們對民主價值的堅持。

時任民進黨中央黨部祕書長，在《民主大憲章》討論有關總統直選過程上發揮重大影響力的張俊宏，在《實錄》裡說：「我們思考問題的順位，以整個台灣人民、以整個民主政治的發展做第一順位，來思考我們怎樣做是對民主政治有最大的貢獻……民主政治既是第一順位，民主政治首要就是政黨政治……而政黨政治中非常重要的就是競爭規則，到目前為止，我們一直沒有這個遊戲規則，一種公平的競爭規則始終沒有建立。」

「現在是一個好時機，國民黨有意願想做，對國民黨有利、對我們也有利，競爭規則此時是非常容易建立。一個對大家都有利的目標，從去年以來也已成為我們的黨綱，各個候選人也都提的，那就是總統直選。總統直選對國民黨有利，可解除他黨內目前的亂局，對民進黨也有利，如果沒有這樣一個制度，我們要實行政黨的輪政，還是遙遙無期。對反對黨來說，要促進政黨的輪政，總統民選這是一個機會，而國民黨要擺平內部也要藉由總統民選。而我們用這個機會，在共利的基礎上，把公平的競爭制度和規則確立，這是建立民主的規範，不必考慮我們支持誰，也可以解決我們支持誰的困擾。」

「總統直選這是一個很現實的問題，很不容易建立這麼一個制度，如果純對反對黨有利，對國民黨有害，這種制度根本不可能推行，現在談如果能實現，那就是不但對反對黨有利，對執政黨的某一部分相當有利，這樣就容易落實，不管內閣制總統制也好，只要澈底實施，這兩種制度都可以帶入民主，就怕兩種制度都落空……我們一直害怕總統制會造成獨裁，就是從臨時條款而來的恐懼，不是從總統制來的。張君勱設計了這套制度，他根本沒有穿，自己設計的一套新衣，反而把可能建立總統制的機會給糟蹋了，同時也把內閣制的機會糟蹋了。所以民主政治的兩大制度，在台灣四十年來根本失去建立民主憲政法治的機會，其原因就是西裝師傅設計衣服，沒有衡量穿衣者的身材，想用一套不合身的來制他，結果反而被他牽制了。四十年糟蹋掉了，今天我們也恐怕面臨同樣問題。」

「今天我們所面臨的是李登輝，李登輝不是嚴家淦那一型的……如果我們設計一個虛君的衣服給他穿，他願意嗎？或者又像四十年前的故事，又變成皇帝的新衣……基於這種情況，恐怕要設計的，是（類似）法國型的憲法。」

「另外，非主流派已經很有組織在推動內閣制，內閣制不是為了政治上的學理或理想，而是現實的考慮，就是使李登輝成為虛君，這種方案對民主沒有幫助，我覺得很悲觀。這套衣服給李登輝穿，可能會撐破，絕對重複四十年前的悲劇，這是我思考的歷程。」

「我們面對一個不能迴避的政治現實……如果不能迴避，就以此為前提去設計一套可以帶上民主的體制……為了政治現實的思考，退而為法國（第五共和）體制。我不是考慮李登輝個人，是用他來把民主政治的兩大制度帶上軌道；我也沒有為民進黨著想，我只有民主的信仰，我不是為了民進黨的執政，而是為民主政治體制的運作，需要有反對黨執政的機會，民主才會上軌道……所以才一直設計讓民進黨有執政的機會，不是偏愛民進黨，而是偏愛民主，讓國民黨有在野的機會對它的體質絕對是有幫助的。」

在《實錄》一書，最能感受到法國第五共和投影的，便是我的發言：「我們在做政治制度設計時要考慮到政治制度已經定型成為生活中的一部分，作為政治制度的設計者，無法完全按照理論推演，還要考慮歷史、傳統及現有政治制度。目前有兩種狀況很難改變，一是總統民選，二是行政院和立法院的運作關係，這兩個因素在進行政治設計時一定要照顧到。我很能體諒兩種心情，一是在兩任強人之後，擔心另一個政治強人出現，這種心理最值得發言的是黨外及民進黨，因為他們遭到蔣氏父子兩代的壓迫付出代價最大；二是在學術界來說百分之九十都接受內閣制，這是為了理論的一貫性，這兩種心情都值得尊重。而我們對於理論的推演應低於客觀的傳承部分。我們無法不去面對總統直選的潮流，也必須考慮立法院及行政院的關係，一個政治學的基本常識，一個普選的總統，不可能是虛位的元首，再來行政院和立法院的關係不可能空洞化，還有總統和行政院長的關係怎麼處理，總統和行政院長的關係影響到行政院和立法院的關係，這成為我們處理中央政府體制所要觸及的核心部分。」

「我們要根據客觀主義和科學精神來考察環境，必須把總統普選和行政院立法院的關係當成我們思考的前提，我再強調，普選的總統一定是有權的，我們的焦點就應放在總統和行政院長的關係怎樣處理。我心理上並沒有李登輝的影子，但在客觀上他會有某些契合，我們推出這種主張，好像和李登輝的某些需求有所銜接，但我們在提出這種設計時不一定有李登輝的影子，要說李登輝是強人，我看也不一定，如果李登輝是強人，根本不會有非主流派，蔣氏父子時代哪有什麼非主流派，非主流派的存在間接說明李登輝不是強人，而且他在運作行使權力時有障礙。我的結論是在現階段我們無法改變這兩個客觀情勢，我們應該接受它，而且這和民主不民主無關，內閣制和總統制都各有其民主的成分，這是西方政治中較常為人所提到的制度，包括法國第五共和也有民主的成分，在這樣的邏輯思維下，我們現在的情形和法國的第五共和比較接近。當時第四共和的總統是戴高樂，他領導自由法蘭西勝利，後來他當總統，因為當時的總統很痛苦，有個總統說過一個笑話，世界上有兩件事最痛苦，一個是盲腸炎，一個是當法國第三第四共和總統。戴高樂就不幹了，退隱了十二年，一九五八年他東山再起，要求六個月的期限，創造了第五共和，他有總統制的特色，但他保留了國會與內閣總理的關係，就像我們要推行總統制，但保留行政院和立法院的關係。」

「除了歷史傳承等加以考慮，還要將民情做一基本了解，如果現在總統變成虛位的話，一般人恐怕很難接受。我預料在現行的選舉制度之下，我們的政治生態會惡化，小選區選出的國會議員來組成內閣，會導致派系的分贓，而且內閣一定是不穩定的。國家元首在執行公權力的時候，有一定的權力，而且我們要考慮到我們也要執政，這距離我們也不是很遠，就像現在我們有些黨員已經在地方執政。如果我們給國家元首作為一政治中心或政治標竿，他在任期內得到國民主權相對多數的授權，即總意志的最大授權，我強烈認為我們應照顧到傳承及已經成為政治生活的部分，總統直選是不可改變的潮流，行政院和立法關係，這兩個因素都考慮到，這才是比較謹慎的設計。關鍵在於普選總統一定有權，總統權力膨脹，內閣的權力就萎縮，就在於怎樣處理總統和內閣總理的關係，這可能是最要緊的。」

「一個普選的總統，一定是一個比較強勢的領袖，我們手頭上有十二份資料，到目前為止，只有法國可以讓我們做參考，行政院和立法院的關係，我們很難加以改變，但普選的總統出現，行政院立法院關係在國內政治的重要性會降低。像第五共和中，憲法第二章共和國總統第五、八、九、十一、十二、十五條都是很重要的條文，第三章政府，它的第二十條，政府制訂並執行國家政策，支配行政機構及經費，總統是三軍統帥，主持國防最高會議及委員會。在總統及總理之間，總統是政治的中心人物，這是鄒文海（教授）寫的，整個內閣都排好了，中間位子留出來，等戴高樂出來，大家一起拍照，這種景象說明了第五共和的狀況。」

「由於國民黨的傳統運作模式是以國家元首為黨主席，李登輝自然成為權力中心。但是就現行《憲法》上看來，是以行政院長為中心。由於李登輝不像蔣經國是個強人，所以李煥身邊的人馬想依《憲法》來抬高李煥的權力也有所依據。於是國民黨內部運作的矛盾反而變成國內政治問題的矛盾。半年來，國民黨因缺乏傳統的強人運作而產生的（雙李體制）問題，有人將之投影到《大憲章》，認為《大憲章》是在為國民黨解決問題，這是個天大的誤會……我們必須強調，將《大憲章》中的總統視為傳統強人政治的復辟是非常不公道的。因為過去的強人掌握了軍警特，有強大的控制力，但是《大憲章》中為憲政中心的總統，必須接受種種監督，並不能逞其一己之私。所以總統制不見得會籠罩上昔日強人政治的陰影，應是了解《大憲章》的一個基本認識。」

「研究小組一個基本的主張是，不管是成立什麼法，一定要有力量能發揮影響力。而這樣的力量是來自有堅定的共同主張，這些主張要有前瞻性，經得起考驗、符合現階段對時局的正面評價，切中人民的需求。我們在擬訂戰略時，必須有武器，沒有武器則不堪一擊。這牽涉到選擇和判斷，我們必須做出選擇和判斷，並為之付出代價，可能是好的，也可能不好。基於傳統上黨外和民進黨對台灣問題的關注一直是扮演領導者和領航員的角色，現在海外異議團體，或是無黨籍人士都能夠提出一部完整的基本法，民進黨在這個階段如果還是提出規範的看法，未免落在時代的末端。在顧及民進黨的領導者角色，我們必須有一套完整的憲法草案，不能只是幾點簡單的要求。」

許信良更是法國第五共和憲政體制堅定的支持者，他說：「我們這次特別重視中央政制的詳細設計，這是一個正確的方向，而國是會議的爭論中心也是這個問題。現在總統制和內閣制之爭其實就是用實力來解決的。簡單來說，國是會議其實是改革派和保守派之戰，保守派想藉由內閣制的主張來維護他們的既得利益。主張內閣制使得總統虛位化，來獲致政治利益。內閣制很明顯的是個陰謀，所以我們應該兼顧理想和現實來設計這套制度，總統或內閣制都有一套他自己的法理體系，但混和制沒有，有的話就是法國第五共和。一方面你要實施混和制，又不要按照法國第五共和，就會發生剛才傅正教授所提出的誤認美國覆議制度在現行憲法中位階和定位。在此常讓一些憲法學者頭痛，因為它的法理體系紊亂。為了避免憲法的設計成為一個大拼盤，我們應該以法國第五共和為藍本，研究其如何能夠自圓其說……我個人較傾向於以第五共和為藍本，而不是在設計上去拼湊總統制和內閣制。」

面對民進黨內唯一參與過兩次組黨風險的傅正，有關法國第五共和好像專門為戴高樂而設的質疑：「有人說第五共和是專門為戴高樂設計的一套政制，是因人立法，因應此一秩序的需要而立法。說句不好聽的話，這是過度的犧牲。我們現在討論第五共和，其實多多少少把今天的李登輝當作戴高樂。其實即使是在老蔣當家時都還沒這個必要。總統直選只有在我們老的國民大會在尚未改選的情況之下我才同意。若我們的國會全面改選時我不要總統直選。但我們民進黨有那麼一個決議案在那裡，若不總統直選就好像我們不給李登輝權力。多多少少我們期待李登輝能推動一些政治改革，所以民進黨才搞出一個所謂總統直選來。」

許信良很明確地回應表示：「這不能這樣說，第五共和的出現也許是為了戴高樂，但在第五共和之後，法國政制才真的穩定下來。我們也都曉得，在這之前的第四共和倒閣是家常便飯。所以第五共和可以視為內閣制的一種修正。他們的成功就是最好的例子。因此它不是為了個人，也不是一個變體，而是一個自然發展的產物。我認為，混合制應該按照法國第五共和，已經有很多法國學者替它辯護得很好，認為它很進步，我也這麼認為。所以我們沒有必要去弄一個新的，沒有外國學者會替你辯護的東西。我們不要弄一個四不像，依照這個東西去修改，混合制要有品牌的。」

在《實錄》一書裡，我以研究小組召集人身分，在〈說明〉一文，指出總統及國會議員均由國民直接選舉產生；又有公民複決規定；「公民權之行使」又以專章規定，這些都是國民主權精神的強化，也是民主價值的體現。

另外，在「總統為憲政中心」部分，我表示：「民進黨憲政研究小組在規劃中央政治體制時，曾考慮過英國式的內閣制，也考慮過美國式的總統制，幾經激辯，最後接受《民主大憲章》的規劃，而較接近法國第五共和制度。我們的主要考慮包括：一、前瞻；二、傳承；三、可行性與穩定性；四、台灣的特殊環境。」

「憲政研究小組接受總統普選的主張，認為總統直選是不可阻擋的趨勢。總統既然直選，國民大會自然隨之消失；而總統既然由最大多數的國民主權所授權，總統自應承擔其責任，行使其職權。這就是我們所考慮的『前瞻』的因素。」

「憲政研究小組對於行政院的存廢曾有過激辯。但是由於十年來，行政院與立法院的對話，已成為國內最重要的政治焦點，並成為國民關心政治的主要成分，如果突然廢除行政院，不但破壞這項傳統，甚至會使關心政治的人民若有所失；同時考慮及台灣內部的人口結構，包括省籍因素，以及台海兩岸的特殊狀況，如果缺少應有的國會對話，有如失去安全瓣一樣，容易滋長政治上的不穩定，並引起反彈。因此，基於『傳承』、『可行性與穩定性』、『台灣的特殊環境』因素的考慮，我們延續了行政院和國會的對話。」

「由於半年來國內政治上的『兩李』之爭，使得總統和行政院長的權責關係如何釐清，成為憲政研究小組的重要課題。在《民主大憲章》上，我們很明確規定總統是憲政中心。由於是國民主權的授權，『總統維護本憲章之遵守，並確保國家獨立與領土完整』（三八條）；『總統任命行政院長』（六〇條）；『主持行政院會議』（三九條）；『總統得解散國會』（四〇條）；『總統享有緊急命令權』（四七條）；並可將『國會議決有關國家體制及轄區變更之重大法案提交公民複決』；這些都明確表示總統是憲政中心人物。」

將獲得國民主權最大多數授權、代表最大多數國民意志的總統，規劃成為憲政中心，亦為《民主大憲章》落實民主價值的體現。

戰略思維

任何一部憲法或憲草，都有其制訂時特殊的時空背景、社會條件，以及政治力量的角力與追求。《民主大憲章》除展現對民主價值的堅持外，也留下研究小組成員對當時政治情勢的分析、政治力量可能的發展與追求的探討，如果把這些因素統稱為戰略思維，二十六年之後，經過六次總統大選實踐的檢驗，持平地說，有些發展與當年研究小組的戰略思維是完全吻合，有些則顯現當年戰略思維的不足。

首先，正如《實錄》所一再出現的，也是引導總統直選最具吸引力、說服力的一個論述，便是總統直選將可能使民進黨提早在中央執政。研究小組成員，起初對於中央政治制度的思考，大多傾向於內閣制，對總統直選制顯得猶疑，甚至反對，張俊宏在一篇文章中曾這樣生動地描述：「面對當時即將召開的國是會議，民進黨需要提出一套腹案，煌雄跟我同是念政治系，彼此很有默契，也非常積極，透過台灣研究基金會由他來召開這個黨內共識會議，加我與黃煌雄一共九人（註：應為十二人），十年過去，當今台面上從總統、副總統開始幾乎全在內。會議由黃信介主持。第一天，討論的核心在於要不要總統直選，以及實行總統制或是內閣制，談到半夜意見統計的結果，主張內閣制對總統制的比例是七比二（註：出席人數為九人），就只有我跟黃煌雄二人主張總統直選的總統制。在半夜散會前，我只好說了非常露骨的一番話『如果實行內閣制，就是外來政權勢力要重新奪回政權所用的招牌，我們要不要跟他們一起主張內閣制？希望大家深思這個問題。』會後我跟黃煌雄兩人癱瘓在沙發上，對於這樣的局面，非常憂心。第二天出現了奇蹟，主張內閣制對總統制的比例是二比七，剛好相反，逆轉情勢導向贊成總統制，名稱也確定由呂秀蓮從英國《大憲章》（*Magna Cart*）中所想到的靈感——《民主大憲章》，這一套具有黨內共識的總統直選總統制完整構想，也是黃煌雄非常熱衷的一套法式總統制思想，中常會通過以後，我們就在國是會議上提出這一套憲草。《民主大憲章》便從這裡開始。整個討論詳細的過程在《實錄》中備載，但這一段背景及背後所進行的ＩＣ版線路卻不在其中，回憶這一段歷史應值得補上這一段以作為後人研究的參考。」

在將傾向內閣制扭轉到總統直選過程上，張俊宏也雄辯地說，「第一任的總統選舉，民進黨可能沒有人可以和他選，就現實來說，如果一兩年內總統直選，那是由李登輝來做，但是六年後下一任國民黨會推出誰……民進黨有的是一級明星……每個人都是真槍實刀幹出來的，下一任的總統，民進黨由南到北的縣長都是總統候選人。」這種論述變成一項致命的吸引力，連最醉心內閣制，也強力主張內閣制的傅正都不禁要說，「剛才張祕書長（俊宏）說第一任民選總統民進黨不可能，但是下一任選舉可以增加民進黨執政機會，這倒是真的。」

就後來的選舉結果而論，完全符合研究小組的戰略預期。由於研究小組成員之中，有不少「都是真槍實彈幹出來」的「一級明星」，從第一次到第四次的總統、副總統選舉，民進黨所提名的總統、副總統候選人幾乎都是研究小組成員，第一次總統、副總統候選人為彭明敏，《民主大憲章》兩位顧問之一，另一位為許信良、謝長廷；第二次與第三次為陳水扁、呂秀蓮；第四次為謝長廷、蘇貞昌。其中，陳水扁與呂秀蓮於二〇〇〇年當選總統、副總統，可說是第一次實現研究小組所評估的民進黨提早中央執政，這也是歷史上首度發生的政黨輪替；二〇一六年蔡英文、陳建仁不僅再度實現民進黨中央執政，且贏得包括國會多數的完全執政，民進黨取得完全執政，在歷史上也是首度發生的。

其次，研究小組成員大都同意，隨著總統直選的實施，一定會強化台灣認同，深化台灣主體性，進而凝聚國民意識，築起一道無形而強大的心防。

蔣經國於一九八七年七月解除戒嚴，一九九〇年四月《民主大憲章》研究小組正式展開工作，當時政治上雖已解嚴，但長期以來，在國民黨的戒嚴統治下，台灣只是中華民國政府「復興的基地」、「反共的跳板」、「法統的所在」、「中原的邊陲」，台灣在國民黨如此「正統化」與「工具化」的統治下，幾乎失去了自我，並忘掉自我。

一九九七年十一月八日，我在哈佛大學舉辦、杜維明教授主持的「文化中國與台灣意識」會議上，做了這樣的表示：「像我們今天出席的人，在台灣出生長大的，大概都有一種體驗，就是在戒嚴體制下，那時台灣意識幾乎不被允許存在。很多人讀小學的時候，如果講台語會被罰錢，有時候罰掃廁所。在很早以前，電視每天只能唱兩首台語歌，有各種限制。我記得一九七二到一九七三年間，我寫台灣史的時候，我寫蔣渭水，那是二十多年前的事情，我去拜訪當時很多台灣的前輩，就是蔣渭水的老朋友，他們起初碰到我的時候都害怕，心裡懷疑我是不是國民黨派來的？後來我找到蔣渭水的兒子帶我去，他們看到老朋友的兒子都很高興。」

「當時我就有一個很深的感觸，這些人在台灣的土地上，在半個世紀以前，為這個土地上的人民奮鬥，為什麼半個世紀以後，不但後代子孫忘掉他們，而且他們竟然還害怕他們的子孫？這種歷史的扭曲，給我很大的動力——應該怎樣給台灣歷史一個公道！給歷史上為台灣做事的人一個公道！我想這些例子說明了：台灣意識在大中國意識的籠罩下，代表一種掙扎、探索、追尋自我的過程，而且在追尋自我的過程上，增加了自己的信心，且肯定自己。所以，台灣意識應該是在這種背景下，隨著台灣民主化的逐步實現而逐步提高。台灣民主化促成戒嚴解除了，報禁、黨禁開放了，各種社會運動的力量急遽發展。總的結果，就是代表台灣意識的急遽發展。」

由於總統選舉的動員效應，幾乎擴展到台灣每一個地區、每一個角落、每一個家庭，甚至每一個人，隨著總統直選的推進，台灣主體意識不僅更強化，且凝聚而為國民意識。總統選舉有其疆界（boundary），要確定那些人享有投票權，這個確定的範圍就是主權的範圍，因此每一次總統的選舉，也就是對國民與主權的再確認。這樣，總統直選的過程就有如「nation-building」（民族塑造）動員的過程一樣，每選一次，就逐步強化「nation-building」，台灣主體意識也就自然逐漸變成一種台灣國民意識。

一九九八年二月七日，在台灣完成第一次總統大選之後，我以哈佛大學訪問學人的身分，受邀到美國新英格蘭中華民國學人留學生「學術論壇」演講，公開表示：「以台灣人為主體時代的來臨。未來要在台灣政壇上生存發展，主要有兩種人：一種是很自然且帶有感情的說『我是台灣人』的人；另一種是很自然且帶有感情的說『我是台灣人，也是中國人』的人。在此，『台灣人』的定義涵蓋四個族群，包括最早來台灣的原住民、客家人、閩南人與新住民（外省人）。如果只肯說『我是中國人』，卻不肯說『我是台灣人』，這些人大概都會為政治情勢所淘汰。」

十年以後，二〇〇七年十二月十五日，在時報文教基金會舉辦的「台灣的社會發展與變遷」會議上，我這樣談到：「從一九九六年第一次總統選舉到二〇〇七年……就國內政治發展而論，特別是就享有公信力的像政治大學選舉研究中心、《台灣地區社會變遷基本調查》，以及中央研究院有關研究人員所調查公布的資料，均顯示自認為台灣人的比例，已由一九九五年百分之二十多升至二〇〇六年百分之五十，甚至六十以上；而自認為中國人者，則由百分之三十左右下降至百分之十以下，自認為兩者都是的人，大約維持在百分之四十到五十左右，但亦有降至百分之三十五的記錄。這些調查數字反映出，我在十年前所作的預言，似乎全面實現中。」

到了二〇一七年，又是另一個十年之後，依政大選研中心的資料，自認為台灣人者維持在百分之六十上下，自認為中國人者降到不足百分之五，兩者都是者則在百分之四十左右。另依台灣民意教育基金會的資料，自認為台灣人者占百分之七十二，自認為中國人者占百分之十，兩者皆是占百分之十二。從這些調查資料可看出二十年前的預言更接近全面成真。

然而，研究小組的戰略思維也有不足之處，其中最大的不足，便是對中國大陸缺乏全盤而有系統的省思，更幾乎沒有預料中國大陸會以如此大國的身影，躋身到國際舞台、投射在台海兩岸之間。

《民主大憲章》除〈前言〉外，共十章，一〇四條，其中第九章為〈台海兩岸關係〉。〈台海兩岸關係〉原來是以「附加條款」的方式，放在最後的第十章，後來經過內部討論，改為〈兩岸關係〉專章，在傅正建議下，又改為〈台海兩岸關係〉。原本的「附加條款」有引言及三個條款，〈台海兩岸關係〉刪去引言，條文增為四條。

毛澤東於一九六六年發動文化大革命，一場「十年浩劫」，不僅使中國大陸內部陷入動盪不安之中，更使海峽對岸的台灣望而生畏、畏而遠之。一九七八年，鄧小平第三次復出，雖提出改革開放的歷史性號召，但仍處於「摸著石頭過河」的探索階段；而一九八九年又爆發天安門事件，北京「黑雲壓城」。對一向以堅持自由、民主、人權、公義為普世價值的台灣民主工作者而言，視戒嚴時期國民黨的總統府有如日治時代的總督府，而中共的一黨體制卻比國民黨的總統府、日治時代的總督府，都更有過之，文革與「六四」的陰影更有如泰山壓頂。從民主理念、普世價值到現實政治的發展與教訓，自然都驅使一九九〇年代台灣民主工作者對中共採取一種疏離與戒慎恐懼的態度。這應當也是《民主大憲章》研究小組大多數成員的基本心態。

基於這種心態，研究小組成員對兩岸主要的思考，便是如何確保台灣的安全與兩岸的和平，乃首度提出「相對政治主權的概念」，其具體條文為，「台灣和中國大陸應以和平、平等、共存、互惠原則，相互尊重雙方國民主權與各該轄區內統治權之完整。」這是研究小組基本的共識，也是最大公約數，其餘三個條文，可說是「相對政治主權概念」的延伸，基本上，也反映出研究小組成員「防守」與「疏離」的心態。除此之外，《實錄》對兩岸討論的重點僅在文字的修正及技術層面，對中國大陸實況與未來可能的發展，反而著墨不多，甚至可說幾乎沒有。

不過在討論過程上，張俊宏曾提到，「在與中共交流漸趨頻繁之後，若有可能，我們可影響大陸……我們怎樣去面對這種情況，採取何種態度、行動？關於這些問題，我們究竟需不需要在大憲章中先預留空間，以便將來能處理這些問題？畢竟未來的局面將如何發展，我們並不知道。」傅正也說過，「我並非主張統一，而是站在國家作為一個工具的觀點來考慮，如果統一有利於台灣人民，為何不統？換言之，如果獨立對於台灣人民有利，則為何不獨立？在兩岸關係越趨複雜之後，以後的變化難逆料，故我較贊成預留空間，而不是把路都先堵死了。」

就《實錄》所載，研究小組幾乎未曾客觀而認真地探討中國大陸的現狀與可能的發展，甚至未曾將中國大陸的過去、現在與未來，當作議題來討論，也就是說，對中國大陸議題幾乎視而不見，可以不予理會。這種戰略思維的不足，導致一九九〇年代的台灣民主工作者對中國如何崛起，為何崛起得如此之快，幾乎無法作出正確的評估與掌握，而陷入被動與主觀。經過二十多年的世事滄桑，隨著台海兩岸情勢的消長易位，當中國大陸正以世界第二大經濟體以及綜合國力大國的姿態，縱橫於世界舞台之間，面對此情此景，傅正所說，「以後的變化難逆料」，張俊宏所說，「畢竟未來的局面將如何發展，我們並不知道」，更不禁要引人深思。

回顧與展望

《民主大憲章》公布迄今，已超過四分之一以上的世紀，總統直選當時主要遭到兩方面的挑戰。一為來自學術界，他們視總統直選將使即將廢止的《臨時條款》的總統職權復活，從而影響內閣制真正落實的機會；另一為來自政治界，他們視內閣制為爭取政治權力分配的必要工程。前者對內閣制的態度是真誠的，後者則視內閣制為工具。經過二十多年之後，隨著總統直選的實踐，來自政治界的挑戰力量，知道大勢已去，已無可奈何；來自學術界的挑戰力量，仍延續其對內閣制的真誠，香火不墜，不過氣勢大不如前。

二十多年前，在台灣推動總統直選所面對的壓力是巨大的，推動者不僅需要堅定的意志與決心，更需要堅強的毅力與「guts」。二十多年後，國內氛圍改變了，國際氛圍更改變了，在一九九〇年代初，所謂雙首長制，或現今學界通用的半總統制，相對於歷史悠久的內閣制和總統制，除戴高樂第五共和的品牌外，採用的國家並不多，也名不見經傳；但今天的雙首長制或半總統制，從歐洲到後列寧國家到後殖民國家，已成為全世界最多國家採用的制度，法國第五共和更是一個標竿，成為其他國家爭相仿效的主要藍本。

從一九九七年取消立法院對行政院長的任命同意權後，我國實質上已和法國第五共和一樣，走上雙首長制之路，經過六次總統大選，二十年的實踐，我們所累積的台灣經驗或台灣故事，在一定程度上，或多或少都有值得國人共同珍惜、分享與警惕。

首先，總統直選打破法統神話，打破人民與政治之間隔離的圍牆，讓民主的疆界彰顯，也讓國民主權的概念落實，並實現人民是「總統的頭家」、人民「出頭天」的願望。經過六次大選的實踐，總統直選在台灣，已經成為人民日常生活的一部分，對年輕人來說，甚至是一種與生俱來的權利。所以，總統直選在台灣，不僅是一種政治制度，也是一種生活方式，今後，不管任何政黨、任何政治人物，必然會遵循這種政治制度與生活方式，並代代相傳。總統直選在台灣，儼然已變成一項百年大計的政治工程，不可逆的潮流。

其次，研究二十世紀第三波民主化的著名學者杭廷頓（Samuel P. Huntington），曾指出一個新興國家的民主化是否鞏固，檢驗標準之一，便是經過兩次政黨輪替。台灣已經過三次政黨輪替，不僅如此，在六次總統大選過程上，儘管候選人之間曾有激烈交鋒，彼此陣營之間也有不少插曲或事件，但除二〇〇〇年的興票案和二〇〇四年三一九槍擊案外，台灣的總統大選雖有驚滔駭浪、高潮迭起，卻總是「輕舟已過萬重山」。更重要的是，二十年之間，六次總統大選，台灣人民已向全世界展現：台灣的總統大選拒絕暴力！拒絕買票！三次政黨輪替、向暴力說No！向買票說No！這三大現象足以讓台灣成為第三波民主化國家的典範，這也是台灣故事的精彩內容，值得國人共同珍惜與呵護。

第三，總統直選制度既需要全民共同參與，也需要全民共同呵護，才能鞏固，也才能綿延流長。因此，對曾經擔任總統職位的人，不管現任或卸任，都應表達基本的尊重，這是維護總統直選制度尊嚴不可或缺的一環，也是一個成熟的公民社會應有的素養。準此而論，有些對卸任總統的做法實不足取，例如陳水扁判刑後被關入兩人一間、共一．三八坪牢房的做法，以及以馬小九案控告馬英九的做法，對總統直選制度的鞏固既無正面意義，反而有負面效應。再如，評論國家元首固為言論自由的保障範圍，但部分媒體評論者，動輒以「作之君、作之師、作之父」的心態發言，立論輕佻，見解偏頗，實不足成為民主鞏固的正能量。未來在致力民主鞏固的旅程上，這些都是有待國人共同來完善的空間。

第四，被尊為法國政治學和公法學界「教宗」的杜瓦傑（Maurice Duverger），是第一位提出半總統制概念的人，須符合三項要件：總統直選、總統有實權，以及總理對國會負責；其中總統直選和總理對國會負責，被視為是廣義有關半總統制的定義。法國和台灣都符合這項定義，而實踐的結果，總統愈成為憲政中心；特別是兩國自選擇具有明顯衣尾效應的蜜月期選舉或同時選舉以來，幾乎都出現總統當選人和國會議員多數黨一致的現象，以及國會議員朝向兩黨化的政治結構現象，而有助於組成一致性政府。法國如此，二〇〇八年以後的台灣也是如此。在一致性政府原則下，總統地位更加優勢，權力增加，愈來愈介入內閣的組成，甚至主導內閣的改組與更替。

台灣自推動總統直選以來，有關總統與行政院長的角色與職權，一直引發爭論，隨著總統直選實施，總統權力不斷增強，總統「有權無責」與行政院長「有責無權」之爭，甚囂塵上，不論哪一個政黨執政，迄今仍爭論不休。坦誠而論，此一問題在學理上固然客觀存在，但在動態政治上，只要「共治現象」不再發生，幾乎是沒有意義。因為行政院長應有自知之明，正如戴高樂所說，「總理是第二號職權」，「僅次於我（總統）的人」，「只能是我（總統）的總理」。

當然，總統本人因聲望高低、主政風格及治國能力的不同，和行政院長因出身背景及其所擁有政治資產的不同，兩者間權力運作的關係，也會因人而異，因事而異，因勢而變，不太可能一成不變。基本的格局是：總統優越，但總統和行政院長實際互動的模式，會因每一任總統和閣揆的不同而有所不同。

第五，隨著總統愈成為憲政中心，對總統的領導能力、主政風格，以及清廉品德等要求也愈高愈嚴。二十年來，李登輝時曾完全執政，二〇〇八年起馬英九也完全執政，二〇一六年以來蔡英文也完全執政，不同的政黨，包括國民黨與民進黨，都曾完全執政，人民也都給予機會，但人民對總統直選以來的政局，卻愈來愈感到沉悶，愈來愈激不起總統直選推行之初那樣的火花、熱情與期待，這是台灣政局當前最大的癥結所在。戴高樂說，總統本人除應具有「願意承擔任務」的使命外，還應「具有相應的能力，這一點，顯然是法律所不能保證的。因為，無論何時何地都不可能以制度的效力來彌補元首本身的無能」。特別是，相對於中國大陸的快速崛起，如果總統的領導團隊，缺乏治國能力，導致執政失靈，又如何激起人民的認同與團結，打開悶局？

一九九六年，台灣舉行第一次總統大選時，江澤民以軍事飛彈演習相向，經過炮火洗練的民主台灣，愈激起國人的向心力，並引以為榮。二〇一二年，不須軍事演習，不費一兵一卒，「中國因素」首次「軟著陸」，成為總統競選議題；二〇一六年的總統大選，「政治性」、「敏感性」的「中國因素」更變成「政策性」、「常態性」的「中國因素」，「中國因素」相較於一九九六年的粗暴，已變得柔軟，並深入到國家政策之間。這二十年的大轉變，證明中國的崛起已成為台灣總統大選不能不嚴肅以對的重大議題。正如一八四八年《共產黨宣言》（*The Communist Manifesto*）所說，「一個幽靈在歐洲徘徊」一樣，「中國因素」的「幽靈」已在台灣上空徘徊，民選總統如果不能有效領導，跨越這個「幽靈」，開創新局，反為「幽靈」所困，陷入被動，又如何帶領國家走出新的願景？

回顧二十多年前，研究小組對總統直選的戰略思維，有其吻合與不足之處。吻合之處，預言民進黨提早中央執政成真，也預見台灣認同與台灣主體性必將強化，進而凝聚為台灣國民意識；不足之處，幾乎沒有預料到中國大陸會以這樣的速度發展成這樣的大國。這樣的吻合與不足，各有其自身發展的邏輯，本為平行線，一旦交會，卻顯現出內部蘊含的矛盾，而且矛盾似乎愈來愈大，一旦碰撞，甚至可能爆發出嚴重的危機。二十多年前戰略思維的吻合與不足，隱隱然正蓄勢待發，變成台灣當前總問題的根源。這是個重大教訓，見證戰略思維的巨大威力與影響；這也是個重大啟示，根據歐克秀（Michael Oakeshott）對霍布斯（Thomas Hobbes）經典性著作的研究，體認到「政治是人類永遠的困境」。如果二十多年前研究小組成員在兩岸關係之間沒有「先預留空間」，那麼今後呢？台灣是否還有機會與能力，當「馬基維利時刻」來臨，發揮像總統直選那樣的「政治創新」，以更全面而縝密的戰略思維，來引導時局的發展？

參考文獻

1. 吳三連台灣史料基金會編，《總統直選二十週年學術研討會論文集》，台北：吳三連台灣史料基金會，二〇一六年。
2. 李登輝基金會編，《人民直選總統暨台灣民主發展二十週年研討會論文集》，台北：李登輝基金會，二〇一六年。
3. 沈有忠、吳玉山主編，吳玉山等合著，《權力在哪裡？從多個角度看半總統制》，台北：五南，二〇一二年。
4. 郝培芝，《半總統制「總統化」之發展：政黨體系與政府組成》，新北：韋伯文化，二〇一四年。

5. 張俊宏，〈朝野捨惡鬥取合作的一次範例〉，《台灣研究基金會成立十五週年專刊》，台北：台灣研究基金會，二〇〇三年三月。
6. 許有為，〈法國第五共和憲法的歷史來源與運作〉，《想想論壇》，台北：小英教育基金會，來源：http://www.thinkingtaiwan. com/content/3829，二〇一五年三月十六日。
7. 許有為，〈檢視台灣憲政體制：為何要向內閣制和閣揆同意權say no〉，《想想論壇》，台北：小英教育基金會，來源：http://www. thinkingtaiwan.com/content/3891，二〇一五年三月三十一日。
8. 許陽明主編，《民主大憲章實錄》，台北：民主進步黨中央黨部，一九九一年。
9. 許陽明主編，《人民制憲會議實錄》，台北：民主進步黨中央黨部，一九九一年。
10. 曾建元，《一九九〇年代台灣憲政改革之研究：民族主義與民主轉型的觀點》，台北：台灣大學國家發展研究所博士論文，二〇〇二年。
11. 黃煌雄，〈政治家的典型：戴高樂〉，《這一代雜誌》第三期，台北，一九七七年九月。
12. 黃煌雄，〈總統直選與台灣的民主發展〉，《自由時報》，台北，一九九六年四月二十五—二十六日。
13. 黃煌雄，〈從國是會議到國家發展會議〉，《自由時報》，台北，一九九六年十二月二十四日。
14. 黃煌雄，〈跨進二十一世紀的台灣政治展望〉，《自由時報》，台北，一九九八年二月二十三日。
15. 黃煌雄，《在哈佛的沉思：從世界看台灣》，台北：月旦，一九九九年。
16. 黃煌雄，〈黃信介最後的政治遺產〉，《中國時報》，台北，二〇〇七年八月十三日。
17. 黃煌雄，〈台灣認同與民主鞏固〉，《台研會二十年來的腳步》，台北：台灣研究基金會，二〇〇八年十一月。
18. 黃煌雄，〈綜觀五次總統大選〉，《中國時報》，台北，二〇一二年一月十七日。
19. 黃煌雄，〈執政失靈與思想準備：蔡英文將完全執政四年或八年〉，《風傳媒》，台北，來源：http://www.storm.mg/article/78862，二〇一六年一月十八日。
20. 廖達琪、沈有忠、吳玉山主編，《半總統制跨洲比較：亞洲與歐洲的對話》，高雄：中山大學出版社，二〇一五年。

21. De Gaulle Charles著，尹國祥、郭彥譯，《戴高樂從政回憶錄》，台北：黎明文化，一九七二年。
22. De Gaulle, Charles著，蔡東杰譯，《戰爭回憶錄（卷三）：完成救贖》，台北：左岸文化，二〇〇二年。
23. De Gaulle Charles著，《希望回憶錄》翻譯組譯，《希望回憶錄》，北京：中國人民大學出版社，二〇〇五年。
24. De Gaulle Philiippe、Miche Tauriac著，梁貴和、盧蘇燕、張克千等譯，《我的父親戴高樂》，北京：中國人民大學出版社，二〇〇五年。
25. Hamilton Alexander, James Madison, John Jay著，謝叔斐譯，《聯邦論》，香港：今日世界社，一九六六年。
26. Pocock, J. G. A. *The Machiavellian Moment : Florentine Political Thought and the Atlantic Republican Tradition Princeton*: Princeton University Press, 1975.
27. Price Roger著，譚鍾瑜譯，《法蘭西的榮耀與堅持：革命與共和的國度》，台北：左岸文化，二〇〇二年。
28. Williams, Charles著，王鵬譯，《戴高樂》（*The Last Great Frenchman: A Life of Generad De Gaulle*），北京：國際文化出版，二〇〇五年。

反思台灣民主發展的困境——從特殊性到普遍性分析

朱雲漢

中央研究院院士。現任中央研究院政治學研究所特聘研究員、台灣大學政治學系教授、蔣經國國際學術交流基金會執行長。美國明尼蘇達大學政治學博士，歷任美國哥倫比亞大學東亞研究所客座副教授、北京大學國際政治學院客座教授、中國政治學會理事長、美國政治學會理事、北大「大學堂」頂尖學者，長期擔任《亞洲（十八個國家）民主動態調查》總主持人，出版十五本英文專書與論文集。

台灣從一九九六年第一次總統直選到今天已經在民主化道路上走了二十年以上，在這二十多年裡，台灣憲政體制經歷過六場總統直選，六次國會改選，三次政權和平移轉，早已滿足已故杭廷頓教授對達到民主鞏固所設的「兩次和平政權輪替」低標門檻1。台灣的半總統制也經歷各種不同選舉結果之考驗。我們的憲政體制曾經在行政權與立法權多數同屬一個政黨的「一致政府」條件下運作，也曾經在行政權與立法權多數分屬不同政黨的「分裂政府」條件下運作。國民黨與民進黨都曾享有過「一致政府」下的完全執政機會；雖然「分裂政府」的經驗基本上僅發生在民進黨總統在位時期，但從二〇一六年一月到五月在新總統尚未就職的短暫政治空窗期，國民黨籍總統也曾體驗過如何與民進黨控制的國會多數「共治」的經驗。

另外，台灣的民主體制也經歷過「九二一」大地震這樣的超級規模自然災害的考驗，曾也經歷過二〇〇八年至二〇〇九年全球金融海嘯這樣的世紀性經濟風暴的洗禮。整體而言，台灣的半總統制運作的實踐經驗已經相當多樣而豐富，在總統直選二十年屆滿之際，的確可以對憲政體制的實施成效與利弊做階段性評估。

近年來，台灣民主發展的進展與狀況得到兩種截然不同的評價。一方面，台灣的民主發展程度與人權保障情況得到諸多西方學者與自由民主評比機構的肯定[2]，在許多有關東亞第三波民主化的英文文獻中，台灣也經常與南韓並列為東亞民主化成功的案例[3]；另一方面，這些國際評比結果往

1 Samuel Huntington, *The Third Wave: Democratisation in the Late Twentieth Century*. Oklahoma: University of Oklahoma Press, 1993.

2 Chong-min Park and Yun-han Chu, "Trends in Attitudes Toward Democracy in Korea and Taiwan," In Larry Diamond and Gi-Wook Shin eds. *New Challenges for Maturing Democracies in Korea and Taiwan*, Stanford: University Press, 2013.

3 Yun-han Chu, Larry Diamond, Andrew Nathan and Doh Chull Shin, "Introduction: Comparative Perspectives on Democratic Legitimacy in East Asia," in Yun-han Chu et. al. eds. *How East Asians View Democracy: Attitudes and Values in Eight Political Systems*. New York: Columbia University Press, 2008, pp. 1-38; Larry Diamond, Marc Plattner and Yun-han Chu, *Democracy in East Asia: The New Century*, Baltimore, Johns Hopkins University Press, 2013.

往與我們公民的主觀感受與認知很不一致，根據過去所累積的各種經驗調查數據顯示，從公民的信念結構來看，台灣民主體制的正當性基礎仍然薄弱；同時，我們公民對民主體制的核心機構的信任度非常低而且每況愈下。也就是說，台灣民主的外部評價遠遠高於內部評價。

雖然國際機構的評價十分重要，也非常值得參考，但正如知名民主化研究學者戴蒙（Larry Diamond）教授所言，無論專家主導的國際評比如何評價一個民主體制的良窳，對於民主體制最關鍵的評價，還是取決於這個政治社群全體公民的主觀體驗與判斷[4]。因此筆者將利用這篇短文設法回答一個核心問題：為何台灣的民主體制在公民支持基礎與民主機構信任指標上的表現上每況愈下，為何體制的正當性基礎與治理品質經過二十多年的民主實施經驗並未逐步提升。

過去回答這樣的問題，我們通常都是從分析台灣民主化的一些特殊情況入手[5]，例如一黨威權體制的歷史遺緒，分期付款式的民主轉型過程，國家認同衝突造成的社會撕裂，兩岸關係對峙所導致的台灣安全難題與政治前景的不確定，以及台灣所採取的憲政改革路徑與修憲結果，特別是台灣所採行的半總統制、國會選舉採取以單一席次選區為主的兩票制，以及國會席次經過急遽減縮等制度設計因素。

但如果我們將分析的視角提升到俯視整個亞洲或全球的民主發展，我們會發現，很多台灣面臨的困境並非我們所獨有。韓國與日本也出現民主機構信任基礎薄弱與民主治理績效不彰的問題；最近在台灣立法院上演的多數黨赤裸裸的排除少數黨國會議員採用合法的議事手段阻撓《前瞻條例》這一幕，在匈牙利、烏克蘭、土耳其等這些出現民主倒退的第三波民主化國家都曾經上演過；最近三十年美國愈演愈烈的紅藍對立問題與困擾台灣的藍綠對抗問題有很多神似之處；美國社會也正為了是否應該拆除內戰期間爭議性歷史人物銅像的問題，在全美各地的校園與公共場所爆發激烈的抗爭；這樣因不同歷史記憶而引發的族群對立事件，對台灣而言屢見不鮮。還有，台灣這幾年經常出現因為立場對立的團體各堅持己見絕不妥協而導致公共政策議題僵局無解，這與政治學者為解釋美國政府治理能力癱瘓所提出的「否決政治」（vetocracy）模型如出一轍。

最近幾年，民主化研究學者也開始警覺到從二十一世紀第二個十年開始，不但第三波民主化明顯失去動能，民主倒退與民主崩解的事例還不斷增加，因此戴蒙教授警告我們，人類政治發展歷史可能已經進入「全球民主蕭條」（global democratic recession）階段[6]。在二十多年前高唱「歷史終結論」的福山（Francis Fukuyama），最近十年已經全盤修正自己對自由民主體制樂觀的預期，他反而開始憂心美國的政治衰敗趨勢，並擔心這個趨勢短期內看不到有扭轉的可能[7]。這兩三年，

4 Larry Diamond, Developing *Democracy: Toward Consolidation*, Johns Hopkins University Press, 1999; Yun-han Chu, Larry Diamond and Andrew Nathan, "Conclusion: Values, Regime Performance, and Democratic Consolidation," in Yun-han Chu et. al. eds. *How East Asians View Democracy: Attitudes and Values in Eight P○litical Systems*. New York: Columbia University Press, August 2008, pp. 238-257.

5 朱雲漢〈台灣民主發展的困境與挑戰〉，《台灣民主季刊》，第一期，台北：台灣民主基金會，二〇〇四年，三月。

6 Larry Diamond, "Facing up to the Democratic Recession," *Journal of Democracy*, Vol. 26, No. 1 Baltimore: Johns Hopkins University press (January, 2015): 141-155.

7 Francis Fukuyama, "America in Decay: Sources of Political Dysfunction," *Foreign Affairs*, Tampa: Council on Forrign Relations, Inc. September-October 2014 Issue.

帶有反民主傾向的民粹政治運動風起雲湧，開始衝擊西方國家的民主正當性基礎，在西方政治學界已經掀起了西方民主是否已經出現根基動搖跡象的大辯論[8]。這些討論對代議民主體制的最深層問題所做的剖析，對理解台灣民主發展的困境十分重要，因為這些根本性的思考可以讓我們超越過去經常採取的台灣特殊性分析，而試圖將台灣的困境放置在當前自由民主體制所普遍面臨的政治衰敗與合法性危機的大時代脈絡下，如此將可撥雲見霧，讓我們看得更清楚台灣民主發展困境的大歷史根源。

台灣民眾如何評價民主體制

在國際上有關民主發展程度評估最常被引用的指標是美國自由之家（Freedom House）公布的年度《世界自由報告》（*Freedom in the World*）。在二〇一七年自由之家最新的評比中，台灣的整體「政治權利」（political rights）為「一」，「公民自由」（civil liberties）也維持為「一」，這是一至七尺度的最高等級，在亞洲獲得兩個一等級的僅有日本與台灣，韓國在「公民自由」項上被評為「二」。在以一百分為滿分的綜合評分上台灣獲得九十一分，在亞洲僅次於日本的九十七分。這兩類評比使台灣得以名列自由民主國家之一，與世界上的三十個所謂「核心民主國家」（core democracies）——即二十四個西歐國家，加上美國、加拿大、澳洲、紐西蘭、日本、以色列——可以相提並論。

從客觀的歷史條件來看，台灣的民主發展的確不是沒有機會在華人社會、東亞地區，乃至於全球樹立一個優質民主的範例。台灣仍享有一些特殊的有利條件，台灣有為數眾多的中產階級、城鄉與貧富差距均較其他開發中國家小，選民的平均教育程度高，國家官僚機構的素質較高，民間社會活力蓬勃。也正因為如此，社會大眾對於民主治理的品質，也會用較高的標準來要求，來檢驗我們政治體制以及朝野菁英的作為與表現。

坦白說，台灣的這些有利條件並沒有促成優質民主在這個島上落地生根。亮麗的國際民主評比並不能掩蓋台灣民主發展，在現實上面臨巨大的困境。其實，二〇〇〇年大選之後，一個盤根錯節的支配性政黨體系驟然崩解了，自此台灣就反覆陷入嚴重的民主治理危機。從第一次政黨輪替開始，台灣民眾就深深的感受到，他們尚未享受到政權輪替帶來的民主改革紅利，卻飽嘗政局動盪所帶來的經濟衰退惡果，同時新的金權政治弊案還不斷湧現。這些年來台灣的經濟邊緣化問題愈來愈嚴峻，產業升級的瓶頸始終難以突破，國內投資意願長期低迷，許多民眾更感覺到我們的民主體制無力回應當前台灣生存與發展所面臨的各項重大挑戰，也無法許人民一個可期待的未來。

這二十年來，台灣民眾對於民主治理品質的失望，以及與對台灣經濟前景的悲觀預期，導致社

---

8 這場辯論是從Roberto Stefan Foa and Yascha Mounk, "The Danger of Deconsolidation: The Democratic Disconnect," *Journal of Democracy*, Vol. 27, No. 3 Baltimore: Johns Hopkins University press (July, 2016): 5-17這篇文章開始，並請參見同期的Ronald Inglehart的回應，以及後續的 Roberto Stefan Foa and Yascha Mounk, "The Signs of Deconsolidation," *Journal of Democracy*, Vol. 28, No. 1 (January, 2017): 5-11.這場辯論一直延伸到有關川普當選是否意謂美國民主的根基開始動搖的辯論，參見*Journal of Democracy*二〇一七年七月號專輯。

會出現信心危機，各階層都瀰漫著迷惘、失落與挫折感。尤其是面對中國大陸在習近平時代快速躍登世界領導大國角色，並在全球進行全方位的戰略佈局，包括啟動「一帶一路」倡議，以圖深化「南南」合作與打造歐亞大陸經濟一體化、發起「亞洲基礎建設投資銀行」與「金磚新開銀行」、藉助G20平台推進全球治理機制改革，利用「金磚五國峰會」引領新興市場國家共同推進更穩定、公平與包容的國際經濟秩序，這些發展完全超出台灣政治人物的想像，朝野上下不知所措，更讓台灣民眾普遍感到彷徨無助。

同樣令人憂心的是，民主治理危機也動搖了台灣民主體制的正當性基礎。胡佛院士與我所領導的研究團隊，在過去二十年所累積的大量經驗證據顯示，台灣民眾對於民主體制優越性的信念不斷鬆動，民眾對於民主體制內核心政治機構的信任度更是滑落谷底。

在二〇〇〇年政權輪替之後，台灣民眾對於民主制度優越性的信念，也就是說對於民主正當性的信念，首次出現了明顯的鬆動跡象。我們在一九九九年年中進行全島性調查時，有五五%的受訪者同意「無論怎樣，民主體制總是比其他政府體制來的好」這種意見，到了二〇〇一年年中所做的調查，只有四五%的民眾同意這種看法，在短短兩年內下跌了一〇%（參見圖一）。在二〇〇一年，民眾回答「在有些情況下威權政府比民主體制來得好」或「對我而言，民主體制與非民主體制都一樣」分別是二六%與二九%，兩項合計高達五五%。到了陳水扁的第二任，台灣民眾開始比較適應「分裂政府」下頻繁出現的朝野對抗與立法行政僵局，民主信念的水準稍微回升到五〇%。到了馬英九第一任更逐步恢復到五三%。但到了他第二任的後半期出現，由於頻頻湧現社會抗爭，以及爆發太陽花學運，我們在二〇一四年中再次進行民意調查，卻發現台灣民眾的民主信念水準又跌落到四七%，而對於民主體制優越性抱持懷疑或無所謂態度的民眾合計高達五三%。

在這項衡量民主正當性基礎的通用指標上，台灣與週邊國家相比也是敬陪末座。根據我們領導的《亞洲民主動態調查》（*Asian Barometer Survey*）計畫所進行的跨國調查顯示[9]，台灣民眾的民主信念水準，不但遠遠落後於日本，也大幅落後南韓。甚至還不及仍維持威權主義色彩的新加坡，也不如尚未充分民主化的香港（參見圖二）。這十六年來，台灣的民主正當性基礎的薄弱程度與蒙古相當，而蒙古這幾年也是飽受政黨輪替所帶來的政局動盪、層出不窮的

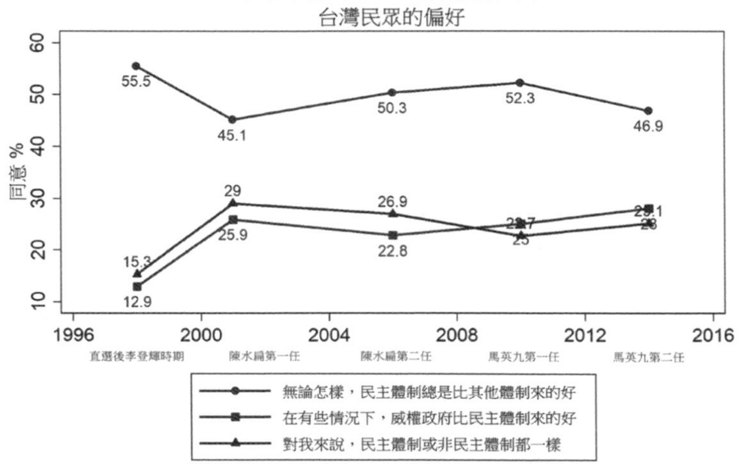

圖一：公民對民主體制的支持態度

（資料來源：TEDS 1999, ABS 2001, 2005, 2010, 2014）

9 有《關亞洲民主動態調查》的背景與調查程序與方法，請瀏覽計畫網站：asianbarometer.org。

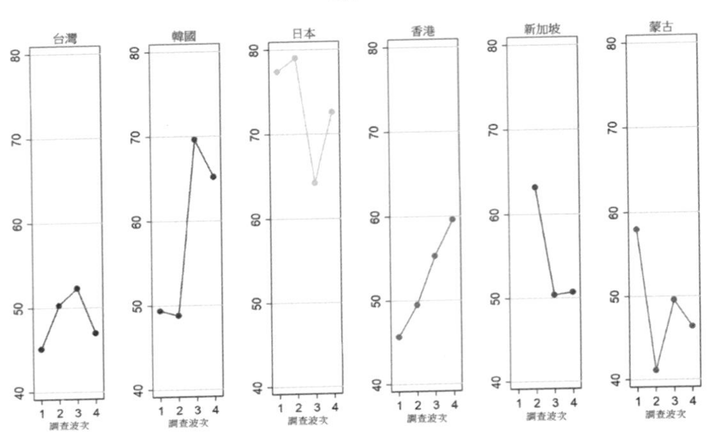

圖二：公民的民主支持信念水準之比較

（四波亞洲民主動態調查）

貪污腐敗問題、經濟成長陷入停頓，以及瀕臨外債危機與貨幣劇烈貶值。

台灣民眾對於民主體制優越性的信念偏低，也在民主體制核心機構的信任指標上得到印證。台灣民眾對中央政府表示信任的比例從二〇〇一年的四七%的低水平一路下滑，到二〇一四年只剩下二七%的人願意信任中央政府。可以聊堪告慰的是，機構信任低落是亞洲民主國家的普遍現象，南韓、日本與蒙古都面臨政治機構信任流失的問題。在亞洲只有一黨長期執政的新加坡，可以享有民眾對中央政府信任的百分比長期維持在八〇%以上的高水平（參見圖三）。台灣民眾對民主體制運作的另外一個核心機構的信任更是低的可怕。在二〇〇一年台灣民眾對國會表示信任的

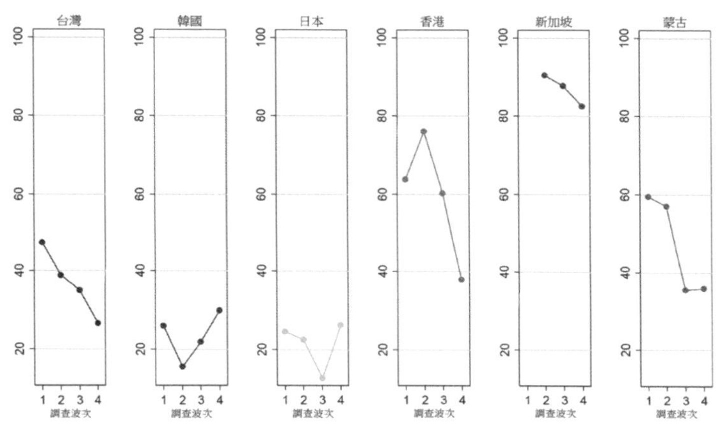

圖三：東亞民眾對中央政府的信任程度

（資料來源：亞洲民主動態調查）

比例不到二三％，然後在逐步下滑到二〇一四年的一八％（參見圖四）。反過來說，台灣民眾對國會表示「不太信任」或「非常不信任」始終高達六五％以上。

這個研究發現，並不令人意外。過去十幾年朝野政黨之間的惡鬥，以及立法院的議事亂象的確令多數民眾怵目驚心，再加上特殊利益團體對立法院的滲透，國會在民眾心目中的地位自然一落千丈。不過，國會畢竟是代議民主的核心機構，民眾對國會的信任如此低落，這對任何一個新興民主政體而言，都是一項嚴重的警訊。當然，民眾普遍不信任國會的現象不僅僅是台灣民主困境的寫照，也是當今代議民主非常普遍的現象。在南韓與日本，受訪者中表示對國會信任的比例比台灣還要低，而且長期都低於二〇%（參見圖四）。這真是對「自由之家」評比最大的諷刺，「自由之家」把台灣、日本與南韓列為東亞極少數達到「自由民主」標準的三個案例，然而生活在這三個民主體制下的民眾中的絕大多數，卻無法信任由選票產生並號稱代表民意的最高代議殿堂。

更讓人擔憂的是，我們的新世代已經開始用腳投票。這幾年愈來愈多的最優秀的台灣高中畢業生，他們的優異學測成績可以讓自己輕易進入台大、交大或清華這些國內頂尖大學，但他們寧可放棄這條坦途，而選擇到香港去讀港大、中大與科大，或直接申請北大、北京清華、上海復旦、浙江大學等大陸名校。他們小小年紀卻願意承受離鄉背井的磨練，因為他們意識到留在台灣念大

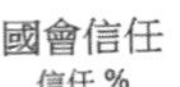

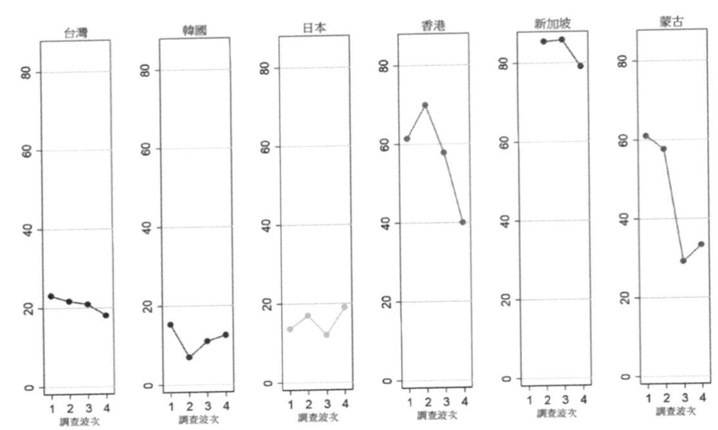

附註: 第一波2001-2003; 第二波2005-2008; 第三波2010-2012; 第四波2014-2016

圖四：東亞民眾對國會的信任程度

（資料來源：亞洲民主動態調查）

學會讓他們在國際職場競爭上輸在起跑點上[10]。

現在知名跨國企業在亞洲選拔新進員工都是挑選頂尖大學的畢業生，基本上都是以世界大學排名一百大為門檻，非世界百大的高校畢業生連獲得面試的機會都沒有。現在不僅知名歐美跨國企業的人力資源部門普遍採行這個招聘政策，連華為、阿里巴巴、騰訊、海航、中信這些大陸知名跨國企業，在海外招聘也開始採取類似的政策。而我們最好的台灣大學這幾年在好幾項世界大學排名榜上已經數次掉落百大之外，所以這幾年連台大畢業生去香港、新加坡，或上海應徵知名跨國企業與金融機構的工作都不得其門而入，更遑論清華、交大與政大的畢業生。

我們的頂尖高中畢業生年紀雖小，但對當前台灣面臨的困境卻看得很清楚。台灣的經濟增長動力早已在東亞四小龍中敬陪末座，兩岸關係僵局長期無解，讓台灣的經濟角色日趨邊緣化，再加上政府財政資源日益短缺，以及選舉考量導致教育資源不斷被平均主義稀釋，台灣研究型大學的資源條件與週邊國家頂尖大學的差距愈來愈大，二〇一七年新竹清華大學一年的預算是新台幣八十億，北京清華大學是一百六十億人民幣，是一比九的懸殊倍數。整體而言，台灣已經脫離邁向「均富」的發展軌道，在民粹政治推波助瀾下正加速跌落趨向「均貧」的深淵。

從人類長期的歷史發展經驗來看，任何政治體制無論在理論上多麼美好，若不能提供一個政治

10 根據教育部的統計，高中生赴海外升學的人數從二〇一一年的六二七人增加到二〇一六年的一四七八人，五年內增加了一三〇%，請見台北《商業週刊》第一一五六期（二〇一七／九／十一）的專題報導。

社群之社會與經濟發展所需要的公共治理能力與品質，若不能引導一個社會採取合理的對策來有效回應國際環境的挑戰與機遇，若不能讓一個社會維持可持續性發展的基本動力，遲早會出現嚴重的合法性危機。當我們新世代中最優秀的一群開始選擇用腳投票，乃是一個不可忽視的警訊，因為這意謂著賦予我們用手投票權利的政治體制出了大問題。

從特殊性分析到普遍性分析

過去，我們通常都是從台灣經驗的特殊性角度來診斷台灣民主發展的困境，我們的假設前提是代議民主體制的原理沒有問題，理論上民主發展可以帶來良好的治理品質，可以督促政府更積極回應人民的需要，民主體制還可以更好的保障自由經濟與帶動經濟繁榮，也可以對弱勢群體提供更好的保障。所以民主政治可以幫助實現所有我們嚮往的社會發展目標，我們對此深信不疑，因為西方先進民主國家已經提供了成功的範例。

所以，如果民主體制在台灣實施經驗並不理想，一定是我們自己的原因造成的。可能是源於我們的民主轉型的初始條件（例如，準列寧式（Quasi-Leninist）一黨威權體制的歷史背景導致社會的高度政治化傾向，乃至於媒體、司法、情治與文官都無法超脫藍綠對立），可能是源於台灣的日本殖民經驗與戰後冷戰時期形成的分裂國家體制（導致民族認同衝突與國家結構的不確定），可能是源於我們採用的特殊半總統制憲政體制（例如，雙首長制導致的權責不明，以及制度設計上行政權缺乏主導立法的能力，總統與行政院長既不能主導立法優先順序也無力制衡立法院的擴權傾向），也可能種因於過去的國會席次減半與選舉制度改革（例如，單席次小選區導致政治家族世襲以及國會成員結構整體上更趨地方化；又例如，國會席次減半導致行政權與立法權日益失衡，少數立法委員可以有效勒索部會首長，因為他們可以左右預算刪減與主導法案修訂，這又進而鼓勵特殊利益團體紛紛認養立法委員以確保其政治需要得到滿足，導致金權政治橫行）。

但是我們過去深信不疑的前提假設可能出了問題。如果我們將視野放大，全面檢討第三波民主化在全球各地區的實踐經驗，並客觀看待自由民主體制與資本主義全球化兩者的必然衝突與矛盾問題，我們就會發現台灣面臨的民主發展困境，很多都不是台灣所獨有，而是普遍出現在新興民主國家，甚至也出現在某些歐美先進民主國家。因此，我們對台灣民主的診斷就不能侷限於特殊性分析，而更需要將台灣經驗納入普遍性分析。

環顧全球，第三波民主化國家真正步上良好治理與經濟繁榮坦途的案例極為稀有，如果將本國公民主觀感受與評價也納入考慮，嚴格說來幾乎沒有可以宣揚的成功案例。而且，從二十一世紀第二個十年開始，第三波民主化的動能已經全面消退，全球政治發展已經進入「民主蕭條」時期，有些學者甚至主張，面臨民主倒退或崩解危機的不僅僅是第三波民主化國家，不能排除也可能出現在歐洲與美國[11]。

11 Steven Levitsky and Daniel Ziblatt, “Is Donald Trump a Threat to Democracy?” *New York Times*, December 16, 2016. Also, Roberto Foa, and Yascha Mounk “The Danger of Deconsolidation”, July, 2016.

最近幾年，從開羅、基輔、曼谷到安卡拉，新興民主一個接著一個在世人眼前土崩瓦解。這對大多數人而言是非常陌生的歷史場景。過去三十年裡最常出現的歷史變局，都是威權體制被眾人推倒，民主為百姓迎立的畫面。

大規模的民主體制崩解曾經在二十世紀的二〇年代與三〇年代集中爆發於歐洲，當時德國、奧地利、西班牙、葡萄牙、義大利、希臘等國的憲政民主一一崩解。民主全面倒退的浪潮，又於六〇年代集中爆發於非洲與拉丁美洲，巴西、智利、阿根廷無一倖免。但這兩段歷史都距離我們十分遙遠，所以日漸被人遺忘。如今，怵目驚心的民主憲政崩解場景從埃及、烏克蘭、泰國，蔓延到土耳其，即時提醒著我們不能將民主體制的長續久存視為理所當然。

民主體制的落地生根需要合宜的文化與社會土壤，需要代表不同群體的菁英份子共同維護，也需要友善的國際秩序為民主提供寬鬆的成長環境，這些條件並非俯拾即是。從全球範圍來看，上個世紀的最後二十年是民主體制擴散的黃金年代，但進入新世紀以後就進入民主衰退期。一開始很多人並不察覺這個趨勢，因為更常出現的是漸進式的民主倒退，而非戲劇性的民主崩解。

例如，在前蘇聯的範圍內，除了波羅的海三小國外，絕大多數新興獨立國家都出現民主倒退現象，普丁在俄羅斯打造的強人政治就是典型。在我們鄰近的菲律賓、馬來西亞與高棉，民主只是虛有其表，甚至可以說只是當地政治菁英唱給西方國家看的一場假戲，選舉程序充滿著舞弊、欺騙與暴力。

許多第三波民主本來就是「揠苗助長」的結果。這些國家缺乏民主憲政穩定運作所需要的一些基本條件，例如專業化的文官、獨立的司法、中立的情治與軍隊。西歐國家也是從十八世紀末開始，經過了一百多年才逐步建構這些現代國家的體制內涵。欠缺這些要素，民主就像一棟地基脆弱的大樓，很容易倒塌。

在新興民主國家，大多數的民眾擁抱民主體制，不是基於對自由民主的信仰，而是看上民主的「工具價值」，他們天真地期待民主可以帶來良好治理、經濟發展，與社會公平正義。如果經過幾輪政黨輪替，政治體制仍不能有效回應這些需求，民眾對民主的支持就會出現動搖。

在新興民主國家，大多數政治菁英也並沒有將民主憲政內化為自己的核心信仰。他們僅僅將其視為另外一套爭奪與分配資源的遊戲規則。對他們而言，取得政權就是為了分贓職位、酬庸親信與攫取資源，為了贏得執政地位可以違法舞弊，可以無情打擊對手，可以製造對立與仇恨，甚至不惜撕裂社會。還有，不少新興民主國家無法擺脫淪為國際強權戰略棋盤上被擺布棋子之命運，不可能真正獨立自主。國際強權一定透過各種手段介入這些國家的內政，扶植自己的利益代理人。如果一個新興民主國家不幸陷入兩個強權間的角力漩渦，內部政治衝突的激化很難避免，最終必然讓民主陪葬。

從民主政治發展的整體國際環境來看，第三波民主化國家普遍面臨兩個不利的外部條件。首先，資本主義的全球化對民主體制產生極大的箝制與扭曲作用，非常不利於民主體制的正常運作。哈佛大學教授羅德瑞克（Dani Rodrik）曾提出的「世界經濟無法迴避的難解三角習題」（the inescapable trilemma of the world economy）[12]，他的分析架構已經點出高度全球化必然削弱主

12 *Dan Dodrik's Weblog: unconventional thoughts on economic development and globalization,* http://rodrik.typepad.com/dani_rodriks_weblog/2007/06/the-inescapable.html

權國家的管轄權與自主地位，主權地位的削弱也就意謂著以國家為單元的民主體制被裹上一層層的緊身衣。選舉產生的政府必須服膺於超主權機構的管轄權、遵守國際經濟協議，或區域經濟一體化框架下的條約義務，以及接受所謂全球市場力量的節制。如果我們將他的分析架構推到極致，美國在過去三十年在全球打造的高度自由化經濟秩序，必然意謂著民主體制逐漸空洞化，民選政府逐漸失去維護與保障公民經濟社會福祉的能力。

其實，羅德瑞克的理論還是過於理想化，他僅僅指出了超主權機構與跨國資本已經取得支配各國公共政策的結構性權力，還尚未考慮到這些跨國富豪階級、跨國企業菁英及其利益代理人，可以進一步收買各國政客與知識菁英、操控新聞媒體，並全面滲透學術與思想界，以確保他們的絕對支配地位。

從寬廣的歷史角度來看，第三波民主從一開始就被新自由主義意識型態所綁架。過去三十年市場化與民主化結合成一個連體嬰兒，這是所有新興民主面臨的最根本性結構障礙。澈底的市場化、私有化與自由化，就意謂著勞工群體與中產階級不可能透過民主機制改變他們的不對等經濟地位，因為經濟自由化與全球化不斷在加速掏空國家的社會保障與重分配職能，也全面削弱政府引導經濟結構轉型的能力。因為政府受制於全球市場力量與跨國行動者的強大節制，民選政府面對社會裡面愈來愈嚴重的貧富分化，稅制不公、薪資長期凍結、社會流動停滯，能夠著力的地方卻非常有限[13]。

資本主義全球化正一步步掏空「國家機構」，讓國家層次的民主政體成為低能的空殼子。今日我們所熟悉的「民主」，只是一個以「國家」為範疇的政治體制，而全球資本主義體制下的主要權力行使者，卻可以跳脫任何單一「國家」的管轄與節制。而今日對我們的生活方式、經濟安全、社會秩序、資訊取得、環境品質可以產生巨大影響力的決策者，往往不是民主產生的政府，而是一些幾乎完全不受民主機制監督的跨國權力行使主體，例如跨國企業集團、跨國媒體集團、資訊科技王國、華爾街投資銀行、避險基金、信用評等機構、大會計公司、國際貨幣基金、美國聯邦儲備理事會等。也就是說，全球化的資本主義顛覆了國家層級的民主體制的基本目的與職能，經濟全球化讓國家層次的民主政體成為經濟巨人陰影下的政治侏儒。全球化的資本主義讓極少數跨國企業菁英取得控制國家、支配社會的無比權力。

歐洲國家早已面臨這樣的困境，所以在過去三十年試圖在更大的範圍進行政策協調，推進經濟與社會立法的統一，以及貨幣政策的整合。但由於各國仍相當程度保有獨立主權，各自為政的財政體制與銀行監管體制，歐洲各國並無法真正掙脫全球資本主義的束縛與侵蝕，各國政府所能做的，就是儘可能協助弱勢團體抵禦全球化的社會風險，延緩中產階級貧窮化現象的蔓延，但沒有真正有效的對策。歐洲的跨國企業與金融機構紛紛模仿美國式資本主義的公司營運模式，以短期股價表現為管理層的唯一績效指標，逐漸背離對自己的員工與當地社會的責任與義務。

而在全球金融海嘯之後，歐洲國家的局面更形艱難。西歐民主國家過去可以同時享有高治理品質、高人權保障、高生活水平、高社會福利，是因為西方國家在全球產業分工體系長期享有獨占鰲頭優越地位，可以用很高附加價值的工業產品換取價格低廉的勞力密集消費產品，農業產品與能

13 朱雲漢，《高思在雲：一個知識份子對二十一世紀的思考》（台北：天下文化，二〇一五）。

源。現在非西方世界全面興起，全球產業結構不變，除了製造業底子深厚的德國以外，歐洲企業早已喪失在許多核心產業的領先地位，產業空洞化的問題愈來愈嚴重，歐洲企業已經無法承擔高薪資與高稅率。失去了往昔的優渥外部條件，民主體制也就失去調和利益衝突的能力，戰後福利國家體制的社會共識已經全面鬆動，支持歐洲整合與全球化的社會基礎也開始動搖。再加上人口結構老化，新移民帶來社會融合的難題，財政資源日益枯竭，年輕世代長期處於結構性失業，許多歐洲國家已經成為激進政治運動的溫床，而歐盟本身是否能逃過解體的命運也還在未定之天。

理論上，民主體制的定期選舉可以讓民意需求得到即時的反映與更新，選舉競爭也是督促政府官員更積極回應民眾政策需求的有效問責機制。然而，今日所有民主國家所普遍面臨的困境是，無論政黨如何更替，一次又一次選民很快就對新一屆民選政府感到失望甚至絕望，而且新政府的政治蜜月期愈來愈短。無論候選人競選承諾如何亮麗，他們上台後能兌現的少之又少，無論新當選的政治領袖面貌如何清新，他們很快會因為施政讓選民失望而失去光環，新當選的法國總統馬克龍也不例外。

我們可以利用三張總統施政滿意度變化的統計圖表，來說明這個明顯的趨勢。無論在實施半總統制的台灣、採行偏向總統制的南韓，或是典型雙首長制的法國，直選產生的總統都很難超脫上述的惡性循環，在台灣除了民主化初期的李登輝總統可以維持高民意支持外，直選總統都無法頂著高民意支持度做到任期滿（參見圖五）。在南韓與法國也是一樣，歷屆民選總統愈來愈難逃過任期尚不過半，施政滿意度就跌落谷底的困頓之局。除了早年的法國席哈克（Jacgues Rcne Chirac）總統外，大多數民選總統最後都是在遭多數選民唾棄的情境下淒涼卸任或去職（參見圖六、圖七）。

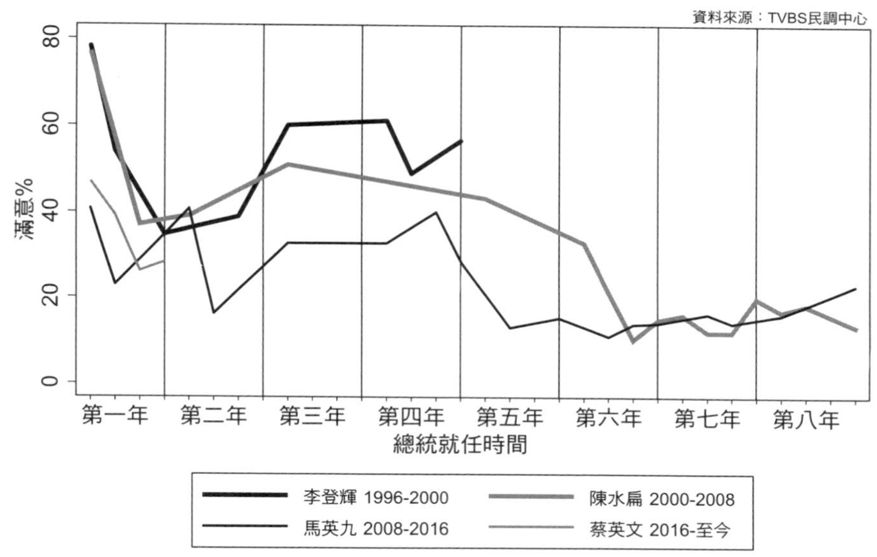

圖五：台灣歷任民選總統的施政滿意度變化

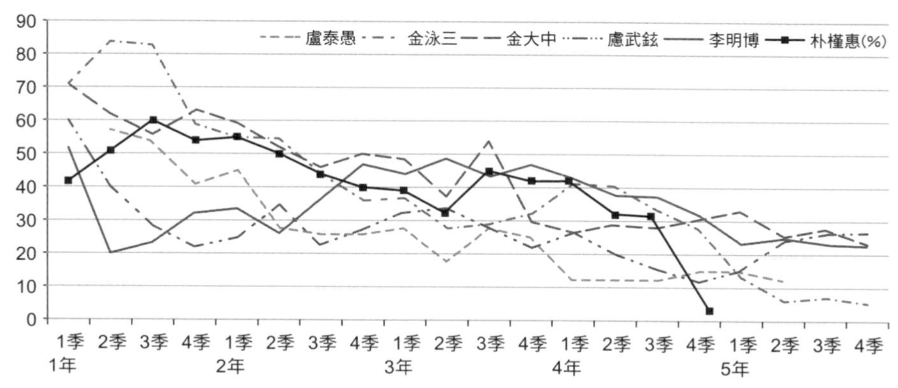

圖六：南韓民主轉型後歷任民選總統的施政滿意度變化

過去三十年新興民主國家所普遍面對的第二層結構性障礙就是全球民主化的源頭（美國）所提供的是一個劣質民主模式，而且這個劣質民主模式還處於不斷衰敗的過程。美國民主的衰敗開始於雷根（Ronald W. Reagan）時代推行的「新保守主義」革命，新保守主義宣揚的市場萬能意識型態，以及所激起社會價值衝突給美國社會帶來巨大的災難。這場變革將所有歐美資本主義社會的權力結構導向極度不平衡，也嚴重扭曲了民主體制的運作。新保守主義是自由市場原教派，雷根政

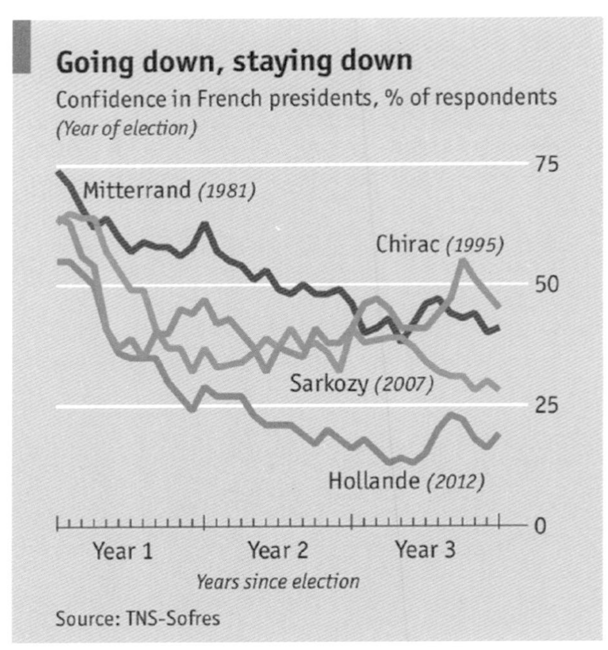

圖七：法國第五共和最近四任總統的施政滿意度變化

轉載自《經濟學人》雜誌（*The Economist*）

府所啟動的改革，是一場敵視「政府」、醜化「國家」、神化「私人企業」、崇拜「市場」的激進革命。新保守主義推動的政策加速了自由市場機制中的「弱肉強食」與「劫貧濟富」的傾向，富裕階層透過政治獻金可以讓兩黨的政治菁英都為其效命，勞工與中產階級的政治影響力被大幅壓縮[14]，結果是貧富差距急速擴大，大量中產階級跌落貧窮。

同時，新保守主義革命還掀起宗教與社會價值衝突，更激化了政治對立。價值衝突讓墮胎問題、同性戀婚姻、環保議題、多元文化議題、甚至學校應該如何講授人類起源問題都變得非常尖銳。當信念衝突越激烈，政治競爭手段乃日趨下流，選舉程序受到各種技術性操弄，選舉結果爭議不斷。在實際政治運作過程中，美國政治人物高度依賴所謂的「政治顧問」，這批謀士最擅長的是撰寫激情的演講稿、提出動人的競選口號、讓選戰圍繞這政治包裝與形象打造；同時利用媒體推出攻擊戰術、抹黑對手、操弄選民的情緒、散布假資訊、操控新聞媒體、滲透社交媒體。

過去最惡名昭彰就是布希（George W. Bush）的首席政治顧問卡爾羅夫（Karl Rove），現在最炙手可熱的則是擅長大數據分析與操弄社交媒體的「劍橋分析」（Cambridge Analytica）公司，這家公司幫川普（Donald J. Trump）陣營把各類選民區辨為小眾群體，然後分別對他們進行精準式政治行銷。而擅長這些伎倆的政治顧問卻成為許多新興民主國家選舉操盤人膜拜的對象。在政治

14 Jacob S. Hacker and Paul Pierson, *Winner-Take-All Politics: How Washington Made the Rich Richer—and Turned Its Back on the Middle Class* (New York: Simon & Schuster, 2010)

顧問當道的時代，也就意謂著政治人物不需要去認真思考國家的前途與未來，也不需花心思去謀求施政績效，而是去網羅最專業的政治顧問，因為這些顧問可以化腐朽為神奇，可以輕易掩飾自己的無能、失職與貪腐。

新興民主國家的政治菁英以及他們身邊的幕僚，正是從美國政治人物的身上學習各種惡質的政治競爭、民意操弄手段與技巧。美國不僅提供錯誤示範，而且還向世界各國輸出這些政治伎倆，活躍於美國政壇的政治顧問，更大量向其他國家的政治人物提供他們的專業服務，在所有涉及美國戰略利益的其他民主國家的大選活動中，都可以看到這群政治魔法師的身影。

這正是我們所處時代一個最弔詭的現象：美國以世界民主模範自居，但卻向全球輸出劣質民主。美國民主政治品質的退化具有強大的感染性，也成為全球民主品質退化的最大感染源。這對所有新興民主國家而言，都是一個巨大的陷阱。因為，一方面在意識型態領域中民主被樹立為普世價值、唯一的選項（the only game in town）；另一方面美國的這種劣質民主模式又被普遍模仿，而且在模仿過程中經常是變本加厲，其結果是讓多數新興民主國家陷入劣質民主的困境。當劣質民主的源頭仍在進行錯誤示範，其他國家的民主體制就更難產生自我矯正的改革動能，人民只能逆來順受民主包裝下的惡質政治，因為似乎民主無可替代。

台灣也正陷入這個大歷史困局之中。想要掙脫這個困局，就不是僅僅靠調整憲政體制設計、國會席次或投票制度，就可以得到明顯改善。解脫困境的第一步，就是要在思維上超越過去我們習以為常的以西方為中心的世界觀，唯有超越這個思維窠臼我們才可能認清我們所處的大時代，以及掌握全球政治經濟格局變化的大趨勢。我們需要重新檢視過去被視為理所當然的主流價值觀與思考模式，因為這些價值觀與思考模式只是一時一地的歷史產物，從來就不是放諸四海皆準的金科玉律。這些思維窠臼不但無助於我們認識與理解二十一世紀歷史巨輪的滾動軌跡，反而可能遮蔽我們的視野。

很明顯的，國家層次的民主已經不能適應人類發展的需要，亟需在全球層次建立新的民主機制。要有效回應上述的嚴峻課題，發展中國家必須透過集體的力量，試圖在全球層次建立民主治理機制，讓所有利害與共的群體都有機會參與全球事務的管理，才能徹底控制資本主義的風險與破壞性，才能有效駕馭全球資本主義的兩極分化傾向，才能全面重新建構市場、民主、社會與環境的共生規則。

參考文獻

1.朱雲漢，二〇〇四，〈台灣民主發展的困境與挑戰〉，《台灣民主季刊》，第一期，台北：財團法人台灣民主基金會，三月。
2.朱雲漢，二〇一五，《高思在雲：一個知識份子對二十一世紀的思考》，台北：天下文化。
3.李雅筑、吳怡寬，二〇一七，〈建中、北一女學生捨台大選港大，他們在想什麼？：十八歲開始拚履歷〉，《商業週刊》，第一五五六期，台北，九月十一日。

4. Chu, Yun-han, Larry Diamond, Andrew Nathan and Doh Chull Shin, 2008. "Introduction: Comparative Perspectives on Democratic Legitimacy in East Asia," in Yun-han Chu et. al. eds. *How East Asians View Democracy: Attitudes and Values in Eight Political Systems*. New York: Columbia University Press, pp. 1-38;

5. Chu, Yun-han, Larry Diamond and Andrew Nathan, 2008. "Conclusion: Values, Regime Performance, and Democratic Consolidation," in Yun-han Chu et. al. eds. *How East Asians View Democracy: Attitudes and Values in Eight Political Systems*. New York: Columbia University Press, August, pp. 238-257.

6. Diamond, Larry, 1999. *Develping Democracy: Toward Consolidation*, Baltimore: Johns Hopkins University Press.

7. Diamond, Larry, 2015. "Facing up to the Democratic Recession," *Journal of Democracy*, Vol. 26, No. 1 (January) , Baltimore: Johns Hopkins University Press, pp.141-155.

8. Fa, Roberto Stefan and Yascha Mounk, 2016. "The Danger of Deconsolidation: The Democratic Disconnect," *Journal of Democracy*, Vol. 27, No. 3 (July), Baltimore: Johns Hopkins University Press, pp.5-17.

9. Foa, Roberto Stefan, and Yascha Mounk,2017. "The Signs of Deconsolidation,"*Journal of Democracy*, Vol. 28, No. 1 (January), Baltimore: Johns Hopkins University Press, pp.5-11

10. Fukuyama, Francis, 2014."America in Decay: Sources of Political Dysfunction,"*Foreign Affairs*, September-october, Tampa: Council on Foreign Relations, Inc.

11. Hacker, Jacob S. and Paul Pierson, 2010, *Winner-Take-All Politics: How Washington Made the Rich Richer—and Turned Its Back on the Middle Class*, New York: Simon & Schuster.

12. Huntington, Samuel, 1993. *The Third Wave: Democratisation in the Late Twentieth Century*. oklahoma: University of oklahoma Press.

13. Inglehart, Ronald, 2016. "The Danger of Deconsolidation: How Much Should We Worry?" *Journal of Democracy*, Vol. 27, No. 3 (July), Baltimore: Johns Hopkins University Press, pp.18-23.

14. Levitsky, Steven and Daniel Ziblatt, 2016. "Is Donald Trump a Threat to Democracy?" *New York Times*, New York, December 16.

15. Park, Chong-min and Yun-han Chu, 2013. "Trends in Attitudes Toward Democracy in Korea and Taiwan," In Larry Diamond and Gi-Wook Shin eds. *New Challenges for Maturing Democracies in Korea and Taiwan*, Redwood: Stanford University Press.

16. Rodrik, Dani, 2007. "The Inescapable Trilemma of the World Economy," June 27, *Dani Rodrik's Weblog: Unconventional Thoughts on Economic Development and Globalization*, http://rodrik.typepad. com/dani_rodriks_weblog/2007/06/the-inescapable.html

17. 《亞洲民主動態調查》，台北：台灣大學社會科學院東亞民主研究中心，asianbarometer.org。

三個二十五年

江東亮

台灣大學公共衛生學系暨健康政策與管理研究所教授。美國約翰霍普金斯大學公共衛生學院理學博士，歷任台灣大學公共衛生研究所所長、人口研究中心主任、衛生政策與管理研究所所長、公共衛生學院院長、高等教育評鑑中心基金會執行長、台灣研究基金會董事長。

兩位主講人，整個研討會到現在已經是最後的時刻了，我們都知道當我們看到現在的時候，其實種子已經在過去播種下去，我們現在探討的是為了明天、為了未來，但我們也是在播種明天的種子。

回顧台灣的民主發展，自從第二次世界大戰結束以後到現在，可以說是有三個二十五年。第一個二十五年是硬性威權年代，第二個二十五年是軟性威權時代。在第二個二十五年的時候，我們埋下了第三個二十五年的種子——總統直選跟台灣民主發展的路。我們現在討論的，可能會對我們第四個二十五年，有很大的影響。

今天我們很幸運，有兩個不可多得的主講人。首先，由台灣研究基金會黃煌雄創辦人，回顧與檢討我們走過的路，以及提出未來的方向。第二個主講人，朱雲漢教授談的是：如何看待台灣民主發展問題？要侷限在台灣的特殊性，還是要以一九九〇年代第三波民主化運動以後的全球共通性看待？一個歷史的縱貫，一個全球的宏觀，我們有兩個不一樣的角度，就整個研討會的目的而言，會是這兩天研討會最好的總結。

在這兩天內，我們談到總統直選，談到民主台灣。然而，民主就像一條道路，憲政體制的設計就像一輛車跟司機，這輛車要怎麼建造，司機要怎麼選擇，可是有時候司機會打瞌睡，有時候司機會跑掉了。所以在整個過程中，人民不能四年才醒一次，這是一個很大的問題，但在這四年之間，我們怎麼才會一直醒著，或許可以靠國會或雙首長制等制度去補充。

但是這樣似乎還不夠，因為還有兩件事，必須克服。第一件事是這條道路不見得都是平坦大道，道路會有所不同，當道路崎嶇難行時，我們應該怎麼辦？

還有更重要的一點，那就是為了我們的未來。沒有人知道未來一定會是什麼樣子，我們只是就我們目前所知猜測，對未來做最好的決定，其實剛剛提到大數據，大數據也是針對目前收集的狀況去預測未來，但很遺憾，看起來未來的變動就像全球氣候變遷一樣，幅度和深度都很大，我想台研會能有機會來辦這個活動，也是我們希望對未來第四個二十五年，台灣的民主要怎麼走，能夠有一個貢獻。

附錄

總統直選與台灣的民主發展

黃煌雄

長期以來，台灣民主運動所追求的目標，包括解除戒嚴，開放報禁黨禁、國會全面改選、省市長民選，以及總統民選，隨著一九九六年三月二十三日總統副總統第一次由二千一百萬台灣人民選舉產生，可說已經大致完成。台灣長期以來的殖民命運也告一段落，這是台灣歷史發展的新階段。

李登輝時代

一九九八年一月，蔣經國病逝，李登輝繼任總統後，當時他曾說，現在是一個「沒有蔣經國的蔣經國時代」。一九九〇年三月，他經由中國國民黨推舉，被以老法統為主的國民大會，選出為中華民國第八屆總統。今年三月，李登輝經由台灣人民直接選舉，當選為中華民國第九屆總統。李登輝改變總統選舉方式，建立直接民選制度，並當選為首任民選總統，就這個意義而言，他開啟了李登輝時代——從「沒有蔣經國的蔣經國時代」到「李登輝時代」。

台灣第一次的總統直接民選，選舉人數為一四三一三二八八人，投票人數為一〇八八三二七九人，投票率為七六．〇四％。其中，李登輝、連戰一組得票為五八一三六九九票，得票率為五四．

〇一%，彭明敏、謝長廷一組得票數為二二七四五八六票，得票率為二一．一三%；林洋港、郝柏村一組的票數為一六〇三七九〇票，得票率為一四．九%；陳履安、王清峰一組得票數為一〇七四〇四四票，得票率為九．九八%。同時舉行的國民大會代表選舉，國民黨的得票數為五一三〇一七四票，得票率為四九．六八%；民進黨的得票數為三一一二八六六票，得票率為二九．八五%；新黨的得票數為一四二五八一七票，得票率為一三．六七%；無黨籍得票數為七〇九〇八三票，得票率為六．八〇%。就總統副總統與國民大會代表所屬政黨得票數與得票比率來看，李登輝是以個人特質，亦即李登輝效應，成為總統選舉的最大贏家。

在四組總統候選人中，李登輝能以超過選舉人半數的五四%當選 首任民選總統，這樣一個選舉結果，對國內政治生態當然會帶來深刻的衝擊。

就政黨政治而言，李登輝在獲得勝利之後，經由他選舉的體驗和啟示，他所領導的中國國民黨，在確保政權及經營大台灣的要求下，將愈來愈自然地質變為台灣國民黨。隨著中國國民黨愈來愈「台灣化」、「本土化」，國民黨內的殘餘非主流人物，以及包括資政與國策顧問等黨國大老，不管主動或被動，都將逐漸淡出政治舞台。李登輝在國民黨內的地位，將更加獨尊；國民黨也將因李登輝，而在短期間內確保其脆弱的優勢。

對統獨的影響

中共曾不斷公開批評李登輝代表的是「暗獨」，民進黨代表的是「明獨」，這兩組「明獨」與

「暗獨」的支持者，在此次總統大選中，總共得到七五％以上的選票。依照中共的邏輯，表示台灣至少有七五％以上的人是主張台灣獨立，反對與中共統一。這是台灣此次總統大選，對中共最大的一個巴掌。即使林洋港與陳履安，也不主張急統；林洋港主張的統一，是有如大英國協的模式；而陳履安主張的統一，則有如歐洲國家聯盟的模式。因此，經由這次總統大選之後，統派力量在台灣將更趨式微。

相對統派力量的式微，台灣的國民意識與國家意識都將急劇增強。因此，隨著政治上台灣主體性的加強，更深一層的以台灣為主體的歷史觀，也必然會在未來的教育上、文化上表現出來。而作為台灣這個新國家主體的台灣人，為了和中國大陸的中國人有所區分，也必然會自覺地賦予新的涵意。台灣人的定義也將進入第三階段的詮釋，這些可能都是國內政治今後的走向。

走向國際

在總統大選中，四位總統候選人都主張台灣應走向國際社會。依台灣現時的民氣，任何總統候選人，不管誰當選總統，都必會推動台灣重返國際社會，否則必然不得人心，甚至可能下台。因為以台灣二千一百萬的人口，國際貿易總額已達二千億美元，國民平均所得為一萬二千美元，外匯存底達九百億美元，居世界第二位，但台灣在國際社會的身分與地位，卻有如台灣俗語所稱的「小媳婦」，不僅不能享有一般主權國家所具有的權利，甚至連建國以前的巴勒斯坦所享有的國際地位都還不如。這種處境，令絕大多數的台灣人民感到難堪、羞辱。任何與國共鬥爭歷史無關，在台灣崛起的台灣新生政治人物，對這種現象都感到不耐，引以為恥，並立志要改變這種所謂的「現狀」。因此，台灣人民對任何打壓台灣在國際社會扮演符合其國家力量應有的身分與地位的作為，都會感到極度的反感與厭惡；同時，對任何協助台灣在國際社會扮演符合其國家力量應有的身分與地位的作為，都會表示高度的歡迎與感激。這就是台灣當前的社會心理，也是一種民氣。首位民選的台灣領導人，應該善用這種民氣，領導台灣人民走向國際社會，從謙卑與自信中走出去。

兩岸關係

但從去年李登輝訪問美國康乃爾大學之後，到今年總統大選前，中共以導彈訓練和軍事演習，公開表示反對台灣以一個主權獨立國家的身分，走向國際社會，方法雖然粗糙，態度卻很明確。國際社會雖然肯定並支持台灣從事民主的努力，卻不希望看到台海關係緊張，甚至引起衝突。因此，台灣走向國際社會的前提，幾乎就是如何處理兩岸關係。

這樣的前提，對台灣實不公平。因為台灣自從國會全面改選以後，已逐步脫離殖民的宿命，及省市長民選和總統民選之後，台灣已成為一個民主的國家。這個國家和一九四九年以中華民國名義來到台灣的國家，在性質上已截然不同。從一八九五年起，依馬關條約規定，台灣劃歸日本。日本統治台灣五十年間，和中國無關；從一九四五年起，台灣歸中華民國管轄，一九四九年中華民國中央政府到台灣行使統治權，五十年間也與中華人民共和國無關。長期以來與共產中國無關的台灣，經過民主化以後，要以一個主權獨立國家的身分，在國際社會略盡職責，分擔義務，分享權利，卻因共產中國的反對，以及可能引發台海緊張關係而陷入困境，這樣，對台灣公平嗎？

新中華民國

中華民國在台灣，經過民主化以後，開始有了轉機。由於民主化，中華民國在台灣的所有公職人員，從總統、國會議員、省市長到地方官員及民意代表，都是經由台灣人民直接選舉產生，所以這樣的一個中華民國，和一九四九年剛到台灣的中華民國，有著基本上的不同。當時的中華民國政府，主要在中國大陸組成；今天的中華民國政府，完全由台灣地區人民選舉產生。所以當時的中華民國，應稱為舊中華民國；今天的中華民國，應稱為新中華民國或中華民國第二共和。由於民主的本質有其疆界，新中華民國或中華民國第二共和只能代表台灣地區及其人民，而不能代表台灣地區以外的中國大陸及其人民。因此，新中華民國或中華民國第二共和在主權與治權的範圍，與台灣地區完全一致，亦即與台澎金馬領土劃上等號。但中華民國政府到今天卻只宣稱其治權僅及於台澎金馬，由於二個中國政策的影響，仍未放棄其對中國大陸「主權」。民選總統產生以後，這種現象應予改變。民進黨已揭櫫一中一台符合現實的政策，推動制憲建國，並已提出《台灣憲法草案》，以備不時之需。李登輝不管是基於歷史考慮、現實考慮，或安全考慮，縱使無法或不要如民進黨這樣「跳躍」，他也應該對一個中國政策進行修正。李登輝可以對一個中國政策進行詮釋，亦即一個中國，指的是文化中國，但在政治上、法律上，海峽兩岸同時存在兩個主權政府。

事實上，中共也應從去年到今年春天的軍事恐嚇得到教訓和啟示。他們應該了解，他們的文攻武嚇，不但無效，在總統選舉中反而幫助了李登輝，激發了台灣人主義，並有超過七五%以上的台灣人民對中共說「不」。中共應該認清台灣不是被嚇長大的，台灣人想走向國際社會，並非對中共不友善，而只是一項謙卑、合理的要求，更是一種生存的權利。中共對於一個中國的堅持，應該經由文化中國的詮釋，在政治主權上讓步，或予以迴避，這樣才可以避免其所擔心的內部效應。

台灣如果從事這種努力，國際社會，包括美國在內，理應予以支持。國際社會，包括美國在內，不能基於國際地緣政治的考慮，以接受中共所提出的「中國只有一個」、「台灣是中國的一部分」，所以「台灣是中華人民共和國的一部分」為前提，要求台灣在主權問題上讓步。因為這個前提不僅是對台灣二千一百萬人民及民主台灣的重大傷害。經過民主化以後，台灣已到了在政治上自我解除一個中國政策枷鎖的適當時機。李登輝應該採取這種主動，如果能突破這種觀念，並為中共所默認或接受，兩岸關係的和解，包括李登輝所倡導的和平協定，就會水到渠成。

結論

總統直接民選之後，台灣的民主化已大致完成。今後台灣的民主，在實踐中將愈來愈鞏固。所以民主將是台灣的歷史潮流，任何政黨，包括國民黨，任何政權，包括中共，將無法阻擋這個潮流。台灣經由民主的實踐，以和世界潮流及歷史潮流會合，這真是台灣歷史上的盛事，也是百年來台灣先民追求的目標。

如果中共政權的本質不變，如果中共政權對台灣的主權要求立場不變，做法也不變，那麼一個民主化的台灣，勢必與共產中國越行越遠。不僅在政治上越行越遠，在文化上、社會上、心理上亦將越行越遠。如果中共不理解且一定要以過時的霸權作為壓制台灣，共產中國將是民主台灣在世界上唯一真正的威脅。除了共產中國的威脅之外，民主台灣並無敵人。民主台灣向鄰邦招手，並願致力區域合作。民主台灣也將向國際社會傾訴，希望為國際社會，包括聯合國所接受，而克盡職責。

台灣人民在共產中國的炮火威脅下，進行了民主，並完成了民主，這應屬於人類資產的一部分。當民主已經變成世界性，民主台灣不僅應得到國際社會的溫暖，也應與國際社會連結在一起。台灣已做好準備，讓民主台灣與國際社會同行。

（註：本文曾於一九九六年四月十九日，在美國哈佛大學費正清中心演講，摘要於一九九六年四月二十五—二十六日《自由時報》發表，由於原稿甚長，此文亦為摘要文，且順序上略有調整。）

二〇〇八總統大選啟示錄

黃煌雄

二〇〇八年的總統大選在激情與平順中完成。馬英九獲得七六五餘萬票，得票率五八・四五％，大勝謝長廷二二一餘萬票，當選第十二屆中華民國總統。他的得票數與得票率，都比前三次總統大選的當選人李登輝與陳水扁還高，儼然一個馬英九時代正呼之欲出。

香港出生、屬於少數族群，台語講得並不「輪轉」的馬英九，為何能在福佬人居多數（約占七成）的台灣，在二十五個縣市中，贏得二十個縣市，並打破第一次總統大選時李登輝以訴諸「台灣人的悲情」所創下的得票數（五八一萬）與得票率（五四％）？

在本次總統大選過程上，儘管曾引發司法交鋒、公投對打、綠卡爭論、踢館事件、男榮女霞、一中市場、三一六對決、西藏問題……諸議題，但就選舉結果而論，影響此次總統大選最根本的原因，實為「執政失靈」與「馬英九因素」。

「執政失靈」代表陳水扁政府執政八年的全面失敗。此次總統大選不僅是民進黨繼二〇〇五年地方縣市首長選舉、二〇〇八年一月立法委員選舉之後又一次的慘敗，更是陳水扁政府「執政失靈」最後的總結算。導致這種「執政失靈」的原因包括：陳水扁本人缺乏對總統職權應有的素養與戒慎恐懼的態度；缺乏對總統本人應有的制約機制；缺乏一個廉能有效的執政團隊。

由於這三大「缺乏」，陳水扁本人很快地從一位黨外人士、民主工作者變成一位傲慢的權力擁有者，又變成一位不知節制的權力濫用者，而其最終結果不但沒有帶來三代台灣人原來引頸期待、夢寐以求的目標，反而將從黨外時代開始的民主鬥士犧牲奮鬥所栽培的民進黨，竟因這種「執政失靈」而面臨空前慘敗的命運。

「馬英九因素」指的是馬英九本人在此次總統大選中所占有的角色。儘管此次總統大選，相對而言，是團結的國民黨對離心的民進黨，但國民黨總統候選人如果不是馬英九，即使國民黨贏了，也不可能像馬英九贏得那麼甜美。長期以來由於媒體的形塑，在一般社會的觀感中，馬英九建立了清新、不沾鍋的形象，在當前惡質的政治風氣下，這一形象成為他的一大政治資產；加上，近年來他勇於面對台灣歷史記憶的誠意與努力，以及他在此次總統大選中深入基層的行腳與常駐，且一再表示要找回台灣傳統核心價值的做法，都使他成為國民黨的「異數」，也使他成為一位真正融入台灣主流社會，並為主流社會所接受的外省人。

總結地說，這次總統大選是由於陳水扁政府的「執政失靈」，台灣人民拋棄了民進黨，更大程度接受了馬英九，而非擁抱國民黨。加上，馬蕭在競選策略上抓對了經濟主題，提出願景，要求改變；而作為執政黨的謝蘇，卻訴諸過去與悲情，而無法訴諸政績，馬蕭乃能拉開差距，創造總統選舉史上的新紀錄。

在當選後的第一次公開談話，馬英九表示將以「感恩」的心情與「謙卑」的態度，來回應台灣人民的支持與期待，並宣稱將致力成為「新台灣的開創者」。馬英九即將接掌政府，即將接掌權力，他的第一個真實考驗，將是如何突破人情與權力的包圍，組成一個廉能有效的執政團隊——這是八年來陳水扁最應做好又沒有做好，甚至成為所犯下最嚴重而又不可挽回的錯誤。在這個考驗的時刻，孫中山所說「天下為公」，諸葛亮所說「親賢臣、遠小人」，都將是檢驗馬英九是否言行一致，以及能否組成才德兼備的一流工作團隊的最重要指標。

馬英九已成為第一位當選台灣總統的外省人，他的當選代表台灣已突破政治發展最後一道魔咒——族群的藩籬。在台灣民主建立的旅程上，馬英九幾乎是留白的，至少是沒有主動角色，但在未來民主鞏固的旅程上，由於陳水扁八年來的不良示範，卻為他提供難得的舞台與機會。馬英九實有責任，在未來的總統任期中，經由他本人的言行，以及他對總統角色的認知與職權行使的拿捏，展現他的素養，並建立制約的機制，俾增進總統直選制度的穩定與向心，強化台灣的民主鞏固。

（註：本文刊於二〇〇八年三月二十四日《聯合報》民意論壇，更名為〈魔咒已破，鞏固台灣民主〉，此為原稿全文。）

綜觀五次總統大選

黃煌雄

從一九九六到二〇一二年，台灣已經歷過五次總統大選，並選出三位總統。

第一次總統大選於一九九六年三月二十三日舉行，候選人有四組——李登輝、彭明敏、林洋港、陳履安，除陳履安外，其他三人年齡都在七十歲以上，且多文質彬彬，加上李登輝又展現絕對優勢，選戰過程頗有君子之風，對於總統直選制度實具有正面意義。

第二次總統大選於二〇〇〇年三月十八日舉行，主要競爭者有三組——陳水扁、連戰、宋楚瑜。相對於第一次的總統候選人，三位候選人年齡都較年輕，加上泛藍分裂，選情愈趨緊張，結果在選戰過程中爆發了「興票案」。由於「興票案」牽動選情，並影響及選舉的結果，「興票案」的幽靈乃一直籠罩在其後每一次總統大選候選人及其幕僚的腦海之中。

第三次總統大選於二〇〇四年三月二十日舉行，為藍綠之戰，由泛綠的陳水扁與泛藍的連戰競爭。由於選情緊張，在投票日前夕爆發了「三一九」槍擊案，「三一九」槍擊案牽動選情，並影響及選舉的結果。因此「三一九」槍擊案的幽靈，也如同「興票案」的幽靈一樣，一直籠罩在其後每一次總統大選候選人及其幕僚的腦海之中。

第四次總統大選於二〇〇八年三月二十二日舉行，也係藍綠之爭，由馬英九與謝長廷對決。在選舉過程上，兩組人馬對「興票案」和「三一九」槍擊案的幽靈，都保持著高度的戒慎恐懼，選舉結束時幸未重演此令人憂心不已的幽靈。不過此次大選卻衍生「新三合一」論述——支持泛藍，就是支持中國，支持中國就是賣台，以確保「本土政權專賣」局面；但選舉結果否決此一不合時宜的「新三合一」，正如民主化浪潮的發展，台灣已將戒嚴體制下的「舊三合一」（指黨外是台獨的外圍，台獨是共匪的外圍，所以黨外是共匪外圍的外圍）淘汰在歷史洪流之中一樣。

今年一月舉行的總統大選，由馬英九、蔡英文、宋楚瑜三人競選。在選舉過程上，由於選情緊張，三方對於選舉奧步不免互有指責。不過這些批評大多屬於技術層面；像「興票案」、「三一九」槍擊案、「新三合一」論述這樣重大性質的案件，在本次總統大選中都未重現。

十多年來，經過五次總統大選的實踐，台灣的民主已趨成熟。「三一九」槍擊案的幽靈，經過八年的夢魘之後，已漸漸遠離人民的記憶；「興票案」的幽靈，十二年來，動輒仍會以各種形式，在歷次總統大選中，若隱若現，但已漸漸褪色；「本土政權專賣」及「新三合一」論述，一度躍上總統競選議題，但也已逐漸遭到揚棄；這些都代表台灣民主的鞏固，也代表全台灣人民的共同勝利。

在本次總統大選中，特別值得一提，就是「中國因素」。一九九六年台灣人民的第一次直選總統，江澤民卻以飛彈演習相向，二〇〇〇年台灣人民的第二次直選總統，朱鎔基又出言恫嚇；隨著胡錦濤上台，連戰與宋楚瑜相繼訪問大陸，大三通的暢行，ECFA及其後兩岸兩會十六項協議的簽署，兩岸出現六十年來未曾有的大變局，在本次總統大選的最後階段，「九二共識」竟成為熱門議題，甚至關鍵議題，這是五次總統大選以來前所未有的新變化，也使「中國因素」，特別是其中涉及兩岸的「經濟因素」，成為影響台灣總統大選新的重要因素。

在以往四次總統大選中，若論國際因素，「美國因素」一直是最重要、且不容置疑；但這次總統大選，卻改變了這一傳統，「中國因素」如果未凌駕「美國因素」，亦至少已與「美國因素」並列首要。經過十多年的摸索與教訓，大陸領導人對台灣大選似乎已找到竅門。他們今後不僅會強化兩岸的「經濟關係」，也會強化兩岸的「文化關係」與「歷史關係」，當兩岸的「經濟關係」、「文化關係」、「歷史關係」相加相乘時，「中國因素」在未來台灣的總統大選中所能產生的影響力，將更不可測，這是本次總統大選對今天與未來的國家領導人、台灣人民，以及國際社會所應共同深凜的可能發展。

（註：本文摘要刊於二〇一二年一月十七日《中國時報》〈民主鞏固，台灣人民的勝利〉，此為原稿全文。）

執政失靈與思想準備
——蔡英文將完全執政四年或八年

黃煌雄

二〇一六年一月十六日第六次總統大選，與前五次總統選舉過程比較而言，是在最少激情又最為平順的氣氛下，選出我國第一位女性總統當選人蔡英文，並完成我國憲政史上第三次政黨輪替。

對民進黨而言，這次大選是空前的勝利。繼二〇一四年十一月「九合一」地方選舉的大勝之後，這次蔡英文又以五六．一二%的過半得票數（六八九四七四四），大贏朱立倫三〇八萬票，且在國會又享有穩定的過半數（六十八席），這是成立近三十年的民進黨前所未有的豐收。

對國民黨而言，這次大選是繼二〇一四年「九合一」地方選舉大敗之後，又一次空前的挫折，朱立倫的得票率僅為三一．〇四%，而國民黨國會席次更降至三十五席。從中央到地方，國民黨大多淪為在野黨；現在國民黨的處境，有如從二〇〇五到二〇〇八年三連敗之後的民進黨，當時曾被質疑，「民進黨會泡沫化嗎？」「民進黨會變成ＮＧＯ嗎？」目前，國民黨也正被質疑，「會泡沫化嗎？」「會變成ＮＧＯ嗎？」

國民黨慘敗的兩大原因，一為馬英九政府的「執政失靈」；另一則為朱立倫的兩大戰略錯誤。作為黨主席，朱立倫在該承擔的關鍵時刻無意承擔；而當洪秀柱經由國民黨法定程序被提名為總統候選人之後約三個月，朱立倫卻又在不該承擔的時刻，以技術理由或戰術考量表示願意承擔而進行「換柱」。這是總統直選實施二十年來聞所未聞、見所未見的怪事。

朱立倫的「戰術考量」，包括和王金平的策略合作，可謂完全落空。朱立倫所以提名王金平為國民黨不分區立委首名，也提名幾位「王金平們」，其用意顯然想藉號稱國民黨「本土派」代表王金平的影響力，在國民黨最薄弱的雲嘉南高屏地區，力挽頹勢，或縮小勝負的差距。就選舉結果來看，國民黨在這六個縣市，不但輸掉所有的二十二個區域立委席位，且輸得比上次更慘，朱立倫本人也輸了一四七三三六七票（占總輸票的四七．八二％）。不僅如此，「換柱」的反彈力道更讓朱立倫在自己的故鄉（桃園市）輸掉十七餘萬票；在自己執政的新北市輸掉四十五餘萬票；甚至連泛藍最堅強的堡壘台北市，也輸掉二十一餘萬票。由於犯下這兩大戰略錯誤，加上王如玄「軍宅」案的負面效應，一面乃導致二〇一六年選舉人數雖仍較二〇一二年增加，但投票數卻少一百萬票以上的最低投票率（六六．二七％）現象（如附表一）；一面也間接導致宋楚瑜的得票數，從二〇一二年的三六九五八八票（占二．七六％）遽增至二〇一六年的一五七六八六一票（占一二．八四％）。這種致命的敗因，猶如「賠了夫人又折兵」，足以驗證「技術理由」或「戰術考量」實敵不過「戰略錯誤」。

二〇〇〇年第一次政黨輪替，陳水扁是在國民黨分裂及「興票案」陰影的背景下僥倖勝出；二〇〇八年第二次政黨輪替，馬英九則在民進黨「執政失靈」及「馬英九因素」兩大因素，以空前高的得票數（七六五九〇一四票）與得票率（五八．四四％）風光勝出；二〇一六年第三次政黨輪替，蔡英文係在國民黨「執政失靈」與「朱立倫因素」（兩項戰略錯誤）兩大因素下光榮勝出。從二〇〇〇年以來，就總統選舉結果而言，我國似乎每隔八年就發生一次政黨輪替。而陳水扁二〇〇四年的連任，是在「三一九」槍擊案的牽動下，以約三萬票險勝；馬英九二〇一二年的連任，則是在「中國因素」的牽動下，以約八十萬票獲勝；蔡英文二〇一六年雖然大勝朱立倫，但得票數（六八九四七四四）比二〇一二年增加約八十萬票，與馬英九二〇一二年的得票數六八九一一三九票相差不多。從此也可看出，二〇一六年大選是「團結的民進黨」打敗「分裂的國民黨」，但「蔡英文因素」並沒有如二〇〇八年的「馬英九因素」，成為選舉勝敗的關鍵因素之一。因此二〇一六年蔡英文的完全執政到底將是四年或八年，主要仍將取決於今後蔡英文政府是否「執政失靈」。

由於蔡英文將民進黨從二〇〇八年的谷底帶到二〇一六年的高峰，今天的蔡英文實比四年前「強大」，加上民進黨的本質與年輕（相對於國民黨），若和二〇〇〇年險勝之際的陳水扁，甚至二〇〇八年大勝之際的馬英九相比，相對而言，她將比較沒有「公公婆婆」的羈絆，因此具有「堅韌」與「理性」稟賦的蔡英文將可順利主導全局，承擔重任，但也將面臨嚴峻的考驗。如果說馬英九的「執政失靈」特別表現在經濟成長與薪資所得，這將也是蔡英文的嚴肅課題。

從一九九六到二〇〇〇年的總統大選，「中國因素」都代表一個粗暴且又激起台灣人民反感的因素；二〇一二年，「中國因素」變得柔軟，並在總統大選的最後階段「軟著陸」，「九二共識」首次成為選戰的熱門議題，兩岸的「經濟因素」也變成影響總統大選新的重要因素。二〇一六年由於馬習會公開確認「九二共識」，「九二共識」在選戰中成為最夯、交鋒最激烈的議題。經由二〇一六年選戰的衝擊與洗練，「中國因素」將由以前的「政治性」、「敏感性」變成「政策性」、「常態性」，一旦「政治性」的「中國因素」變成「政策性」的「中國因素」，「敏感性」的「中國因素」變成

「常態性」的「中國因素」，「中國因素」將轉化為措施、法令、規定與作為，而這些都涉及到政策走向、資源配置與利益分配，一旦落實下去，將深深影響到這些年來奔波於兩岸之間百萬的台灣人民權益與現實利害。如果不能有效處理與轉化，不僅會衝擊經濟成長，增加社會不安，更會損及七年來得來不易的兩岸和平局面。

蔡英文曾是第一次政黨輪替的工作成員之一，她自應從第一次政黨輪替「興」與「衰」的故事學到教訓與啟示；她在當選之夜的演講中，要求未來的執政夥伴，一定要「謙卑」，這是必要的，也是基本的，但卻不夠，更重要的，還必須要有思想準備。就蔡英文在當選後第一次國際記者會的答覆來看，似乎反映出準備不足，還不足以激勵人心，蔚成氣勢，「團結這個國家」。

附表一：一九九六年以來，歷次總統大選有關人口數、選舉人數、投票數、有效票數、投票率

年代／人數	人口數	選舉人數	投票數	有效票數	投票率
1996	21311885	14313288	10883279	10766119	76.04%
2000	22134777	15462625	12786671	12664393	82.69%
2004	22573965	16507179	13251719	12914422	80.28%
2008	22925311	17321622	13221609	13103963	76.33%
2012	23224912	18086455	13452016	13354305	74.38%
2016	23492074	18782991	12448302	12284970	66.27%

一九四九年秋，經過三大戰役之後，中共領導階層懷著「兩個務必」戒慎恐懼的心情，從西柏坡來到北京，「赴京趕考」，矢言「不作李自成第二」；一九五八年，兩度拯救法國的戴高樂，建立第五共和，組成強而有力的政府，進行有效的領導，使法國重新走上大國之列；二次大戰後，將日本從廢墟中引導走上世界經濟大國的最關鍵領導者吉田茂，諄諄告誡「日本民族永遠不可以放棄機智」，吉田茂所指的「機智」，即是「抓住戰略機運」；蔡英文似可從這些歷史案例中，抓住台灣的歷史「機智」——「戰略機運」，懷著「不作李自成第二」的戒慎恐懼，不斷自我惕勵，致力「組成強而有力的政府，進行有效的領導」來強化團隊的思想準備，才不會重蹈第一次與第二次政黨輪替「執政失靈」的現象，也才能為完全執政，不管是四年或八年，提供最有力的保證。

——作者為台灣研究基金會創辦人

（註：二〇一六年一月十八日，本文曾發表於《風傳媒》，二〇一六年一月二十六日經略加補充與修正後，此為完整稿。）

從大敗到大勝的轉折——二〇二〇年總統大選的歷史觀察

黃煌雄

從大敗到大勝

二〇一八年十一月二十四日的「九合一」地方選舉，國民黨大勝，民進黨大敗。包括六都在內的二十二個縣市長中，國民黨贏得十五席，民進黨只贏得五席，總得票數國民黨贏了民進黨一一〇多萬票。

僅僅一年多，同樣是蔡英文主政，在二〇二〇年一月十一日的總統與立委「二合一」中央選舉，國民黨卻大敗，民進黨則大勝。在二十二個縣市中，蔡英文贏得十六個縣市，韓國瑜僅贏得六個縣市；在總投票率七四．九%，總投票人數一四四六四五七一人的條件下，蔡英文獲得八一七萬選票，不但比韓國瑜的五五二萬票，多出二六四多萬票，還創下七次總統直選以來總統得票數的最高紀錄（比二〇〇八年馬英九拿到的七六五萬票還多出五十二萬；但得票率五七．一三%則比馬英九二〇〇八年的五八．四五%略低）。

十一月二十四日大敗後，為何僅僅十四個月的時間，蔡英文就能從大敗的谷底翻轉到大勝的高峯？她依靠的是什麼？她選戰的指導戰略又是什麼？到底用什麼方法達成的？

轉折的關鍵

大致而言，蔡英文雖為現任總統，但從十一月二十四日大敗到成為民進黨總統提名人之前，她遭遇到的質疑和挑戰，似乎比韓國瑜還多、還大。當成為民進黨總統提名人並確立蔡賴（清德）配之後，她的選戰策略可謂既有系統，又有節奏，由於享有執政優勢，不但能掌握選戰「議程」，也能主導選戰「議題」。蔡賴配之後的選戰佈署，可說如行雲流水，得心應手。

相對而言，作為一個非典型政治人物，韓國瑜以「一碗滷肉飯，一瓶礦泉水」崛起於南方，他在成為國民黨總統提名人之前，由於「韓流」當道，其所遭遇的質疑與挑戰，似乎比蔡英文還少、還小。及成為國民黨總統提名人之後，由於罷韓聲浪如影隨形，國民黨內要角心結未解，又有郭台銘退黨風波，他的選戰步調顯得相當混亂，常陷於被動。在選戰的最後階段，他雖努力化被動為主動，並創造出連黨外時代都還做不到的十二月二十九日台中造勢場景，以及一月九日令人震撼的凱道會師，和一月十日高雄夢時代廣場之夜，這些都在凝聚人心，並召喚知識藍、經濟藍歸隊，但為時已晚。

儘管有這些對照，但這些都不足以成為蔡英文從大敗到大勝轉折的關鍵。真正轉折的關鍵在於一個戰略，「反中」—「抗中」—「恐中」；一種工具，「網路」—「網紅」—「網軍」；一群對象，「年輕人」加上「中間選民」。

一個戰略：「反中」—「抗中」—「恐中」

二〇一九年一月二日，在民進黨十一月二十四日大敗後不到四十天，習近平正式提出「一國兩制台灣方案」，這對聲望正陷於谷底的蔡英文而言，有如「天上掉下來的禮物」，她「撿到了槍」，公開宣示台灣絕不接受「一國兩制」，且主動將「一國兩制」認定等同於「九二共識」，挑動輿論，橫掃泛藍。「辣台妹」稱號，不脛而走。

及二〇一九年春天，香港「反送中」事件爆發，在持續六到八個月的「反送中」過程上，引發世人關注，特別是台灣，國內媒體均大篇幅報導，「今日香港，明日台灣」的口號，瀰漫在台灣社會，「反送中」儼然成為助燃劑，更將「反中」、「抗中」，引導到「恐中」。蔡英文乃正式將「顧主權」、「護民主」變成為選戰主軸。

國民黨在台灣引進選舉制度時，和國民黨競選的政治人物，早期稱為無黨無派，後來通稱為黨外。在戒嚴時期，黨外被政府歸類為「三合一」（黨外為台獨的外圍，台獨為共匪的外圍，所以黨外是共匪外圍的外圍）的「敵人」，係「野心份子、分歧份子、陰謀份子」。製造「恐共」，以「共匪」恐嚇台灣人民是國民黨長期慣用的手法，一九七八年我第一次以黨外人士參與增額立委選舉時，當時的國民黨政府還以「越南淪亡錄」激發「恐共」情結，作為選戰的訴求。

但從黨外到民進黨，特別是執政後的民進黨，挑起「反中」與「抗中」，並以國家資源激起「恐共」情緒，而獲得總統選舉大勝者，蔡英文實為第一人。其情況很像一九九六年，蘇聯解體之後的俄羅斯，總統大選進入第二輪時，葉爾辛一直訴諸恐懼，喚醒俄羅斯人民，不能讓代表共產黨的朱加諾執掌政權而贏得選舉一樣。

一種工具：「網路」—「網紅」—「網軍」

就二十四年來七次總統直選的回顧與比較，幾乎浮現出一條軌跡，國民黨與民進黨雙方在競選時，都在強化自己所長，又學習對方所長。從一九九六年第一次總統大選到二〇二〇年第七次總統大選，國、民兩黨的總統候選人，在競爭過程上，特別是在選戰的後期，都會創造議題，經由報紙報導、電視廣告，以及大型的造勢演講，展現志在必勝的氣勢與決心。但今年總統選舉的最大一項特色，便是大量使用「網路」，經由「網紅」和「網軍」，帶動風向，引領選舉風潮。

面對十一月二十四日的大敗，蔡英文曾說，「最應該檢討的是她本人」。她深自檢討之後，發覺二〇一八的「九合一」選舉，民進黨在「網路」的使用上吃了大虧。她不但決心加以改變，更踏踏實實做了準備，甚至不惜動用類似「一四五〇」的國家資源，培養眾多「網軍」，她本人更不惜以國家元首之尊，和「網紅」打成一片，流風所及，蔡英文掌握了整個二〇二〇總統大選的議題和節奏。就結果而論，「網路」、「網紅」和「網軍」，有如鄧小平改革開放下的「鄉鎮企業」、「異軍突起」，變成她二〇二〇年總統大選最主要的生力軍，也成為她過關斬將最有利的工具和利器，並為她開拓出意想不到的「新藍海」。不擅長傳統選戰的蔡英文，卻為民進黨的總統選舉方法注入新的元素，她因而成為二十四年來國、民兩黨九位總統候選人之中，最徹底應用「網路」、「網紅」與「網軍」，並發揮最大效果的第一人。

一群對象：「年輕人」加上「中間選民」

六年來，一向對政治不太關心，投票率也很低的「年輕人」，卻在兩次選舉中，扮演舉足輕重的角色。

二〇一四年的「九合一」地方選舉，由於受到太陽花學運的衝擊，特別是柯文哲醫師素人從政及「直白」特質的影響，「年輕人」第一次集體踴躍投票，他們的熱烈支持不但把柯文哲送進台北市政府，也出現「柯文哲外溢效應」，協助幾位民進黨縣市長候選人意外當選或更高票當選。

二〇二〇年的總統大選，由於蔡英文撐起「反送中」大旗，加上香港因「反送中」而走上街頭的大多為年輕人，經由媒體的大幅報導，台灣的「年輕人」耳濡目染，主政當局又順勢鼓吹「今日香港，明日台灣」的「恐共」情緒，乃在社會上，「年輕人」之間，滋生「芒果乾」（亡國感）的恐懼。在這種氛圍感染下，蔡英文「顧主權」、「護民主」的訴求，對「年輕人」而言，已不再是遙遠的距離，或抽象的名詞，而是有切身的感受，迫切的需求。

一月九日和一月十日號凱道的造勢大會，我都親臨現場。持平地說，一月九日參加的人數大約比一月十日多了三分之一左右，但一月九日參加的以中年以上居多，而一月十日參加的以「年輕人」居多。這兩場造勢大會的現場，也預示著這場選舉的兩黨結構：韓國瑜催出、凝聚也鞏固傳統泛藍基本盤，他把二〇一六流失給宋楚瑜和失望不出來投票的泛藍選民，都找回來了。就這一點而言，韓國瑜對泛藍「無愧」，但他沒有、也無力開拓「新藍海」，而這正是蔡英文在這次大選中獲勝的最大關鍵，她除了鞏固傳統泛綠基本盤之外，更開拓了「新藍海」，她贏得「年輕人」的支持。

一月十一日投票當天及其前一天，在台北車站及轉運站大排長龍準備返鄉投票的，以及投票日當天在各地投票所大排長龍的，多為「年輕人」，「年輕人」成為二〇二〇年把蔡英文再送進總統府的決定性因素，一如二〇一四年之於柯文哲一樣。

轉折的影響

民主價值的堅持

蔡英文在當選連任後的第三天，拜訪前總統李登輝，祝賀他九十八歲生日，一般解讀，此一拜訪深一層的意義是，代表傳承。

就總統直選的意義而言，從李登輝、陳水扁、馬英九到蔡英文，都代表著傳承。因為總統直選有其疆界，已實施二十四年的總統直選，突顯了中華民國具有政府、人民、領土和主權的完整國家要素。以一九九六年總統直選為分界，以前的中華民國是指舊中華民國，以後的中華民國不論是李登輝時期的「中華民國在台灣」，陳水扁時期的「中華民國是台灣」，或蔡英文宣稱的「中華民國台灣」，都可說是新中華民國，或中華民國第二共和。（馬英九對於這樣的論述應無異議，但他最大的差別，便是他沒有放棄法理上對中華民國憲法所宣示主權範圍的堅持。）

一九九六年，在第一次總統大選完成後，我以訪問學人的身分，在哈佛大學費正清中心演講「總統直選與台灣的民主發展」，我指出，「中華民國在台灣……由於民主化，所有的公職人員，從總統、國會議員、省市長到地方官員及民意代表，都是經由中華民國人民直接選舉產生，所以這樣一個中華民國，和一九四九年剛到台灣的中華民國，有著基本上的不同……當時的中華民國，應稱為舊中華民國；今天的中華民國，應稱為新中華民國或中華民國第二共和。」在結論中我更表示，「台灣人民在共產中國的炮火威脅下，進行了民主，並完成了民主，這應屬於人類資產的一部分。當民主已變成世界性，民主台灣不僅應得到國際社會的尊重，也應與國際社會連結在一起。台灣已做好準備，讓民主台灣與國際社會同行。」

這樣的新中華民國，在勝選當晚的國際記者會上，蔡英文說，「這次選舉顯示，台灣人民希望國際社會，能夠看到我們對民主價值的堅持，尊重我們的國家認同」；並幾度以「中華民國台灣」來形容「我們的國家」。

二〇二〇年的台灣總統大選吸引三百多位國際人士前來觀察，蔡英文當選連任之後，迄今也收到七十二個國家與國際組織表達祝賀。蔡英文在當選連任第二天接見美國在台協會台北辦事處處長時，第一次表示：台灣和美國「已從雙邊夥伴關係升級成為全球合作夥伴」；並表示台灣「會是全球區域民主發展的關鍵行動者，可以和美國一起為世界帶來更多的貢獻」。這些回應和談話，都預示著台灣將會融入一個正在形成的「新冷戰」國際格局之中。

新冷戰的樂章

二〇〇七年，史學家Niall Ferguson曾和經濟學家Moritz Schularick造了「Chimerica」（中美共同體）一詞，描述中國與美國之間的共生經濟關係，二〇一九年十二月四日，他在《紐約時報》撰文表示，「一場與中國的新冷戰已經開始」。他說這場冷戰，「未來歷史學家會說是始於二〇一九年」。因為「直到二〇一九年，川普政府對中國所持的對抗做法才得到兩黨政策菁英的有效支持，並以引人注目的速度，從一個人的外交政策變成大多數人的看法」。他預估這場新冷戰會「變得更冷」，拉得「更長」，「第二次冷戰是川普總統任期內開始的」，「他可能是製造這場大寒潮的催化劑，但冷戰不是他想停就停的事情」……「它將持續比其任期更長的時間」。

在這種「新冷戰」思維下，中國和美國之間，已由以往的「共生經濟關係」，變成美國的「戰略威脅」和「競爭對手」。如何遏制中國的發展已成為美國國家安全戰略最重要的課題之一，從香港的「反送中」到區議會選舉，到台灣的總統大選，都已成為這場「新冷戰」樂章的組成部分。

蔡英文對於這種「新冷戰」的格局瞭然於胸，她深知撐起「反中」大旗對兩岸關係的衝擊，因此在勝選當晚的國際記者會上，她選擇了低調。面對BBC記者詢問是否該為勝選感謝習近平時，她僅「微笑以對」。這很像一九九六年，我二度到莫斯科拜訪戈巴契夫，戈巴契夫詢問我有關中國軍事演習對我們總統選舉的影響，我答說：中國似乎變成李登輝的第一號助選員，他也「微笑著點頭」。

同時，她也藉著勝選後的第一次國際記者會，向北京當局提出「和平、對等、民主、對話」八個字，表示這是「兩岸要重現良性互動，長久穩定發展的關鍵，也是能夠讓兩岸人民拉近距離，互惠互利的唯一途徑。」

當蔡英文揭開「反中」與「恐中」序幕，又以勝利之姿，提出八字真言，緊接著又公布選前引發高度爭議的「反滲透法」，兩岸關係如何從「冷和」、「冷對抗」走向「春暖花開」？有可能嗎？Ferguson說，「第二次冷戰」將「更冷」、「更長」，如果這兩個前提成立，作為「新冷戰」的組成部分，如何能使兩岸免於「更冷」、「更長」，將是蔡英文總統第二個任期最牽動全局的挑戰。

（註：本文二〇二〇年一月十七日曾發表於《風傳媒》）

黃信介最後的政治遺產

黃煌雄

政治遺產

美國已故總統尼克森曾說過，戴高樂留給法國的最大資產，便是第五共和。就這種立論而言，黃信介留給台灣最後的政治遺產，便是《民主大憲章》和《台灣憲法草案》（以下簡稱《台灣憲草》）。擔任過民進黨主席的姚嘉文曾說，「召開人民制憲會議，通過《台灣憲草》，是黃信介對台灣民主運動最大的貢獻，不差美麗島時期的運作。」

《民主大憲章》

從一九八八年十月到一九九一年十月，黃信介擔任民進黨主席，這三年也正是海內外制憲運動風起雲湧的的年間。

一九八九年是台灣制憲運動史上值得紀念的一年。許世楷的「台灣共和國憲 法草案」、張燦鍙的《台灣民主共和國憲法草案》、林義雄的《台灣共和國基本法草案》，都在這一年前後，分別突破禁忌，公開在台灣印行，點燃二十世紀九〇年代台灣制憲運動的火炬。

一九九〇年二月，第一屆國民大會以選舉李登輝　總統當籌碼，進行政治勒索，其所演出的「山中傳奇」，引發國人共憤，更激起野百合學運。李登輝　平息三月學運，應允召開國是會議。

民進黨為因應國是會議的召開，決議成立憲政研究小組，成員包括呂秀蓮、張俊宏、傅正、江鵬堅、張俊雄、謝長廷、蘇貞昌、尤清、陳水扁、康寧祥、黃煌雄，小組召集人由本人擔任，名譽召集人為黃信介。憲政研究小組承擔此一重責後，全力以赴，從四月到六月間，密集開會九次，費時約五十個小時，其間我曾走訪美國各地，與包括彭明敏在內等有關人士有過徹夜長談，也舉行為期兩天的擴大會議，大約經過三個月的討論，六月二十日，在黃信介主持下，民進黨中常會通過「《民主大憲章草案》為本黨提出於國是會議之現階段憲政主張」。

《民主大憲章》共有十章，一〇四條，並附「前言」。在「前言」中表示，「為解決憲政危機，建立民主法治，落實國民主權，確保台澎金馬地區安全及人民福祉，茲制訂《民主大憲章》，並廢除動員戡亂時期臨時條款、凍結現行中華民國憲法」。十章分別是，第一章：民之權利義務；第二章：公民權之行使；第三章：政黨；第四章：總統；第五章：行政；第六章：國會；第七章：司法；第八章：地方自治；第九章：台海兩岸關係；第十章：施行及修改。

在《民主大憲章》討論過程上，爭論最大的焦點是：採用內閣制還是推動總統直接民選，確定總統成為憲政中心。經過激烈的討論以後，《民主大憲章》有關中央政府體制，明確主張總統「由轄區國民直接選舉產生，任期四年，連選得連任一次」（第五十三條），「行政院長由總統任命」（第六十條），這種兼有前瞻與傳承的規定，使《民主大憲章》與法國第五共和的雙首長制有異曲同工之處。

國是會議正式召開之前，在黃信介的領導與授權下，張俊宏祕書長積極推動民進黨與無黨籍、海外代表及自由派學者，共同組成在野改革聯盟，並以《民主大憲章》所揭櫫的總統直接民選主張，作為在野改革聯盟最後是否退出國是會議的底線，幾經折衝，終於促使國是會議接受「總統應由全體公民選舉」的決議文。

其後，面對國民黨內部對「總統直選」共識的猶疑、徘徊，甚至後退的言論與做法，黃信介發起以「總統直選」為訴求的「四一九」大遊行，他更親自走上街頭靜坐。一九九六年，代表民進黨參與台灣第一次總統直選的彭明敏，在追憶黃信介時表示，「回顧信介仙一生的政治貢獻，推動國會全面改選與總統直選，是他留給台灣人民最寶貴的禮物。」

人民制憲會議

國是會議以後，李登輝排除成立憲政改革諮詢小組，共同監督國是會議共識或多數意見是否落實的建議，回歸到國民黨內部設置憲政改革策劃小組，由李元簇擔任召集人；民進黨則相應成立制憲運動委員會，由黃信介出任召集人；這樣便開　朝野「修憲」與「制憲」的兩條路線之爭。

進入一九九一年，民進黨一面鑒於國民黨對於憲政改革缺乏誠意，一面更鑒於在野制憲主張過於分散，實有整合的必要，乃援引國是會議改革派合作的模式，首先經由保衛台灣委員會（以下簡稱保台會）召開民間憲政會議，再經由人民制憲會議籌備委員會召開人民制憲會議，以努力尋求制憲運動史上最具突破性的整合工程。

一九九一年五月，保台會舉辦民間憲政會議，參加的成員包括民進黨、無黨籍、學術界以及海外鄉親，其目的是以更寬廣的基礎，更具水準的理論，確認制憲的必要性，會中達成六點共識，其中包括台灣之主權屬於台灣全體之人民；新憲適用在台灣及其二千萬人民；總統直接民選；成立全民制憲聯盟，召開國民制憲會議等。民間憲政會議所達成的共識，特別是有關總統直接民選的共識，為在野制憲運動的整合跨出了一大步，從此以後，包括李鴻禧等在內的一些原支持內閣制的學者，都踏實地加入民進黨的制憲行列。

同年八月二十四、二十五日兩天，由民進黨所主導，在台灣民主運動史上享有重要地位的人民制憲會議，在台大法學院國際會議廳舉行，這次會議突顯了幾大特色：

一、準備期最長：人民制憲會議是延續《民主大憲章》、民間憲政會議未完成的制憲整合工作，從形式看，人民制憲會議的籌備期間好像只有兩個多月，實際上，卻長達一年以上。

二、代表性最廣：人民制憲會議的籌備委員，七個工作小組的成員以及參與的代表，幾乎匯集了所有在野制憲力量於一堂，不但包括民進黨內各種政治力量，也包括無黨籍、學術界、文化界、宗教界、原住民、社運團體、學生代表，以及海外鄉親。這是民進黨有史以來所舉辦的代表性最為廣泛的一次會議。

三、功能性最強：人民制憲會議延續民間憲政會議的精神，加強專業性與功能性，在當時受限的條件下，力邀不少憲法、政治、歷史學者及各種專業人士參與，使人民制憲會議的功能性與代表性相互輝映。

四、統合性最大：在人民制憲會議召開以前，包括《民主大憲章》在內，在野人士先後提出八部不同版本的憲法草案，人民制憲會議的首要工作，便是要將八部憲草整合成為一部，且又能為各方所接受。《台灣憲草》，事實上，是在野力量彼此之間，基於民主精神，相互尊重、學習、包涵、容忍，才能在八月二十六日凌晨一點三十分的感人時刻，以起立鼓掌的方式三讀通過。

五、位階性最高：人民制憲會議所通過的《台灣憲草》，不是由特定「權威」的個人所草擬的版本，也不是由二、三個人組成小組關起門來所擬的版本，更不是為有權力的「人」或政黨的要求而「量身訂做」的版本，而是像一般國家制訂憲法的步驟一樣，經過周密的準備與嚴謹的程序，經由代表性最廣、功能性最強的參與成員，熱烈而認真的討論後通過。這是民進黨有史以來位階最高的一次會議。

《台灣憲草》

《台灣憲草》是台灣歷史上，由台灣人民的代表，以台灣這塊土地和土地上的人民為主體，所草擬制訂的第一部憲法草案。所以，《台灣憲草》是一部屬於台灣人民的憲草，更是一部屬於台灣土地的憲草。共有十一章，一〇八條，分別是第一章：總綱；第二章：國民之權利義務；第三章：公民權；第四章：政黨；第五章：總統；第六章：國會；第七章：司法；第八章：地方自治；第九章：原住民族；第十章：憲法之行政；第十一章：附錄。從《民主大憲章》到《台灣憲草》，代表民進黨制憲演變的過程，其中有依循的，有充實的，有新增的，也有改變的：「依循」的主要為

「政黨」乙章。

「充實」的包括「國民之權利義務」、「公民權」、「司法」、「地方自治」諸章，其中「國民之權利義務」乙章，充滿著血與淚的見證，既有綠島政治犯的吶喊，新店受刑人的眼淚，又有海外流亡者的哭泣，這是《台灣憲草》既「凝視現實」、又「把持理想」的動人章節。

「新增」的為「原住民」專章，這也是《台灣憲草》進步的象徵。因為在台灣憲政史上，從沒有一部憲法或憲草，是由原住民親自參與，並親自草擬通過的「原住民」專章，《台灣憲草》代表這一先例。

《民主大憲章》基於兩岸和國內政治的現實考慮，將最容易引發重大爭論的「總綱」擱置不談，並增加「前言」，且有「台海兩岸關係」專章，以表示其階段性的意義。但人民制憲會議在開會時，卻排除這些考慮，不但略去「前言」，且將「總綱」納入正式議程，更在第一條明文規定，「台灣為民有、民治、民享之民主共和國，國名為台灣共和國」，「台灣之主權屬於國民全體」（第二條），「台灣之領土包括台灣本島、澎湖群島、金門、馬祖、附近島嶼及國家權力所及之其他地區」（第四條）。嚴格而論，《台灣憲草》「總綱」這些規定，實是一九九一年十月民進黨全代會所通過《台獨黨綱》的張本。

「改變」的是中央政府體制，由於人民制憲會議召開前，民進黨已先在桃園舉行預備會議，在此一預備會議上，經過激烈的辯論以後，決定廢除行政院。人民制憲會議接受了這項改變，將《民主大憲章》所採行的法國第五共和雙首長制，改變為美國式的總統制，廢除行政院，因此有關「總統」與「國會」的職權與互動關係，也就必須相應的調整。

扼要地說，《台灣憲草》代表一九九〇年代台灣的民主工作者，在當時的國內外背景與條件下，所持的一種憲政見解與民主追求，《台灣憲草》既是一個總結，又是一個濃縮的表現。

最大公約數

民進黨在一九九〇年代所推動的制憲運動，從《民主大憲章》到《台灣憲草》，似乎一切都很邏輯，一切都按節奏在發展，但現在回想起來，如果沒有黃信介的威望與大度、包容與授權，民進黨的制憲努力，從《民主大憲章》到《台灣憲草》能否順利誕生，實在都很難預料。

在這一點上，我的感受尤其深刻。從《民主大憲章》研究小組召集人，到民間憲政會議籌備會召集人，到人民制憲會議籌備委員會兼大會祕書長，我參加也體驗了台灣制憲運動發展的過程與整合的努力，我的心情正好像施明德在追憶美麗島時期的黃信介一樣，認為「他是一個深具無為而治智慧的人」，「若沒有他的無為而治，無法締造美麗島時代的風起雲湧」；我應當說，如果當時民進黨主席不是黃信介，如果擔任主席者沒有張俊宏所形容黃信介的「大智」與「大度」，《民主大憲章》與《台灣憲草》能否那麼順利，是否又會有那樣的結果，確實都是一個未知數。

當黨外仍處於「馬上打天下」的階段，黃信介創立美麗島政團，使他在群雄並起的黨外人士之中，脫穎而出成為黨外領導者、美麗島大家長；及美麗島政團組織化為民進黨，民進黨又全力為「馬下治天下」而準備的階段，黃信介經由制憲運動的努力，為民進黨留下《民主大憲章》與《台灣憲草》；所以《民主大憲章》與《台灣憲草》實是黃信介留給民進黨最後的政治遺產。當民進黨的黃信介愈來愈成為台灣的黃信介時，《民主大憲章》與《台灣憲草》也將變成為黃信介留給台灣最後的政治遺產。也許有一天，歷史會發展到黃信介所遺留的政治遺產，變成為國內主要政黨最大公約數，變成為主要政黨討論憲政改革最重要的基礎。

我的呼籲

七年來，由於陳水扁總統不斷地強調「制新憲」，導致國內政治氛圍既沒有壓力又沒有風險，「制憲」的氣勢已壓倒「修憲」，流風所及，提出新憲版本幾乎變成一種「流行」或「時尚」，到目前為止，已有七種新憲版本，其中參與《民主大憲章》與《台灣憲草》的工作者也有再提出新版本，也有一個團體提出兩個版本，甚至連民進黨中央黨部，也仿照李登輝時期的智囊單位——國策中心一樣，準備兩個版本，一為內閣制，一為總統制；但另一方面，則因陳水扁將「制新憲」與「總統大選」、「一邊一國」緊密結合，也引發朝野的惡鬥、美國的關注、兩岸的緊張。當「制新憲」發展到這樣多彩繽紛、令人眩眼，又令人擔憂的地步，作為在一九九〇年代，參加了以民進黨為主體的在野力量制憲整合工程投入心力最多，感受也最深的一位工作者，基於對所有參與者的懷念與責任，更基於對黃信介的懷念與責任，我謹以虔誠的心情，提出幾點呼籲：

一、「制新憲」不是寫「學術論文」，更不是玩「權力遊戲」。新憲不僅要考慮當前的，也要考慮久遠的；不僅要考慮現實的，也要考慮歷史的；不僅要考慮特殊的，也要考慮全局的。就現實意義而言，憲法既是政治力量實踐其理念的反映，也是政治力量彼此間協調的表徵。民進黨已是國內主要政治力量之一，目前更居於執政地位，任何府院黨的領導者都應懷有這種體認，展現自信與素養，確定新憲目標，嚴肅推動制憲，絕不能因總統選舉結果的不同而有不同的憲政主張。

二、《民主大憲章》與《台灣憲草》不僅是屬於台灣人民的，更是屬於台灣土地的；不僅充滿著黨外精神，更洋溢著創黨理念；不僅有政治犯血淚的見證，更有流亡者動人的追求。《民主大憲章》與《台灣憲草》，本質上，代表著使命與理想，既不為任何權力服務，也不為任何利益服務。從陳水扁、呂秀蓮、歷任黨主席、民進黨籍的行政院長，絕大多數民進黨籍的立委、國代、縣市長以及具有代表性的指標人物，都曾參加《民主大憲章》或《台灣憲草》，或兩者的討論與制訂過程，所以《民主大憲章》與《台灣憲草》不僅是黃信介的政治遺產，應該也是民進黨共同的政治遺產。

三、民進黨應該建立尊重共同政治資產的傳承，特別是民進黨如公認黃信介為民進黨永遠的黨主席，對這位永遠的黨主席最後政治遺產更應尊重。

四、陳水扁曾尊稱黃信介「為反對運動民主之父」，「信介仙是啟發我政治思想誕生的父親，也是我最感念的人」，自喻他們的關係，「情同父子、師徒」；七年來，陳水扁每年都到黃信介墓前追念；這些言行都令人印象深刻，但在推動制新憲的過程上，陳水扁卻忽略一件最應該做而又沒有做的事——虔誠地公開宣稱：支持以黃信介最後的政治遺產作為民進黨制新憲的最主要藍本。

五、民進黨二〇〇八年總統候選人已經產生，謝長廷既是《民主大憲章》研究小組的成員之一，也是人民制憲會議籌備委員及主席團成員之一，對於黃信介最後的政治遺產，曾參與過，也付出過。在當前民進黨急需團結的時刻，謝長廷當更能感受到日治時代「台灣社會運動第一指導者」

——蔣渭水，在大約八十年前，對台灣人民呼喚「同胞須團結，團結真有力」的心境，而在實際作為上，為了展現格局，居於主動，我誠懇地希望他也能公開宣稱：贊成以黃信介最後的政治遺產作為制新憲的最主要藍本。

六、我也想對國民黨二〇〇八年總統候選人馬英九誠懇表示，馬英九這些年來，為了連結台灣歷史，加強本土色彩，對於蔣渭水的用功與作為，對於二二八受難者家屬的關懷與用力，都已取得一定程度的公信力。我呼籲馬英九，能以相同的心情與態度，更大的用心與用力，經由對黃信介政治遺產的了解，接受黃信介成為大家最大的公約數，接受黃信介最後政治遺產成為大家討論憲政改革的主要基礎，讓我們在黃信介最後政治遺產的引導下，一起走出憲改僵局，走出憲改迷思，共同來開創亟待我們更加努力的未來。

（註：本文曾於二〇〇七年八月十三日，在《中國時報》時代論壇刊出，此處為原稿全文。）

史上最狂的研討會

黃煌雄

台研會今天能在國家圖書館，以這樣的形式、在這麼多民眾的參與之下，正式舉辦「總統直選與民主台灣」研討會，首先要感謝過程上所有的關心者、支持者、參與者和貢獻者。

去年，李登輝基金會曾舉辦「人民直選總統暨台灣民主發展二十週年」研討會，由於李登輝是總統直選制度當年握有權力的最高決策者，也是首位人民直選產生的總統，李登輝基金會舉辦此一研討會，實具有特殊意義，此一研討會的特色是扣緊當前國家重大的現實議題。

從去年以來，我內心一直感覺，有一件應當做而尚未做，甚至自感失職的事，便是應該針對總統直選在台灣二十年的實踐，進行比較有系統的分析與檢討。由於我是《民主大憲章》研究小組召集人，而《民主大憲章》是在總統選制最舉棋不定的時刻，堅定主張「總統由轄區國民直接選舉產生」，從而影響總統直選的走向，而《民主大憲章》研究小組的開會地點都在台研會，因而我更自覺有倫理責任。經過一年多的規劃、討論、磋商，懷著真誠的心情，公開透明的態度，台研會終於能夠從制度與學理層面，來回顧與檢討二十年來「總統直選與民主台灣」的實踐。

自本次研討會議程及參與者名單公開以來，引發網路不少熱議，有人說這是史上最狂的研討會，也有人說在未來十至二十年間不易再有如此經典的研討會。不管外界如何定位，在籌辦過程上，為了使此一研討會具有不可代替的公信力，台研會一直認真邀請二十年來與總統直選有關的當事人、關鍵參與者、總統直選制度的重要推動者，以及對憲政制度與運作享有聲譽的學者能夠共襄盛舉，從本次主講人到主持人名單，代表台研會這一努力的呈現，這些包括：一、卸任總統的親自參與；二、核心幕僚的現身說法；三、層級高，代表性夠；四、跨黨派，追求平衡。

這是台研會近年來所舉辦最盛大的一次研討會，據國圖的反應，也是國圖近年來少有的一次盛會。我謹代表主辦單位和合辦單位，向各位主講人、主持人深致謝忱，也歡迎並感謝各位貴賓、各位鄉親參加。謝謝。

國家圖書館見證台灣民主成就

曾淑賢

現任國家圖書館館長兼漢學研究中心主任。台灣大學圖書館資訊學研究所博士，歷任天主教輔仁大學圖書資訊學系教授、台北市立圖書館館長。

台灣研究基金會黃創辦人、江董事長及與會的各位貴賓大家好。

歡迎各位蒞臨國家圖書館參加「總統直選與民主台灣」學術研討會，謹代表本館對於關心台灣國家發展，致力民主政治的各位先進，表示敬意。

國家圖書館職司國家文獻典藏，所藏各類出版品除了法定送存典藏，更重要的是透過資訊服務，提供學術研究與利用。本館位於我政府中樞所在，自一九八六年在此設立新館後，一九九六年更名為國家圖書館。一九九六年同時也是台灣首度總統直選。此後國圖持續增加豐富的台灣政治研究典藏，不僅見證台灣民主的成就，透過開放，也讓台灣教育界擁有更自由而穩定的研究資源。

今年欣逢台灣研究基金會為慶祝成立三十週年，舉辦系列活動，國家圖書館很榮幸能成為本研討會合辦單位。今日在國際會議廳看到這麼盛大人潮的場面，可見主辦單位用心，能邀集這麼多國內政壇與學界頗具盛名的專家學者來參與盛會，藉由分享他們從政或研究的經驗，讓社會大眾對台灣的民主憲政內涵有更深刻的了解。

國家圖書館與在座各位，共同參與了自解嚴以來，台灣社會政經、文化的變革與挑戰，圖書館始終秉持著知識服務，終身學習，以及提升國家文化競爭力的推動者角色。有全民參與的圖書館，才會有全民知識競爭力普遍提升的國家軟實力，這也是台灣追求自由民主價值的另一層意義。

最後，謹祝會議圓滿成功，各位與會來賓、學者身體健康，事事順心。

總統直選大事紀

台灣研究基金會

一九九〇年三月學生運動後，台灣走向民主轉型與憲政改造的關鍵年代。有關憲政改造的主張，一直存在著兩條路線之爭：一為民主進步黨所主張的制憲，一為中國國民黨所主張的修憲。一九九〇年三月，為積極參與李登輝總統所將召開的國是會議，民進黨成立憲政研究小組，經過三個月的努力，憲政研究小組於六月提出《民主大憲章》，明確主張「總統由轄區國民直接選舉產生」，成為民進黨「提出於國是會議之現階段憲政主張」。

同年六月底舉行的國是會議，《民主大憲章》有關總統直選的主張，進一步成為在野聯盟的共同主張，並成為在野人士參與國是會議的立場底線，終於促使國是會議達成「總統應由全體公民選舉產生」的共識。

國是會議之後，國民黨召開修憲策劃小組研議修憲，對於如何落實國是會議關於總統民選的共識，黨內出現應由公民「直接選舉」或「公民委任國民大會代表選舉」的爭論，一九九二年第十三屆第三次中央委員全體會議上未能達成決議。國民黨在體察民意和歷經黨內主流意見的變化後，最後接受在野黨關於總統由人民直接選舉產生的主張，而於一九九四年經由國民大會完成第三次修憲。將總統、副總統由國民大會選舉產生的方式，改為「由中華民國自由地區全體人民直接選舉之一」。這是台灣終止動員戡亂以後，對於政治發展影響最為深遠的一項修憲，兩年後，台灣依此舉行第一次總統直接選舉，李登輝成為有史以來第一位民選總統。這也是動員戡亂時期遺留下來最後一個完成民選的公職人員。

第一次總統大選於一九九六年三月二十三日舉行，候選人主要為李登輝、彭明敏、林洋港和陳履安，這次選舉在中國大陸的導彈威脅下進行，李登輝在國民危機意識的凝聚下，以五八一萬多票，得票率五四．〇一％當選。四組候選人除陳履安外，其他三人年齡都在七十歲以上，且多文質彬彬，選戰過程各方皆保持君子風度，對於總統直選實具有正面意義。

第二次總統大選於二〇〇〇年三月十八日舉行，主要競爭者有三組—陳水扁、連戰、宋楚瑜。相對於第一次的總統候選人，三位候選人年齡都較年輕，加上泛藍分裂，選情愈趨緊張，結果在選戰過程中爆發了「興票案」。「興票案」牽動選情，直接影響及選舉的結果，使代表民進黨的陳水扁後來居上而當選，得票數四九七萬多票，得票率三九．三％，宋楚瑜得票數四六六萬多票，得票率三六．八％，實現了第一次的政黨輪替執政。「興票案」的幽靈乃一直籠罩在其後每一次總統大選中。第三次總統大選於二〇〇四年三月二十日舉行，為藍綠之戰，由泛綠的陳水扁、呂秀蓮與國親聯盟的連戰、宋楚瑜之戰。兩組競爭激烈，投票日前夕，爆發了「三一九」槍擊案，激起綠營潛在選民的投票意願，直接影響及選舉結果，陳呂得票數六四七萬多票，得票率五〇．一一％，連宋得票數六四四萬多票，得票率四九．八九％。「三一九」槍擊案的幽靈，也如同「興票案」的幽靈一樣，一直籠罩在其後每一次總統大選候選人及其幕僚的腦海之中。

第四次總統大選於二〇〇八年三月二十二日舉行，由馬英九與謝長廷競爭。選舉過程平和，不過此次大選卻出現本土政權保衛戰的競選操作，衍生出「新三合一」論述——支持泛藍就是支持中國，支持中國就是賣台；但代表國民黨的馬英九卻以空前高的七六五九〇一四得票數與五八・四四%得票率當選，否決不合時宜的「新三合一」。此正如隨民主化的發展，台灣已將戒嚴體制下的「舊三合一」（黨外是台獨的外圍，台獨是「共匪」的外圍，所以黨外是「共匪」外圍的外圍）淘汰在歷史洪流之中。

二〇一二年一月十四日舉行的第五次總統大選，由馬英九、蔡英文、宋楚瑜三組競選，選舉結果馬英九獲得連任，得票數六八九萬多票，得票率五一・六%。在選舉過程上，三方對於所謂的選舉「奧步」不免互有指責，不過這些批評大多屬於技術層面；像「興票案」、「三一九」槍擊案、「新三合一」論述這樣重大性質的案件，在本次總統大選中都未重現。

在二〇一二的總統大選中，特別值得一提的就是「中國因素」。二〇〇八年馬英九當選總統以後，開放兩岸三通，簽署《海峽兩岸經濟合作架構協議》（ECFA）及兩會二十三項協議，兩岸出現六十年來前所未有的大變局，在本次總統大選的最後階段，「九二共識」竟成為熱門議題，這是五次總統大選以來前所未有的新變化，也使「中國因素」，特別是其中涉及兩岸的「經濟因素」，成為影響台灣總統大選新的重要因素。

二〇一六年一月十六日第六次總統大選，與前五次總統選舉過程比較而言，是在最少激情又最為平順的氣氛下，選出我國第一位女性總統當選人蔡英文，並完成我國憲政史上第三次政黨輪替。對民進黨而言，二〇一六的大選是空前勝利。蔡英文得票數六八九萬，得票率五六・一二%，且在國會又享有穩定的過半數（六十八席），取得完全執政，這是成立近三十年的民進黨前所未有的豐收。

二十多年來，總統直選的制度發展與競爭過程，成為台灣民主化的最大動力，更對《中華民國憲法》的憲政架構和運作產生重大衝擊。總統選舉是台灣執政權的重要決戰，日益成為國家公共議題的集體審議時刻，甚至帶有政治節慶的氣氛。台灣人民、朝野政黨，乃至於周邊國家，莫不重視台灣總統選舉結果對台灣國家發展和區域關係的影響。現在，終於到了我們可以平心靜氣、全面而深入地檢視總統直選與民主台灣的時候了。

歷史與現場318

民主台灣與總統直選

策　劃—財團法人台灣研究基金會
編　輯—張啟淵
美術設計—吳郁嫻

董事長—趙政岷
出版者—時報文化出版企業股份有限公司
108019 台北市和平西路三段二四〇號四樓
發行專線—（〇二）二三〇六六八四二
讀者服務專線—〇八〇〇二三一七〇五　（〇二）二三〇四七一〇三
讀者服務傳真—（〇二）二三〇四六八五八
郵撥—一九三四四七二四時報文化出版公司
信箱—10899 台北華江橋郵局第九九信箱
時報悅讀網—http://www.readingtimes.com.tw
法律顧問—理律法律事務所　陳長文律師、李念祖律師
印　刷—勁達印刷有限公司
初版一刷—二〇二二年四月二十二日
定　價—新台幣六二〇元
（缺頁或破損的書，請寄回更換）

時報文化出版公司成立於一九七五年，
並於一九九九年股票上櫃公開發行，於二〇〇八年脫離中時集團非屬旺中，
以「尊重智慧與創意的文化事業」為信念。

民主台灣與總統直選 / 財團法人台灣研究基金會作 . -- 初版 . --
臺北市 : 時報文化出版企業股份有限公司,
2022.04
面；　公分 . -- (歷史與現場 ; 318)

ISBN 978-626-335-197-4(平裝)

1.CST: 元首 2.CST: 選舉 3.CST: 臺灣政治 4.CST: 文集

573.5521　　111003802

ISBN 978-626-335-197-4
Printed in Taiwan